U0461521

价值链数字化对东盟参与全球生产网络的影响及中国对策研究

赵立斌　邢楠◎著

知识产权出版社
全国百佳图书出版单位
——北京——

图书在版编目（CIP）数据

价值链数字化对东盟参与全球生产网络的影响及中国对策研究/赵立斌，
邢楠著. —北京：知识产权出版社，2024.8. —ISBN 978-7-5130-9467-2

Ⅰ. F114.4

中国国家版本馆 CIP 数据核字第 202465E4E3 号

责任编辑：王海霞　　　　　　　　责任校对：潘凤越
封面设计：邵建文　马倬麟　　　　责任印制：孙婷婷

价值链数字化对东盟参与全球生产网络的影响及中国对策研究
赵立斌　邢　楠　著

出版发行：	知识产权出版社 有限责任公司	网　　址：	http://www.ipph.cn
社　　址：	北京市海淀区气象路 50 号院	邮　　编：	100081
责编电话：	010-82000860 转 8790	责编邮箱：	9376063@qq.com
发行电话：	010-82000860 转 8101/8102	发行传真：	010-82000893/82005070/82000270
印　　刷：	北京中献拓方科技发展有限公司	经　　销：	新华书店、各大网上书店及相关专业书店
开　　本：	720mm×1000mm　1/16	印　　张：	19.25
版　　次：	2024 年 8 月第 1 版	印　　次：	2024 年 8 月第 1 次印刷
字　　数：	336 千字	定　　价：	98.00 元

ISBN 978-7-5130-9467-2

　　本书受国家社会科学基金一般项目"数字技术创新对中国—东盟价值链贸易碳排放的影响研究"（项目编号：22BGJ048）、国家社会科学基金重大项目"RCEP对亚太区域价值链重构的影响机制及应对策略研究"（项目编号：22&ZD178）、河北省高等学校人文社会科学研究青年拔尖人才项目"数字技术创新对全球价值链贸易隐含碳排放的影响研究"（项目编号：BJS2022019）的资助。

　　近年来，随着贸易保护主义、逆全球化浪潮不断兴起，全球经济增速不断减慢，全球产业链与供应链中潜藏的各种风险不断显现，基于产品内分工的全球生产网络正发生着深刻变革与调整。与此同时，数字经济的迅猛发展与数字服务贸易的逆势增长，为世界经济增长注入了新动能。数字化不仅推动国际产业转移格局深刻调整，也使基于产品内分工的全球生产网络加速变革。作为中国在亚太区域的重要合作伙伴，东盟近年来在数字化方面发展强劲，承接产业转移规模与质量均有所提升，参与全球生产网络的模式与分工地位也在不断变化，这势必对中国参与全球生产网络以及中国与东盟"全面战略伙伴关系"产生新的影响。

　　本书首先在对生产网络与数字经济理论进行分析的基础上，梳理了中高技术制造业与数字产业全球生产网络的演进进程，然后分别对东盟数字化与价值链数字化发展进程、承接产业转移与参与全球生产网络发展动态进行分析，发现东盟数字化水平稳步提升，参与全球生产网络分工模式不断升级，分工地位明显提高，承接最终需求驱动型产业转移规模变大且承接全球产业转移总规模不断提高。接着定性分析了承接产业转移在数字化对东盟参与全球生产网络影响中的中介作用，以及数字化对东盟不同行业参与全球生产网络的异质性影响。

　　其次，就数字化对东盟参与全球生产网络的影响进行实证检验，发现数字化对东盟制造业在全球生产网络中的前向参与度、位置指数均呈显著正向影响，对后向参与度呈显著负向影响，数字化水平相对较高的国家，数字化和承接产业转移的关系因不同技术密集型制造业异质性而更明显。高数字化水平国家,随着数字化水平的不断提升,承接产业转移特别是承接中间需求驱动型和出口需求驱动型产业转移的规模也不断提升,分工地位与数字化水平同方向变动。而数字化水平相对较低的国家,承接产业转移、分工地位均与数字化基本呈反方向变动趋势,且数字化对高技术行业前向参与度的影响最大,对低技术行业的后向参与度、分工地位的影响最大。承接产业转移在数字化对东盟制造业和高技术制造业参与全球生产网络影响中的中介效应显著。

再次,通过对中国与东盟在数字化发展、参与全球生产网络发展动态、承接产业转移演进趋势方面的比较分析,发现从价值链数字化水平看,新加坡、马来西亚和菲律宾的数字化水平相对较高,而泰国、印度尼西亚与越南的数字化水平相对较低。中国的数字化水平低于新加坡、马来西亚和菲律宾,2022年又被越南反超,且不同于东盟国家数字化水平的上升趋势,中国在2018年后数字化水平呈小幅下降趋势,仅高于印度尼西亚和泰国。东盟国家承接全球产业转移规模增长态势明显,但中国承接全球产业转移规模更大。东盟承接产业转移已经由承接加工组装环节逐步向承接简单的半成品和复杂零部件环节升级,而中国承接产业转移仍以低技术、低附加值的加工组装环节为主。中国承接东盟出口需求驱动型产业转移规模较大,东盟承接中国中间需求驱动型产业转移规模较大,中国与东盟双向产业转移格局明显。

中国制造业总体全球生产网络参与度低于东盟六国①,印度尼西亚的制造业总体参与度在东盟六国中最低,马来西亚在2018年后跃居第一位。东盟参与全球生产网络分工模式仍以后向嵌入为主,而中国已由后向嵌入升级到前向嵌入。东盟各国分工地位大多呈大幅下降趋势,甚至有被低端锁定的风险,而中国的分工地位不断上升,已跳出低端锁定困局。

最后,提出对中国的启示。中国应促进与东盟各国的数字战略协同,加强数字化合作;精准施策,引导低端产业向东盟国家有序转移;推动数字赋能,促进中高端产业承接规模提升;提高引资质量,助推参与分工模式升级与分工地位提升;积极利用《区域全面经济伙伴关系协定》(RCEP)实施契机应对域内竞争风险,促进区域内价值链合作;助力全球价值链数字化与绿色化双转型,为推动构建人类命运共同体塑造新样板。

---

① 东盟六国指新加坡、马来西亚、菲律宾、泰国、印度尼西亚、越南。

　　在本书成稿过程中，赵立斌负责主体框架设计与主要章节内容撰写，邢楠负责资料收集、数据整理、部分章节内容修改与完善。此外，肖瑶、焦非凡、李西、谢璐羽、刘雪莹、石广禄、张梦媛、王子怡和李天雄在本书框架确立、图表编校和格式修改方面也做出了实质性贡献，在此一并表示感谢。

目录

第一章

绪 论

第一节 研究背景和意义

一、研究背景

近年来，随着贸易保护主义与逆全球化趋势不断抬头，全球经济增速放缓，全球产业链与供应链中潜藏的各种风险不断显现，基于产品内分工的全球生产网络正发生着深刻变革与调整。与此同时，数字经济的迅猛发展与数字服务贸易的逆势增长，为世界经济增长注入了新动能。数字化不仅能够影响一国承接产业转移的层次，也会使北美、欧洲和东亚三大区域生产网络的柔性不断增强，推动全球生产网络向纵深发展。

作为亚太区域内与中国经贸联系最具活力的典范，东盟受益于各国开放包容的制度安排与区域深度一体化融合的发展趋势，年轻而庞大的中等收入群体、日益凸显的互联网人口红利、逐渐完善的数字基础设施与优越的地理位置，使其数字经济发展蕴藏的巨大潜力得以充分释放，与此同时，承接国际产业转移格局也在不断重塑。目前东盟正日益成为全球生产网络中的重要节点，其在东亚区域生产网络中的作用更加突出，东亚区域生产网络中包含着东盟次区域生产网络的"网中网"局面也更加凸显。

数字化既可以通过改变东盟制造业生产组织方式和价值创新模式，助力其降低成本、提高效率，进而对东盟参与全球生产网络产生影响，也会导致比较优势动态变迁与国际一体化生产方式深刻调整，影响全球产业转移与产业承接格局，进而对东盟参与全球生产网络产生影响。最典型的就是通信技术，如5G技术的发展有助于降低国际分工协调与控制成本，助力全球生产网络的不断拓展与延伸，进而加强东盟承接全球产业转移趋势；而信息技术，特别是人工智能（Artificial Intelligence，AI）技术的发展，使劳动力成本不再是国际一体化生产布局的主要制约因素，这又会弱化东盟承接产业转移的竞争力。价值链数字化究竟对东盟参与全球生产网络分工有怎样的影响？有必要在厘清相关现状及作用机制的基础上，对大量数据进行统计分析与实证检验。

二、研究意义

（一）理论意义

随着《区域全面经济伙伴关系协定》（RCEP）的签署与生效，东盟国家在东亚生产网络与全球生产网络中的地位备受瞩目。研究数字化对东盟参与全球生产网络的影响，既可了解东盟数字化发展和参与全球生产网络演进的最新动态，又有助于从承接产业转移视角，厘清数字化对东盟参与全球生产网络影响的中介机制，丰富相关理论与实证研究。

（二）现实意义

密切关注数字化背景下东盟承接产业转移的变化趋势，以及东盟制造业参与全球生产网络分工模式、分工程度及分工地位的最新动向，不仅有助于发现中国与东盟在数字化、承接产业转移以及参与全球生产网络等领域的合作机会，加强中国与东盟之间的产业联系，为中国和东盟经济伙伴关系增添新的价值，引领双方各领域合作朝着安全、繁荣和可持续方向发展，而且对于中国构建与优化基于内需主导的区域生产网络，实现国内国际双循环，推动亚太区域产业链供应链安全、繁荣和可持续发展具有重要现实意义。

第二节　国内外研究现状综述

与本书相关的研究主要集中在以下四方面。

一、关于数字经济与数字化的研究

（一）数字经济与数字化内涵界定

关于数字经济与数字化的具体含义，学术界尚未有统一界定。Tapscott（1996）在《数字经济时代》一书中首次提到数字经济概念，认为通过数字化处理的信息和知识是现代经济赖以发展的根基，并着重阐述网络等信息化的沟通方式给社会带来的巨大变化。随后，Tapscott 等（1999）在《数字经济蓝图：电子商务的勃兴》中提出数字化可以与商业深度融合，电子商务发展的质量将影响未来数字经济与数字化的发展方向。但这两本著作都没有对数字经济或数字化的内涵进行具体界定。Kling 和 Lamb（1999）认为新一代信息通信技术是数字经济得以发展的基石，电子商务只是数字经济发展过程中的外在衍生形式，而真正的数字经济不仅指电子商务，还包括利用数字技术生产或销售的商品和服务。Michael（1985）和 Kim 等（2002）提出数字经济是区别于农业经济和工业经济的一种特殊经济形态，其特征是以数字化的商品和服务进行贸易，该说法从微观层面对数字经济进行了更为具象化的解释，但并未考虑到宏观层面数字经济发展形态。Kogut（1985）和 Carlsson（2004）指出信息通信网络的发展，使个体的行为和信息通过数字化方式进行扩散和传播，由此形成的动态经济即为数字经济。Koopman 等（2013）和 Georgiadis 等（2013）则认为数字经济是通过新一代数字技术实现的所有社会经济活动的总和。

国内学者关于数字经济和数字化概念的界定不尽相同。王俊岭等（2001）认为数字经济作为一种新兴经济形态，是新一代信息通信技术发展的产物，数字经济与信息经济的最主要差别在于人力资源储备。刘建平（2003）提出数字经济是一种全新的网络经济，高速运转的互联网是数字经济的重要基础，数字技术是数字经济发展的主要驱动力，人力资本是数字经济的最有力保障。何枭吟（2005）则认为数字经济是新一代信息技术在社会经济层面的革新，从经济社会发展脉络来看，信息经济充当催化剂角色，数字经济则为最终产物。《二十国集团数字经济发展与合作倡议》指出，数字化知识和信息是数字经济的重要生产要素、信息网络是数字经济的重要载体、信息通信技术的高效应用是数字经济效率提升和经济结构优化的重要推动力。许宪春和张美慧（2020）则认为广义的数字经济不仅指数字贸易，还包含数字基础设施、数字交付的商品和服务以及数字媒介，数字经济是一种多层次的经济运行系统。中国信息通信研究院发布的《中国数字经济发展白皮书（2021 年）》进一步丰富了数字经济的内涵，认为数字经济是一种通过数字技术与实体经济深度融合，不断提高数字化、网络化、智能化水平，加速重构经济发展与治理模式的新型经济形态。

（二）数字经济与数字化的测度

数字经济的测度方法可大体划分为增加值测算法、指标体系与指数编制法、支出法、回归分析法以及生产法。

在增加值测算方面，Machlup（1962）和 Porat（1977）率先对信息经济增加值进行了相关测算。随着数字经济蓬勃发展，部分国外官方组织对数字经济增加值测算进行了大量调研。BEA（2017）通过供给与使用表对美国数字经济增加值和总产出规模进行了测算。Stats（2017）在借鉴经济合作与发展组织（OECD）数字经济框架的基础上，测算出新西兰2007—2015年数字产品总产出占国民经济总产出的20%。国内学者康铁祥（2008）在借鉴Machlup-Porat方法的基础上，对中国2002—2005年的数字经济规模进行了具体估计。向书坚和吴文君（2019）在借鉴OECD研究框架的基础上，对中国数字产业增加值进行了估算。

在指标体系与指数编制法方面，张雪玲和焦月霞（2017）采用熵值法、指数分析法构建数字经济发展指标评价体系，提出用中国数字经济发展指数衡量数字经济发展状况。张雪玲和陈芳（2018）采用灰色关联分析法，从四个层面构建数字经济发展质量评价指标，发现中国数字经济发展质量总体呈上升趋势，但地区间存在显著差异。王军等（2021）基于中国30个省份2013—2018年的面板数据，构建数字经济发展水平指标体系。

此外，Du Rausas等（2017）使用OECD数据库，运用支出法提取出私人与公共消费、私人投入、贸易差额中涉及的互联网部分，并通过互联网对相关经济活动的贡献，按比例计入上述经济活动价值。腾讯研究院（2017）通过一元回归法，采用中国数字经济GDP对"互联网+"指数重新回归后得到相应数据关系，再用"互联网+数字经济指数"测算中国数字经济增加值。中国信息化百人会（2017）认为应对信息经济组成部分进行区分，并基于生产法，分别从生产和应用两个角度对中国数字经济规模进行测算。

综上所述，在概念界定层面，大量研究集中于数字经济内涵与外延以及数字化影响等定性分析层面。虽然数字技术的发展催生了一系列与之相关的概念，如"信息经济""互联网经济""共享经济"等，这些概念分别从不同的角度解释了当前社会出现的新经济形态，但是其在本质上并无差别。在测度方法层面，数字经济与数字化的统计衡量仍缺乏较为统一的标准。增加值计算与指标体系编制估计方法不一，计算结果存在差异；而回归分析法的实际效用取决于不同自变量的含义以及符合事实的统计学关系，"互联网+"指数大小与经济发展水平可能并不成正比，设定方法的不同也会影响回归系数的稳定性，导致统计关系失真；支出法以特定时间内区域生产活动最终使用为主要衡量标准，只适合计算总量，而无法计算数字经济的间接贡献；生产法虽然是目前国际上应用较为普遍的计算方法，但关于数字经济体量的测算仍欠精确。

二、关于东盟参与全球生产网络的研究

(一) 全球生产网络概念界定

全球生产网络的概念最早是由价值链相关理论逐渐演化而来的，不同的学者对全球生产网络的解释有所差异。Ernst（1986）指出随着各国经济联系日益密切，国际分工主体从产业层面逐渐渗透到产品生产和工序层面，产品生产环节成为这种分工形式的重点，各国要素资源禀赋成为分工依据。Fujita和Krugman（1995）从生产网络分割视角来描述产品内分工现象，指出全球贸易的爆发式增长是产品内分工背景下由零部件、半成品等中间产品的贸易导致的。Hummels等（1999）、Gereffi（1999）、Kaplinsky和Morris（2003）等均认为要实现全球范围内的产品内分工，需要满足以下三个要求：产品生产工序连续可拆分、多国家参与生产，以及至少有一国进口投入品并出口制成品。这种将不同生产工序和流程，按比较优势进行全球布局的产品内分工方式，被称作垂直专业化（Vertical Specialization），而全球生产网络则是产品内分工的一种外在表现形式。

(二) 东盟参与全球生产网络分工程度与地位

关于东盟国家参与全球生产网络的研究主要集中于参与全球生产网络的分工特征、参与全球生产网络进程及模式，以及东盟参与亚太区域生产网络等方面。

在分工特征方面，熊琦（2016）利用OECD-TiVA数据库，对东盟国家出口贸易状况、制造业等各行业参与分工程度进行详细测算，着重探究其制造业贸易增加值的来源地以及竞争力大小，发现东盟参与全球生产网络程度较高。梁经伟等（2019）从生产分割的角度出发，计算出东亚（含东盟）地区的生产阶段数、平均传递步长，对该地区国家参与全球生产网络的状况进行刻画，发现东亚区域生产过程及环节日益复杂，参与分工层次逐步提高，但东盟国家主要通过提供最初中间产品来参与国际分工，分工强度和产业结构的复杂程度有待提升。

在参与全球生产网络进程及模式方面，汪洋和袁旭菲（2016）从价值链视角研究了东盟投资的静态布局，发现东盟投资价值链的分布具有渐进式发展、国别分布不平衡以及价值链环节较集中三个特点，虽然东盟国家已经在很大程度上参与全球生产网络，但是其参与进程和方式仍存在一定的局限性。文淑惠等（2017）在对东盟各国参与全球生产网络各项指标进行测算的基础

上，发现东盟区域利用自身比较优势，逐渐参与到全球生产网络中，但是经济欠发达的东盟国家参与全球生产网络进程时十分容易被发达国家遏制，从而陷入被"低端锁定"的困局。王勤（2019）对东盟国家参与全球生产网络构建进程进行梳理，发现东盟从少数几个国家参与逐渐演化为几乎所有国家都参与，加入全球生产网络的产业规模和部门均呈现增加态势，并且其在全球生产网络中的重要性也在提升。

部分学者的研究聚焦于东盟国家参与亚太区域生产网络的情况，主要涉及东盟国家分工地位以及中间产品贸易情况等。在分工地位方面，Grossman 和 Helpman（2001）、Unel 和 Zebregs（2004）、Humphrey（2004）等均认为亚太地区贸易增长和产品内分工的深化得益于发达的垂直专业化分工与生产一体化发展，从而使东盟国家得以融入亚太区域生产网络乃至全球生产网络中。何敏和冯兴艳（2017）从区域视角出发，计算东盟国家中间产品的占比和结构，发现区域经济一体化在一定程度上促进了亚太区域生产网络向纵深发展，并且随着分工不断深化，东盟各国经济发展异质性凸显，分工阶段和地位存在差异。

综上所述，学者们分别从传统贸易、中间产品贸易角度以及增加值贸易角度对东盟参与亚太和全球生产网络程度、地位与影响因素进行了较多研究，但在从增加值贸易角度衡量的大多数研究中，所依据的数据均较为陈旧，也没有对东盟参与全球生产网络分工程度、分工模式与分工地位情况做全面剖析，难以准确反映近年来东盟参与全球生产网络的真实情况与最新动态。

三、关于东盟承接国际产业转移的研究

目前关于东盟承接国际产业转移的研究主要集中在国际产业转移理论及趋势、东盟承接中国产业转移状况两方面，下面分别对其进行综述。

（一）国际产业转移理论及趋势

在理论层面，Akamatsu（1962）提出产业转移"雁行模式"，认为国际产业转移的实质是梯度转移。Vernon（1966）的产品生命周期理论认为产品生命周期的动态变化以及不同国家间要素优势的差别是国际产业转移的动因。

在趋势变化层面，石东平和夏华龙（1998）提出国际产业转移的变化趋势会影响未来发展中国家的经济战略选择，发展中国家应利用国际产业转移来发展本国工业，实现本国产业优化升级。潘悦（2006）对全球范围内发生过的三次产业转移进行了回顾，并着重分析第四次产业转移的原因和变化趋势，认为国际产业转移会深刻影响全球经济格局。岳圣淞（2021）在立足本国实际的基础上，对中国与东盟国家在承接产业转移方面的优势和劣势进行了系统评估，认为中国在第五次国际产业转移中将扮演重要角色。

（二）东盟承接中国产业转移

目前东盟承接中国产业转移的相关研究主要集中于鼓励中国同东盟等地理位置相近的国家进行产业合作，部分学者还提出中国可以分层次、有顺序地推动东盟承接中国产业转移。

在产业合作方面，陶媛媛和蔡茂森（2006）认为随着中国经济的稳步发展，中国与东盟双边贸易、产业分工协作方面存在较大空间，贸易结构会持续优化。姜凌和江蕴玉（2015）针对东盟国家基本状况，尤其是基础设施建设情况进行了详细分析，认为现阶段东盟大部分国家在基础设施建设方面需求旺盛，提出中国可以充分发挥基建优势，推动东盟国家基础设施建设步伐，为后续经济和产业合作扫清障碍。谢泽宇和郭健全（2013）认为随着中国与东盟间产业合作空间增大，对发达国家的产业依赖将会进一步降低，东亚区域内的经济增长和旺盛需求可助推发展落后国家实现产业升级。黄莎莎（2014）认为加强双方产业合作是中国—东盟自贸区升级的必由之路，因此有必要推动双方深度调整产业结构，优化区域产业结构。张理娟等（2016）根据引力模型、结构相似系数分析了共建"一带一路"国家与中国之间的产业匹配程度，发现东盟主要国家吸引力指数较高，吸引中国产业转移能力较强，并提出中国需要顺应国际产业转移趋势，兼顾"引进来"和"走出去"两个方向，促进与共建"一带一路"国家开展全方位产业协作。王海全等（2021）指出东盟国家不仅具有税收、关税优势，同时生产成本明显低于中国，加之中美贸易摩擦冲击，东盟承接中国部分产业转移的趋势不可逆转。张帅（2021）指出东盟承接中国产业转移是受双方经济联系以及工业化扩散外溢等客观因素影响的正常现象，新冠疫情和贸易摩擦会加快产业转移速度，但应对新冠疫情的良好表现也为中国产业有序向东南亚转移争取了宝贵时间。

综上所述，关于国际产业转移的理论较为久远，且主要从比较优势的视角进行阐述，关于国际产业转移趋势的文献主要着眼于全球范围内大规模产业转移，且多为定性分析。关于东盟承接中国产业转移的研究较多，但从全球、区域、典型国家以及不同类型产业转移层面研究东盟承接全球产业转移的文献较少，难以全面反映东盟承接全球产业转移的最新动态。

四、关于数字化对东盟参与全球生产网络影响的研究

目前关于数字化对东盟参与全球生产网络影响的研究较为缺乏，现有研究主要集中于数字化对参与全球生产网络的正向影响及负向影响两个方面。

（一）正向影响

关于正向影响的研究，国内大部分学者从微观与宏观两个层面阐述了数字技术对全球生产网络的优化作用。微观层面上，邵婧婷（2019）对企业内部形成的生产网络进行了分析，详细阐述了数字化对企业内部生产网络的影响机制，认为数字技术深刻影响着企业所进行的各项生产活动，同时数字技术还在继续向企业管理、研发、组装、售后等企业生产网络的各个环节应用和延伸。沈玉良和金晓梅（2017）提出数字化会使更多产品、服务和群体嵌入生产网络中，同时数字产品正在颠覆生产网络的全球分布体系和全球贸易利益分配格局，越来越多的企业可以用更低的成本以及更灵活的方式融入不同的生产网络中，使全球生产网络更加错综复杂。宏观层面上，余南平（2021）认为随着数字产品成为国际贸易标的，传统制造业和服务业的数字化程度会进一步提高，全球生产网络的运行效率也会随之提升，因此各国都会加紧对各自参与生产网络方式进行数字化调整。郭周明和裘莹（2020）指出随着数字技术不断向传统产业延伸，产业数字化改造深入推进，区域生产网络密度不断加大，结构布局更加区域化和碎片化，也更靠近消费终端。韩剑等（2018）通过对 OECD 中各个国家的计量分析发现，数字经济推动分工走向高度精细化，使各国参与全球生产网络分工程度加深，也拉近了生产端与服务端的距离，并对全球生产网络分工地位的提升产生了显著影响。

（二）负向影响

关于负向影响的研究，裘莹和郭周明（2019）分析了中小企业在生产网络中的现状，指出中小企业由于难以负担参与高端生产网络的高额成本以及缺乏核心技术等原因，难以实现在全球生产网络中的地位攀升，从而在生产网络数字化过程中会再次陷入低端困境。孙志燕和郑江淮（2020）发现，在微观层面，中小企业会面临攀升困局，领先企业的垄断态势越发明显；在区域层面，生产网络数字化导致区域间功能分工碎片化加剧，生产网络的主导者可以在更大空间范围内细化生产网络分工，从而实现低成本、高收益的分工组合；在国家层面，发达国家普遍拥有技术优势，这一优势在生产网络数字化发展中逐步强化，发展中国家与发达国家在技术水平方面的差距越来越大，数字鸿沟逐渐加深。徐金海和夏杰长（2020）发现，当前以美欧日为代表的发达国家为了进一步巩固和强化其在全球生产网络中的主导权，纷纷采取众多举措来稳固其发展数字经济的战略定位。

部分学者认为在新冠疫情冲击及数字化飞速发展的双重影响下，全球生产网络结构将发生深刻调整与变革。例如，崔日明和李丹（2020）认为新冠疫情过后，各国会重新审视和布局各自的生产网络，缩短产业链和供应链，全球生产网络会呈现出区域化、本土化的趋势，在此趋势的影响下，发达国家极有可能独立构建一个以数字、科技为核心的生产网络，减少自身对其他地区生产网络的过度依赖。黄鹏和陈靓（2021）认为，全球生产网络形态的改变必然会导致其布局的改变，但是由于数字技术仍在快速更新、迭代和发展，而且不同技术的影响方向也不尽相同，因此，全球生产网络的演进态势目前尚不明朗。阳镇等（2022）认为在数字经济时代，全球生产网络面临突出风险，全球生产网络分工环节的失衡与数字鸿沟会加剧世界经济不平等的状况。

综上所述，对数字化参与全球生产网络影响的研究日益丰富，数字技术不仅能通过数据之间的流动加强产业间和各种要素的共享程度，降低企业成本，还可以促进传统产业数字化转型与一国向全球生产网络高端不断攀升。现有研究主要集中于数字化对参与全球生产网络影响的定性研究，且大多只从数字化有助于促进一国制造业降低成本、提高效率、价值创新等角度，解释数字化对不同经济主体参与全球生产网络的不均衡影响。

作为数字经济发展备受关注的区域，近年来不乏东盟数字经济发展与参与全球生产网络的相关研究，但对于数字化对东盟参与全球生产网络影响的研究目前还比较缺乏，更缺乏从承接产业转移视角，分析数字化对东盟参与全球生产网络分工模式、分工程度及分工地位的影响的研究。

第三节 研究内容

本书以数字化对东盟参与全球生产网络的影响为研究主题，首先，对相关研究进行文献综述；其次，对东盟数字化发展进程、参与全球生产网络发展动态以及承接产业转移演进趋势进行全面分析；再次，分析产业转移在数字化对东盟参与全球生产网络影响的中介机制，并提出相应假设、建立计量模型，就数字化对东盟参与全球生产网络的影响及其中介机制进行实证检验；最后，通过对中国与东盟数字化发展状况、参与全球生产网络动态以及承接产业转移状况的比较分析，找到中国与东盟在数字化、产业转移等方面合作的契合点，提出通过数字化和承接产业转移提升中国全球生产网络中心性地位的对策建议。本书的主要研究内容如图1-1所示。

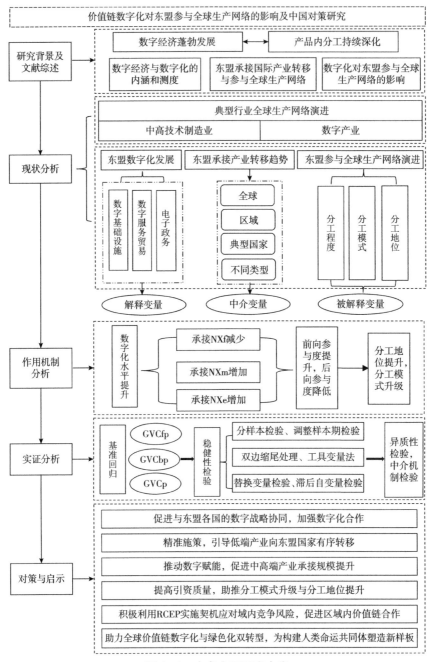

图1-1 本书主要研究内容

第四节　研究方法及创新点

一、研究方法

采用复杂网络分析法，全面分析中高端制造业和数字产业等典型行业全球生产网络的演进趋势；采用定性分析法，分析数字化对东盟参与全球生产网络影响的作用机制；采用因子分析法，衡量东盟各国数字化程度，分析东盟数字化发展进程；采用比较研究法，综合不同指标，比较分析东盟不同国家、不同技术密集型制造业在不同时间段参与全球生产网络分工模式、分工程度、分工地位以及承接产业转移的差异；采用面板数据模型估计法，就数字化对东盟参与全球生产网络的影响进行计量检验，并采用分样本检验、调整样本期检验、双边缩尾处理、替换变量检验、滞后自变量检验以及工具变量法进行稳健性检验；采用归纳总结法，总结数字化对东盟参与全球生产网络的影响并得出对中国的启示。

二、创新点

（1）在全球生产网络近邻融合发展趋势逐渐显现、区域化与本土化地域特征逐渐增强的背景下，从承接产业转移的视角，研究数字化对东盟参与全球生产网络影响的中介作用和影响异质性，并进行实证检验，使数字化对制造业参与全球生产网络影响的理论研究更加丰富。

（2）利用2007—2020年的数据，采用复杂网络分析法，在全面分析中高端制造业和数字产业典型行业全球生产网络演进趋势的基础上，采用多指标综合分析东盟数字化、承接产业转移与参与全球生产网络的最新动态，以提升我国对东盟相关领域的了解程度与关注程度。

（3）通过中国与东盟价值链数字化、承接产业转移和参与全球生产网络的比较，找到中国通过与东盟进行数字化合作、实现产业有序转移与价值链向高端攀升的最优路径，为中国相关战略与政策的制定提供借鉴和依据。

第二章

全球生产网络与数字经济理论

全球生产网络是全球投资与贸易的综合反映，故其与国际分工、国际贸易与投资、全球价值链有着紧密的联系。故本章先梳理国际分工与国际贸易理论、跨国公司外商直接投资（FDI）理论、竞争优势理论以及全球价值链理论等全球生产网络理论，然后从数字经济对传统理论的冲击与数字经济相关定律两方面对数字经济相关理论进行分析。

第一节　全球生产网络理论

一般来说，国际分工是国民经济内部分工超越国家界限而形成的国家之间的分工。参与国际分工的形式和格局决定着各国国际贸易的结构及利得分配，而国际贸易又随着国际分工的不断深化日益向纵深发展。

一、国际分工与贸易理论

（一）国际分工的深化

国际分工是世界发展到一定历史阶段的产物。国际分工的萌芽出现在由手工业生产开始向工厂手工业转变的 18 世纪 60 年代初，它经历了 18 世纪 60 年代后的工农业分工、19 世纪中叶的产业间分工、第二次世界大战后的产业内分工，并逐步发展到当前的产品内分工阶段（张会清，2009）。最初的国际分工表现为从事工业品生产的发达国家与从事初级品生产的发展中国家之间不同产业的分工，第二次世界大战后，国际分工过渡到不同国家之间在相同技术水平的产业内从事不同属性产品生产的产业内分工，而到 20 世纪 80 年代，国际分工又演变为产品生产不同工序和环节布局在全球各地区进行一体化生产的产品内分工。

　　产业间分工产生于国际分工的萌芽阶段，是各国依据其绝对比较优势、相对比较优势以及资源要素禀赋进行的分工，所以绝对优势理论与相对优势理论成为解释产业间分工的相关理论。而产生于第二次世界大战后的产业内分工则表现为同一国家同时进口与出口相同技术产业或同一产业内不同类型的产品，是不同的国家在同一产业内部的分工。解释产业内分工的理论主要有规模经济理论和不完全竞争理论。可见，产业间分工与产业内分工都建立在传统的国际贸易理论基础上，主要研究最终品的生产与交换。而产品内分工则是指不同工序与环节的生产散布于不同国家的不同产业或同一产业内部，所以产品内分工本身就体现着产业间分工与产业内分工的内涵，而且通过产业间分工与产业内分工方式的不断扩展来实现，故产品内分工与产业间、产业内分工相同，既包括同一技术层次的水平型分工，也包括不同技术水平工序之间的垂直型分工，优势理论、相对优势理论、规模经济和不完全竞争理论等解释产业间分工与产业内分工的相关理论同时也可解释产品内分工。

　　另外，产品内分工既包括公司内分工，也包括公司间分工。其中公司内分工是指通过 FDI 与跨国并购的形式发生于同一跨国公司内部母子公司之间或不同子公司之间的分工；而公司间分工则是指在市场机制下，通过代工或外包的形式发生于不同公司之间的分工。相应地，产品内贸易也包括公司间贸易与公司内贸易。

（二）国际贸易理论的演进

　　随着国际分工的深化，国际贸易理论历经 200 多年的发展，逐渐从古典贸易理论、新古典贸易理论、新贸易理论、新兴古典贸易理论发展到新新贸易理论，共五个阶段，各种贸易理论依据不同的假设对贸易动因及贸易的影响条件作出了不同的解释，贸易结构的理论分析也从产业间贸易、产业内贸易发展到产品内贸易，导致最终对生产力提升的贸易结果也不尽相同。

1. 古典贸易理论

　　1776 年亚当·斯密（Adam Smith）提出的绝对优势理论和 1817 年大卫·李嘉图（David Ricardo）提出的比较优势理论是古典贸易理论的代表性理论。绝对优势和比较优势理论的模型是在完全竞争市场与规模报酬不变的框架下建立起来的，所以称作古典贸易理论。绝对优势理论认为，每个国家应当选择自己具有绝对优势的产品进行交换，而比较优势理论认为每个国家应该选择自己相对优势较大的产品或相对劣势较小的产品进行交换。绝对优势理论与比较优势理论都假定生产中只有劳动力一种投入要素，生产成本就是劳动力成本，并假定两国不存在外生性的技术差距、企业同质，而且产品是无差异的。绝对优势是指生产某一产品的劳动生产率较高，而比较优势则代表生产某一产品的劳动生产率机会成本较低。由于劳动力要素的不可流动性，劳动生产率的差异造成不同国家在生产产品与市场结构等方面存在差异，从而产生高劳动生产率的企业与国家出口产品而低劳动生产率的企业与国家进口产品的现象，最后形成国际贸易。在整个贸易过程中，贸易利得按劳动力的价值分配，各国的社会生产力和福利水平都会得到相应的提升。然而，由于假定条件与社会现实有较大的出入，古典贸易理论也表现出一定的局限性。

2. 新古典贸易理论

新古典贸易理论的代表性理论是俄林（Ohlin）于 1933 年提出的要素禀赋理论。要素禀赋理论认为各国应该集中生产并出口那些可充分利用本国充裕要素的产品，以换取和进口那些密集使用本国稀缺要素的产品。由于商品可自由流动，而要素不能自由流动，要素禀赋上的差异导致要素相对充裕且廉价的国家生产与出口该种要素密集型产品，而要素缺乏且昂贵的国家选择进口，这样就形成了国际贸易。参与国际贸易的各方不但商品生产成本会不断下降，社会生产力与总福利水平也会得到一定程度的提高。虽然新古典贸易理论也是在完全竞争市场框架下，沿用了古典贸易理论中的一部分假设（包括产品和企业同质），二者都倡导自由的产业间贸易，但古典贸易理论与新古典贸易理论认为贸易的动因各不相同，古典贸易理论认为贸易的动因是劳动生产率的差异，而新古典贸易理论则认为贸易的动因是要素禀赋的差异；而且研究角度也从古典贸易理论主要研究交换，转变为新古典贸易理论主要研究生产。虽然新古典贸易理论中的生产要素由单一要素增加为劳动与土地两种，但仍与现实不符，表现出一定的局限性（彭徽，2012）。

3. 新贸易理论

阿维纳什·K.迪克西特（Avinash K. Dixit）和约瑟夫·E.斯蒂格利茨（Joseph E. Stiglitz）共同建立的 DS 模型，奠定了新贸易理论的基石（Dixit and Stiglitz，1977）。新贸易理论建立在不完全竞争与规模经济的假设之上，讨论垄断竞争和寡头垄断的情况，除同样假定企业同质外，新贸易理论还引入劳动、土地和资本等多种生产要素，并用内生性的技术差距替代外生性的技术差距。该理论认为，由于产品的差异化导致分工的产生，而生产某种差异产品的专业化分工导致的规模经济又会导致技术的内生增长与技术差距的扩大，从而产生产业内贸易。在贸易过程中，参与贸易各方的商品生产成本会不断降低，同时社会生产力与福利水平也会得到提升。可见，新贸易理论很好地解释了产业内贸易，但没能解释国内贸易向国际贸易转变的机制。

4. 新兴古典贸易理论

Yang（1992）提出的内生性贸易理论是新兴古典贸易理论的代表性理论。新兴古典贸易理论与新贸易理论同样假定差异化产品、企业同质和不完全竞争市场，但与新贸易理论认为的在不存在外部要素禀赋差异和技术差异的情况下，规模经济可产生内生性技术差距不同，新兴古典贸易理论认为在有外部要素禀赋和技术差异的情况下，通过专业化分工同样可产生内生技术差距。该理论认为市场不完全的原因不是垄断，而是信息的不充分与交易效率的低下，而交易效率提高又可导致分工的产生，分工又会产生内生比较优势，使生产率水平得到提高。所以，一国可出口其具有外生劣势但具有内生优势的产品，这样，每个国家根据外生的生产率和内生的交易效率综合优势来参与分工与贸易，可以促进市场一体化，也会带来各国社会生产力与福利水平的提高，从而阐释了贸易由国内向国际演变的过程，进一步对新贸易理论进行了补充与完善。但是，新兴古典贸易理论为力臻完美而提出的假定比较严格，对于实际经济问题可能缺乏足够的解释力（彭徽，2012）。

5. 新新贸易理论

新新贸易理论主要包括马克·J. 梅利兹（Marc J. Melitz，2003）提出的异质性企业贸易理论和波尔·安哥拉斯（Pol Antràs，2003）提出的企业内生边界理论。新新贸易理论在新贸易理论假定的基础上引入了企业生产率差异，证明了贸易的市场自选择效应与资源的再分配效应。该理论认为，国际分工与贸易更多依据企业生产率的异质性展开。与低生产率企业相比，高生产率企业的国际贸易成本更低，所以能获得比低生产率企业更多的利润。在激烈的市场竞争中，低生产率企业只能获得国内市场，有可能会被不断淘汰，而高生产率企业却会进入国际市场，开展国际贸易。反过来，那些被淘汰的低生产率企业的资源又会流入高生产率企业，从而实现资源的优化配置，提升行业的生产率与整个社会的生产力水平。新新贸易理论把企业的异质性看作国际贸易产生的重要原因，并将国际分工进一步细化为不同生产率的企业间分工。但是，新新贸易理论认为企业的异质性可通过内生与外生共同获得，一定程度上为政府干预企业行为与市场机制提供了理论依据和动力，会滋生垄断与腐败，仍表现出一定的理论局限性（彭徽，2012）。

（三）国际贸易理论的述评

在不同社会背景下产生的不同国际贸易理论，正是在不同核心假设的推动下不断向前演进的。从古典贸易理论、新古典贸易理论、新贸易理论、新兴古典贸易理论到新新贸易理论以及产品内贸易与公司内贸易的相关理论，随着贸易理论假设条件的不断放宽，解释贸易的动因更趋多元，贸易结构的发展也日趋深入，实现社会生产力与福利提升贸易结果的途径也日趋多样化（彭徽，2012）。

贸易结构所要研究的问题包括生产结构或分工结构、商品和服务的流向及其相互依存关系。从决定贸易结构的三个假设（市场结构、产品质量以及企业差异）出发，可以发现各贸易理论对分工结构的解释与国际分工方式息息相关。如表2-1所示，当分工方式由产业间分工逐步过渡到产业内分工、产品内分工，贸易结构也逐渐从产业间贸易深化为产业内贸易与产品内贸易、公司间贸易、公司内贸易。在产品内分工背景下，随着国家间的边界逐渐变得模糊，跨国公司慢慢成为贸易的主体，未来国际贸易可能会不断向全球生产网络下的公司间与公司内贸易演变。

表2-1　各种贸易理论比较

贸易理论	分工模式	贸易类型	贸易模式	贸易动因
古典贸易理论	产业间分工：生产消费分离	最终品贸易	一国生产，全球销售	劳动生产率差异
新古典贸易理论	产业间分工：生产消费分离	最终品贸易	一国生产，全球销售	要素禀赋
新贸易理论	产业内分工：生产消费分离	最终品贸易	一国生产，全球销售	规模经济
新兴古典贸易理论	产业间与产业内分工	最终品贸易	一国生产，全球销售	分工和专业化、交易效率
新新贸易理论	产品内分工：生产环节分割	价值链贸易	多国协同生产，全球销售	异质性、契约质量、组织选择
产品内贸易理论	产品内分工：生产环节分割	价值链贸易	多国协同生产，全球销售	生产成本与交易成本的综合权衡
公司内贸易理论	产品内分工：生产环节分割	价值链贸易	多国协同生产，全球销售	交易成本的节约
数字贸易理论	生产、消费和服务环节细分	数字贸易	本地生产，全球数字传输趋势显现	包括上述各类动因

资料来源：作者根据彭徽（2012）、盛斌（2021）等编制。

1. 贸易动因的多元导致实现贸易结果的途径日益多样化

获得贸易利益、提升生产力水平是开展国际贸易的基本出发点和国际贸易持续进行的最终效果，但由于各种理论在不同经济和社会背景下的不同假设：市场结构、生产技术、要素种类、产品质量和企业差异、生产与交易成本的差异，导致各种不同的国际贸易理论对贸易动因有不同的解释，最终导致贸易结果的获得途径也日益多样。如表2-1所示，随着核心假设的不断变化，各种贸易理论对贸易动因的解释分别从劳动生产率的不同到生产要素充裕度差异，从规模经济效应到专业化分工和交易效率，最后到企业异质性以及生产和交易成本。与此同时，实现贸易利益、提升生产力水平的国际贸易结果获得的途径也有所差异，其途径分别为：劳动生产率不断提高、获取日益廉价的生产要素、实现规模经济、不断提升分工和交易效率、提高企业效率并实现资源优化配置，以及生产和交易成本的节约。

2. 趋向日益复杂的贸易现象需要综合多种贸易理论共同解释

随着国际贸易逐渐从产业间贸易、产业内贸易过渡到产品内贸易、公司间贸易、公司内贸易，贸易现象日趋复杂。事实上，国际贸易是由不同经济体的多种内外比较优势与劣势综合导致的，而各阶段国际贸易理论又都存在各自的局限性，包括脱离现实的严格假设条件、导致理论应用困难的复杂变量计算以及缺乏动态化的理论机制，所以在产品内分工与贸易背景下，面临现实复杂贸易现象时无法完全只从一种贸易理论中找到合理的解释，未来需要在综合运用多种不同贸易理论的基础上，构造包含多种变量的一般贸易模型，才有可能对贸易现象作出更全面且合理的解释（彭徽，2012）。

3. 数字贸易对传统贸易理论的挑战

随着数据要素的集聚与数字技术的不断迭代创新，以跨境电商与数字服务贸易为主的数字贸易不断兴起，对传统贸易理论构成了冲击与挑战。但数字贸易同基于产业间与产业内分工的传统最终品贸易以及基于产品内分工的中间产品贸易，虽然在分工形态、贸易模式、贸易主体甚至贸易交付方式上存在较大的不同，但三者其实并不是完全割裂的，而是存在较大的交集，如基于数字化订购方式实现的跨境电商，既可能是基于最终品的传统贸易，也可能是基于中间品的价值链贸易，故传统贸易理论仍可在一定范围内对日益兴起的数字贸易作出解释。例如，数字贸易与传统贸易的交换本质、比较优势驱动因素与促进经济社会发展的意义在本质上没有太大不同，但贸易的时代背景、贸易对象与贸易主体及贸易监管体系都发生了较大变化。第四次工业革命背景下的数字贸易发展大大降低了发展中国家、企业与个人参与国际贸易的门槛，甚至只要接入互联网就可以参与数字化订购、生产与传输数字产品和服务等数字贸易，而高固定成本、低边际成本甚至零边际成本的数字产品特性也使国际贸易的成本大幅下降，不仅对原来假定只有劳动和资本两种生产要素、只有高生产率的企业才能出口、跨境贸易成本高于国内贸易成本、企业边际成本服从幂率分布等传统贸易理论与命题构成冲击和挑战，平台化、个性化、集约化与普惠化的数字贸易的内在属性也使传统生产与贸易中的生产者和消费者严格分离变为现在消费者也可以是参与数字化生产全过程的产消者，使消费者或者贸易需求方的地位得到进一步提升。

二、跨国公司 FDI 理论

跨国公司 FDI 理论近年来被国际经济、国际贸易、国际商务等多个学科所关注，但各学科的研究重点有所差异。跨国公司的 FDI 与全球生产网络的形成有着直接的关联，尤其是在产品内分工背景下，跨国公司 FDI 成为全球生产网络运行的核心驱动因素，所以有必要对跨国公司 FDI 理论的演进发展做简要的评述。

（一）跨国公司 FDI 理论演进

1. 完全竞争框架下的 FDI 理论

最初的 FDI 理论由国际投资理论和国际贸易理论演变而来，它将 FDI 看作完全竞争框架下，因为各国资本要素充裕度的不同而导致的资本流动与对外投资行为（何奕、童牧，2012）。雷蒙德·弗农（Raymond Vernon）的产品周期直接投资理论、小岛清（Kyoshi Kojima）的比较优势理论等为其代表性的理论（唐礼智，2011）。

1966 年雷蒙德·弗农提出的产品周期直接投资理论的主要内容为：在需要高的研发与技术投入的产品创新阶段，只能由资本与技术充裕的美国进行，所以此时的产品生产与出口被美国垄断；而到了产品的成长期，其他一些发达国家开始模仿美国生产该产品，从而导致美国出口的减少与贸易竞争力的下降；到了产品的成熟期，其他国家生产的产品在出口市场上开始与美国产品竞争，并逐步取代美国的产品；到了产品的标准化阶段，一些发展中国家也可凭借自身的资源与劳动力优势生产并出口这些产品，美国开始从发展中国家进口该产品。产品周期理论认为 FDI 行为是随着产品生产技术的不断成熟，跨国公司为了应对激烈的市场竞争不断降低成本，在全球范围内不断寻求低成本生产地区并进行资源配置的结果，这样产品周期投资理论就解释了美国跨国公司通过 FDI 的方式不断把产品生产转移到更低成本的发展中国家的原因（Vernon，1966）。虽然该理论对于生产最终产品的跨国公司进行初次投资有一定的解释力，但对那些已经建立起成熟的投资和营销网络的跨国公司的投资行为缺乏有效的解释，也不能解释发展中国家之间的双向投资行为。

小岛清在 20 世纪 70 年代中期提出比较优势理论，其核心思想为：日本通过把一些国内不具有比较优势的夕阳产业依次通过对外投资的方式转移到具有比较优势的发展中国家生产。此理论虽然从分工的角度解释了投资行为，从而使贸易与投资联系起来，但其认为投资行为只是发达国家向发展中国家的单向行为，具有一定的局限性（Kojima，1977）。

此外，蒙代尔（Mundell，1957）认为，资本流动源于要素禀赋的差异，而单向的资本流动促进了专业化生产，且 FDI 与贸易是替代的关系。纳瓦雷特等（Navaretti et al.，2004）认为，FDI 并不只是简单的资本要素流动，而是更为复杂的跨国公司行为，因此对 FDI 的研究也应该从简单的资本流动分析过渡到分析形式多样的跨国公司行为。

2. 非完全竞争框架下的 FDI 理论

非完全竞争框架下的 FDI 理论包括海默的垄断优势理论以及邓宁的国际生产折中理论等。

垄断优势理论由美国经济学家斯蒂芬·海默（Stephen Hymer）于 1960 年提出，之后斯蒂芬·海默把对 FDI 的分析由完全竞争框架下的资本流动转为对跨国公司行为的研究，并强调了东道国企业与跨国公司之间的差异和交易成本对跨国公司行为的影响（Hymer，1976）。他认为跨国公司必须拥有一些本土企业所不具备的优势，才可能弥补在国外投资因面临诸多不确定性而带来的更高营运成本。垄断优势理论虽然解释了跨国公司的对外投资行为，但解释不了不具有垄断优势企业的跨国投资行为。

邓宁（Dunning，1977，1979）提出了跨国公司行为研究的"所有权—区位—内部化"国际生产折中理论的三优势（OLI）范式，他认为跨国公司所拥有的这三项优势决定着其对外投资活动。邓宁为了将一国的 FDI 净流出额与其经济发展水平联系起来，又在 OLI 范式内引入了关于投资发展路径的动态框架（Dunning，1981）。然而，该理论虽在综合各理论的基础上对跨国公司的投资决策作出了全面分析，却没能从宏观国家角度分析不同国家企业的投资动机。

3. FDI 理论与国际贸易理论、产业组织理论、新经济地理学的融合

从 20 世纪 70 年代末期、80 年代初期开始，主要关注跨国公司内不同分公司与不同跨国公司间的产业内贸易的新贸易理论开始形成，从此国际贸易理论中也引入了产业组织中的规模经济、不完全竞争和产品差异化等要素，从而出现了跨国公司 FDI 理论与国际贸易理论、产业组织理论、新经济地理学理论的相互融合与渗透，垂直型 FDI 理论、水平型 FDI 理论及由两者共同组成的混合型 FDI 理论也应运而生（Krugman，1979，1980；Helpman，1981）。

（1）垂直型 FDI 理论。

赫尔普曼（Helpman，1984）以及赫尔普曼与克鲁格曼（Helpman and Krugman，1985）在引入垄断竞争与差异化产品的基础上，扩展了传统的两国家、两部门、两种要素模型，并首次对垂直型 FDI 理论进行了研究。他们认为跨国公司将总部设在人力资本比较丰裕的母国，而把生产基地设在非熟练劳动力较为丰富的东道国，然后母国从东道国进口商品。垂直型 FDI 就是跨国公司为了降低生产成本而把产品生产的工序与环节布局在成本较低的地区以充分运用东道国的要素成本优势。由于最终东道国生产的产品全部出口回母国，所以垂直型 FDI 战略只与东道国的生产成本有关，而与东道国的市场规模无关。由于垂直型 FDI 催生了东道国与母国之间的贸易，所以垂直型 FDI 与贸易是互补的关系，而非替代的关系。随后，赫梅尔斯等（Hummels et al.，1998）、布拉科涅尔等（Braconier et al.，2005）、戴维斯（Davies，2008）也分别对垂直型 FDI 进行了研究。

近年，早川和伸和松浦寿幸（Hayakawa and Matsuura，2011）对日本机械行业投向东亚区域 FDI 中的垂直型 FDI 的有效性机制进行了检验。他们认为，从理论上说，一个给定国家公司的生产活动与要素价格有着巨大不同的邻国的生产活动息息相关，因此高生产率的企业可能选择垂直型 FDI 战略。从实证结果来看，不同分公司之间的生产活动没有明显的地理相关性，但是在高生产率的企业，不同活动与工资差距有着积极的正相关关系。

戈斯瓦米（Goswami，2013）认为采购公司的技术转让负担不仅取决于生产投入的技术复杂性，也取决于组织生产的模式。外包只需较低的技术转移成本，却有更高的维护供应商成本；而垂直型 FDI 需要更高的技术转让成本，但只需更低的维护供应商成本。

（2）水平型 FDI 理论。

与垂直型 FDI 主要是为了节约生产成本不同，水平型 FDI 是为了节约运输成本和交易成本。赫希（Hirsch，1976）关于对企业出口战略与 FDI 战略不同选择的研究开启了对水平型 FDI 的讨论。随后，马库森（Markusen，1984）、布雷纳德（Brainard，1993，1997）、马库森和维纳布尔斯（Markusen and Venables，1998，2000）也分别对水平型 FDI 进行了讨论。沙茨和维纳布尔斯（Shatz and Venables，2000）认为，水平型 FDI 往往选择在固定成本较低或出口成本较高的目标市场投资建厂，且水平型 FDI 与目标市场的大小正相关，因此，对于水平型 FDI 而言，FDI 与贸易是替代关系。

赫尔普曼等（Helpman et al.，2004）聚焦于公司是选择出口还是水平型 FDI 的研究，他们认为水平型 FDI 是指投资在国外的生产活动服务于国外市场的消费者，当规避贸易成本的利得超过维护多个市场的成本时，公司会选择水平型 FDI 投资国外的生产活动。

罗汀等（Roording et al.，2010）建立了一个简单的模型，对水平型 FDI 和垂直型 FDI 的技术溢出效应进行了分析，发现即使水平型跨国公司更倾向于转移更多的先进技术，也不能说明其有更多的知识溢出效应发生，潜在的知识溢出效应再高，东道国公司也不可能吸引更先进的技术，因为采取水平型 FDI 的跨国公司可能会有更强烈的意愿与行为来阻止知识溢出效应的发生，同时东道国的技术立场对于决定哪种类型的 FDI 会给其带来更高的知识溢出效应也起着至关重要的作用。

（3）混合型 FDI 理论。

瑞丁（Redding，2010）认为随着 20 世纪末期空间因素被引入跨国公司 FDI 理论，从而出现了跨国公司 FDI 理论与新经济地理学的融合之势。耶普尔（Yeaple，2003）首次用包括一个南方国家和两个同质的北方国家的三国模型分析了混合型 FDI 战略。跨国公司的总部设在劳动生产率和生产成本更高、市场规模更大的北方国家，并假定最终产品在北方国家消费，运输成本都是完全一样的。其中，投资建厂的固定成本、运输成本以及要素成本会对企业选择不同的经营战略产生决定性作用，他认为把中间产品生产环节布局在南方国家，而其他经济环节布局在两个北方国家的复合一体化型 FDI，其实是水平型 FDI 和垂直型 FDI 的一种整合（何奕、童牧，2012）。随后，埃克霍尔姆等（Ekholm et al.，2007）、巴尔特格等（Baltagi et al.，2007），勃朗尼根等（Blonigen et al.，2007）也纷纷对混合型 FDI 进行了研究。

拉蒙多等（Ramondo et al.，2011）用从美国经济分析局获得的数据对美国跨国公司的复合一体化投资行为进行了分析，发现公司内贸易大多都集中于少数几个大的子公司，水平型 FDI 而不是垂直型 FDI 会更好地捕获大部分海外子公司的贸易份额。

鲍德温等（Baldwin et al.，2012）通过对日本跨国公司的销售和采购数据的分析发现，很少有某一种 FDI 是纯粹的水平型 FDI、垂直型 FDI 和出口平台型 FDI，很多分公司在进口中间品的同时也出口一些最终品，故把这种 FDI 形式称作生产网络型 FDI。

上面针对几种混合型 FDI 的不同研究，虽然都从宏观层面出发把空间效应引入了跨国公司 FDI 理论，但没有具体分析基于不同生产率的微观企业的不同战略选择。

（4）基于企业异质性的 FDI 理论。

梅利兹（Melitz，2003）首次将关于企业异质性的研究引入出口企业和非出口企业，并提出异质性企业贸易理论，其基本观点为在贸易自由开放和存在异质性企业的市场里，通过国内市场淘汰高成本的企业与出口市场选择低成本的企业，以及资源、利润再分配给高生产率的企业，会导致整个产业及经济生产力的提升。他认为一个国家企业生产率的差异决定着出口企业在国内产出的比重，生产率差异越大，出口企业的比重越大。随后，在梅利兹（Melitz，2003）模型的基础上，伯纳德等（Bernard et al.，2003）、赫尔普曼等（Helpman et al.，2004）、格罗斯曼等（Grossman et al.，2006）、耶普尔等（Yeaple et al.，2009）又对其模型进行了不断的扩展分析。

之后，梅利兹等（Melitz et al.，2012）综述了基于企业异质性分析不同产品市场的国际贸易研究方法，这些方法解释了贸易数据分解的各种功能。伴随着贸易自由化背景下产业内资源的重新配置，高生产率的出口商相对于非出口商贸易参与的形式会不断跨越公司与目标市场，所以，贸易自由化会对行业的内生增长和高生产率公司的生产力提升以及整个经济的发展都产生积极的影响。

伊藤惠子和田中清泰（Arita and Tanaka，2013）在量化评估不断降低的 FDI 壁垒对私营企业、产业内重新分配以及总生产力的影响时，发现外国直接投资门槛的降低会导致高生产率的企业比低生产率的企业实现更大范围的不合理扩张，与固定进入壁垒相比，外国生产可变成本的下降会产生更大的再分配效应和生产率提升效果。

乔杜里等（Choudhri et al., 2013）通过扩展赫尔普曼、梅利兹和耶普尔的模型，探讨不同生产率企业的非贸易品出现的福利效应，发现即使非贸易品在经济中占比较大，但最终来源于贸易和 FDI 的收益仍然是巨大的，可见这些利益的获得更大程度上是源于贸易而不是 FDI。

不同生产率的出口企业、跨国企业以及本土企业共存于同一个国家的同一行业或不同行业内，企业异质性的引入也增强了国际贸易和 FDI 理论模型的现实解释力，但仅考虑不同企业生产率差异的企业异质性并没有深入企业内部，因为不同企业的生产行为选择（包括中间品和加工组装区位的选择）除了与企业生产率有关，还受到一些相关成本的影响，所以，仅考虑企业异质性还不足以充分说明最终跨国公司为何选择 FDI 而不是外包生产，可能只有深入企业内部，分析其行为决策，才能对其具体的战略抉择有更深刻的理解。

（5）跨国公司 FDI 的内部化理论。

虽然前面的很多模型都在引入空间效应与企业异质性等层面的基础上对跨国公司的 FDI 战略选择进行了分析，但没有分析跨国公司为何选择 FDI 战略内部化而不选择外包行为（何奕、童牧，2012）。内部化理论于 1976 年被巴克莱等人提出，其具体是指跨国公司为了应对激烈的全球竞争，通过向外投资把外部市场纳入跨国公司内部，从而降低市场交易成本的内部市场一体化行为。虽然外包可利用不同国家的专业化优势，但在不完全契约理论下，随着产品专业化程度的提高，跨国公司和其外部供应商之间的双边关系难以解除，协调和监督所带来的高成本等一系列市场失灵问题会降低外包的吸引力。埃瑟尔（Ethier, 1986）认为内部化更可能发生在要素禀赋相差不大的国家间。此外，巴克利（Buckley, 1988）、邓宁（Dunning, 2003）、维伯克（Verbeke, 2003）、派克等（Pak et al., 2004）、安哥拉斯和赫尔普曼（Antràs and Helpman, 2008）也对内部化理论进行了理论扩展与实证研究，并认为交易环境的不断改善、管理及运营等相关成本的不断降低会对跨国公司的经济活动产生一定的促进作用。

近年来，巴克利等（Buckley et al., 2011）强调了内部化理论对理解多国公司管理的贡献，但该理论的很多方面在相关文献中只得到了很少的关注，特别是与跨国公司内部活动组织与治理相关的内部交易成本以及信息采集、传输和协调的成本，而对不同利益相关者的利益调整成本更是很少有人提及。另外，他们还认为对跨国公司风险倾向的不同假设的内涵解释也是未来需要深入研究的内容。

内部化理论虽解释了跨国公司的纵向一体化扩张行为，但只是从企业层面出发而忽略了外部环境因素，对企业的其他跨国扩张行为缺乏有效的解释。事实上，由于内部化不同程度地存在，在跨国外包和 FDI 之间还存在着组建各种类型的合资企业等形式，但关于这方面的正式研究还很少。不过随着企业异质性以及内部化理论的不断引入，跨国公司 FDI 的理论研究也不断得到扩充与完善，从而为后续更深入的理论分析与实证研究奠定了扎实的基础（何奕、童牧，2012）。

4. 数字跨国公司 FDI 理论

近年来，随着数字全球化的不断发展，跨国公司理论也逐渐从传统的跨国公司理论向数字跨国公司理论演进。

首先，虽然数字跨国公司通过互联网就能轻而易举地突破时空限制向国外目标市场提供服务，可能导致其通过绿地投资在国外目标市场设立分支机构的动机被逐渐弱化，但在技术寻求动机的驱动下，仍然可能通过跨国并购搭建起全球生产与运营网络，以实现其全球战略利益扩张的目的。

其次，市场规模、地理距离等决定传统跨国公司区位选择的因素可能不再重要，数字人才、数字理念、知识产权保护制度和数字人文环境可能会成为跨国公司 FDI 区位选择考虑的关键因素。由于数字经济下比较优势由原来的劳动力成本、运输成本逐渐向数字基础设施、数据要素、数字技术与数字人力资本变迁，更多的跨国公司投资会向数字技术发达、数字基础设施完善与数据要素规模庞大、数字人力资本丰裕的市场集聚。例如，2016 年数字型跨国公司总部与子公司主要集中在美国等少数发达国家，但到了 2021 年，以中国为代表的发展中经济体逐渐成为数字型跨国公司总部与子公司的战略选择。

最后，数字型跨国公司不仅会催生新业态，降低信息不对称程度，促进交易成本与用户搜寻成本不断下降，也使国际投资与垂直一体化生产出现数字化、平台化、柔性化与服务化的趋势，与传统的跨国公司商业模式和投资路径有诸多不同。不论是电子商务、即时通信还是门户网站与娱乐影音平台，对外投资的轻资产特征均较为明显。此外，数字跨国公司开展海外业务，不需要过多的实体投资与股权安排，而是更多依托数字平台与数字技术获取更大规模的数据量，故与传统跨国公司主要基于所有权、内部化与区位优势克服在东道国的劣势不同，数字型跨国公司主要通过规模庞大的全球用户网络竞争优势，实现规模经济与国际扩张。

（二）跨国公司 FDI 理论的评述

有关跨国公司 FDI 理论的研究，从完全竞争框架下的资本流动到非完全竞争框架下的 FDI 理论，到混合型 FDI 理论以及企业异质性与内部化理论的引入，都与产品内分工有着紧密的联系。小岛清的边际产业转移可扩展到边际环节的转移，弗农的产品周期可扩展到产品生产环节的周期，海默的垄断优势理论、邓宁的国际生产折中论、巴克莱等的内部化理论经过适当的扩展同样可解释产品内分工背景下的 FDI 行为，由国际贸易理论、国际投资理论与产业组织理论、新经济地理学理论不断融合形成的混合型 FDI 理论更是对产品内分工背景下的生产网络型 FDI 具有较好的解释作用，足见跨国公司 FDI 理论在发展的过程中也在不断趋于现实。

首先，分析范围逐渐扩大。跨国公司 FDI 理论的分析范围由发达国家跨国公司扩展到发展中国家跨国公司。传统的跨国公司 FDI 理论认为发达国家跨国公司因为本身拥有某种优势才进行对外投资，而忽略了优势的获取与动态变化，所以对那些没有优势的中小企业以及发展中国家的跨国公司的对外投资行为缺乏解释力。而且传统 FDI 理论的研究都是基于总部位于发达国家的跨国公司，而事实上从 20 世纪 80 年代开始，发展中国家的跨国公司也纷纷开始对外投资，一些理论开始分别从竞争优势动态发展的角度分析企业对外投资的行为，分析的主体也逐渐从发达国家的跨国公司扩展到发展中国家的跨国公司，甚至从大型的跨国公司扩展到中小企业的内部行为。

其次，研究角度逐渐深入。跨国公司 FDI 理论的研究角度逐渐由投资动机的分析深入到投资区位的选择。传统的 FDI 理论着重分析跨国公司 FDI 行为的动机与类型，不管是为了获取东道国资源的资源寻求型 FDI，抑或为了追随东道国市场行为的市场寻求型 FDI，还是为了降低生产成本而投资东道国的效率寻求型 FDI，传统的 FDI 理论主要分析为何向外投资的问题，而到了 20 世纪 80 年代，如何选取一个更有区位优势及竞争力的地区进行投资，成为此时 FDI 理论分析的重点，而且区位选择因素也逐渐从单纯集中在地理上的空间距离，向包括政治、经济、文化、社会等多个与跨国公司 FDI 密切相关的区位选择因素转变（Ghemawat，2001）。

再次，不同理论之间的融合趋势逐渐显现。从 FDI 理论研究对象上看，研究宏观国家层面、中观产业层面以及微观企业行为层面的 FDI 理论正在寻找各层面的契合点，以使各种 FDI 理论能更好地结合起来分析现实的 FDI 行为。随着 FDI 理论与包括国际贸易理论、产业组织理论、新经济地理理论等不同理论的研究交叉点日益增多，未来将探索一个综合的框架把这些理论融合起来纳入同一框架下，更有助于全面综合地分析产品内分工背景下跨国公司的对外投资活动。

最后，近几年在全球总 FDI 萎靡不振的背景下，数字型跨国公司的投资却迅猛增长。但由于数字产品的生产与消费特性，数字跨国公司的竞争优势、国际投资动机、投资方式与内容也会发生变化，数字全球化对传统跨国公司 FDI 理论造成一定的冲击，但传统跨国公司 FDI 理论仍具有一定的适用性。故未来在数字全球化发展实践中，提炼数字跨国公司 FDI 理论、解决数字平台型公司跨国垄断等新问题时，仍需与传统跨国公司理论充分对比与融合，才能充分吸收传统 FDI 理论的精华，以更好地解释数字全球化的新问题。

三、竞争优势理论与全球价值链理论

近年来，竞争优势与全球价值链相关理论作为解释国际分工和全球生产网络的基础理论被越来越多地提及，故有必要对其进行简要的回顾与梳理。

（一）竞争优势理论

20 世纪 80 年代，迈克尔·波特（Michael E. Porter）在其推出的《竞争战略》《竞争优势》《国家竞争优势》三本著作中，对竞争优势理论进行了系统阐述，从此竞争优势成为解释国际分工的重要概念（宋捷，2011）。不同于传统的基于要素禀赋成本优势的比较优势理论，波特的竞争优势既包含资源禀赋优势等国家的初始比较优势，又包含由创新决定的后发的和潜在的比较优势。可见，竞争优势理论继承和发扬了传统静态比较优势理论，但又侧重于竞争的动态演进过程，实现了战后国际分工贸易理论两大发展脉络的融合。

（二）价值链理论

在经济全球化背景下，跨国公司为了应对激烈的竞争，把产品生产的不同工序环节布局在全球最具有比较优势的地区进行生产，然后又通过半成品、零部件等中间产品贸易把全球各地的价值增值环节联系起来，从而形成了全球价值链。全球价值链理论源于哈佛商学院迈克尔·波特和科古特的价值链理论。"价值链"的概念最初由迈克尔·波特在其所著的《竞争优势》一书中首次提出，他认为价值链是由公司内部的基本活动（包括生产、营销与售后等）与支持性活动（包括人力资源、技术以及财务等）相互联系、相互作用构成的（张会清，2009）。之后，科古特（Kogut，1985）最先把价值链的

概念由企业扩展到区域与国家，更好地揭示出跨国公司通过把产品生产的不同工序与环节布局在全球最具有比较优势的国家与区域进行，从而通过全球价值链不同环节的活动实现在全球范围内优化资源配置的本质。

20 世纪 90 年代以后，大量的研究还没有采用全球价值链的概念，只使用全球商品链的概念，也不能充分证明分布在不同价值增值链条上的企业对价值创造与获取的重要作用。克鲁格曼等（Krugman et al.，1995）开始对跨国公司价值链的垂直分解，即通过把产品生产的不同工序与环节在全球各地布局和延展，进而实现价值增值的行为进行深入的研究。杰里菲和卡普林斯基（Gereffi and Kaplinsky，2001）指出，全球价值链的形成过程就是分布于全球各地不同价值增值环节上的企业通过商品或服务贸易，不断获取技术与服务，不断创造价值与获取价值的过程。其后，联合国工业发展组织报告认为，全球价值链是跨国公司及其他全球性组织为应对激烈的竞争，实现利益的最大化，把产品价值创造与增值的不同工序和环节，如研发设计、零部件生产、加工组装、营销服务和回收处理等布局于全球各地，然后通过贸易把所有这些参与价值创造、增值和利润分配的环节联系起来的过程（张会清，2009）。之后，众多西方学者从全球价值链如何治理、怎样演变和怎么升级等多重角度对相关问题进行了系统研究，进而形成了比较完善的全球价值链理论框架。

总之，全球价值链是在产品或服务生产过程中，由分布在全球范围内的研发设计、制造、营销、售后服务等价值创造的生产环节相互作用、相互联系而形成的。由于分布在全球各地的产品生产工序与环节不同，对劳动、资本、技术等各种生产要素的要求也不一样，所以，任何一个国家都没有必要在整个产品生产的所有环节中都具有比较优势，而只需在某一个或某几个环节具有比较优势便足以融入全球价值链参与国际分工，所以参与国际分工的主体将变得更加复杂与多元化，且不同的参与主体分布在全球价值链的不同位置，形成了全球价值链中的层级关系，处于价值链高端领导层的国家与企业主导价值的创造并控制利润的分配，当然可获得更多的垄断利润，而处于价值链末端的其他参与者则只能听从领导企业的生产安排，服从控制者的利润分配方式，因此只能获得较少的利润。

（三）全球价值链升级理论

各国贸易往来日渐频繁，不再采用"单打独斗"的生产方式参与产品价值链，而是根据自身的比较优势专门负责产品价值链中某个特定的生产环节，生产方式呈现出规模化和碎片化的特征，基于此，国与国之间也形成了以全球价值链为纽带的贸易网络。

1. "微笑曲线"理论

基于全球价值链，产品不同的生产阶段和工序通过模块化功能集聚，被分割成不同的价值链环节。根据"微笑曲线"理论，某一产品生产的全流程被划分为研发设计、生产制造和营销与售后服务等细分环节，跨国公司为了提升竞争力，将不同环节布局在全球各地，而不同地区的企业凭借资源禀赋和比较优势承接自身更具有竞争优势的产品工序。其中，位于"微笑曲线"两端的分别是研发设计与品牌服务等高端环节，其技术复杂度和附加值较高，属于"微笑曲线"的核心环节，多被发达国家跨国公司主导；位于中间位置的生产制造与加工组装环节是低附加值模块，因为技术要求较低，所以大多数发展中国家可凭借劳动力成本优势承接此环节，参与国际一体化生产分工。但"微笑曲线"的形状也因产业要素密集度的不同而有所差异，如纺织服装等劳动密集型行业可能中间加工组装环节的相对附加值更高，所以"微笑曲线"会更加扁平；资本密集型行业，价值的实现更多在于产品的多样化与市场的多元化，所以营销和售后服务环节的附加值相对更高，"微笑曲线"的右端更高；而技术密集型行业如信息与通信技术（ICT）制造业，附加价值更多集中于研发设计环节，所以"微笑曲线"的左端会相对更高，如图 2-1 所示。

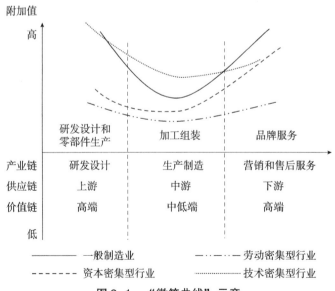

图 2-1　"微笑曲线"示意

在"微笑曲线"中，发达国家占据领导地位，负责整个"世界工厂"的顶层设计和核心零部件生产领域，从而获得高附加值。加工组装等低附加值环节则由发展中国家承接。同时，在全球生产网络中，各国所获得的利益主要为"分工利益"和"贸易利益"两部分。虽然各参与国都能从全球生产网络中获取"分工利益"，但是由于不同国家之间比较优势以及规模优势等客观因素差异的存在，发达国家凭借技术和资本等高级生产要素优势占据全球生产网络的核心位置与高端环节，"贸易利益"在分配时自然会向其倾斜，使其成为全球生产网络中的最大受益者。而发展中国家依赖自然资源禀赋和"人口红利"，以消耗自然资源和提供廉价劳动力的方式被动嵌入全球生产网络，获得的贸易利益和附加值相对有限，甚至有可能陷入被"低端锁定"的困局，形成"贫困化增长"的消极局面。

因此，我国跨国公司若想从全球生产网络中获取更多的利益，应加快向"微笑曲线"的高附加值环节攀升，甚至构建自身主导的全球生产网络，打破被动嵌入发达国家主导的全球生产网络被低端锁定的困局。

2. 全球价值链升级方式

全球价值链主要有四种升级方式，即流程升级、产品升级、功能升级和链条升级，如表2-2所示。其中，流程升级主要体现在劳动生产效率的提升上，是整个价值链升级的基石；产品升级表现为企业生产技术复杂度更高的产品，是整个价值链升级的基础；功能升级要求企业完成工序更加复杂的任务从而承接高附加值环节，是整个价值链升级的关键；链条升级是企业向全新的更高附加值产业链条跃迁的过程。这四种升级方式不是相互割裂的，而是相互联系的，如产品升级伴随着工艺流程升级和功能升级，整个链条的升级包括前面所有的升级方式。

表2-2　四种全球价值链升级方式的含义及特征

全球价值链升级方式	定位	含义	特征
流程升级	全球价值链升级的初始阶段	以工艺创新、设备创新以及管理和组织方式创新为媒介，提升企业劳动生产率	提高劳动生产率
产品升级	全球价值链升级的基础阶段	以开发新产品为起点，提升产品的技术复杂度，生产出更加符合市场需求的产品	提供技术复杂度高的产品

续表

全球价值链升级方式	定位	含义	特征
功能升级	全球价值链升级的关键阶段	企业在全球价值链中获得新功能或放弃某些旧功能,如从生产制造环节向品牌服务环节转移	向价值链两端攀升
链条升级	全球价值链升级的高级阶段	强调的是企业依托突破式技术创新,从一条产业链条跨越到另一条新的且价值更高的相关产业链条	向更高附加值的价值链攀升

资料来源:根据 Gereffi 等 (2005) 整理所得。

全球价值链治理是企业实现升级的重要影响因素,其核心就是研究旗舰企业如何组织价值链的结构和分工、协调各环节上的企业之间的关系以及利益的分配。共有市场型、模块型、关系型、领导型和层级型五种全球价值链治理模式 (Gereffi et al., 2005),虽然不同的治理模式对企业选择升级路径有着不同影响,但都体现了主导价值链的发达国家企业为获得长期利益而阻碍其他国家企业向价值链高端攀升的本质。因此,我国跨国公司要实现升级,单靠对外投资,在国外建立研发中心获取其先进技术、兼并收购国外企业以利用其营销网络向价值链高端升级已不大可能,而要更多依靠数字化自主创新,从原始设备制造转向原始设计制造以实现原始品牌制造,发展自主品牌才是向具有更高附加值链条迈进的可行路径。

(四) 价值链数字化重构与升级

价值链不是独立的活动单元,而是由不同价值增值环节相互联系、相互依存而形成的价值创造系统。近年来,随着数字技术经济范式朝着更广泛、更深入、更高级的阶段发展,其向传统实体产业的渗透融合、改造与创新,必将引起技术系统、生产方式与产业组织的变革,进而引起价值链的分解、融合、创新与重构。

1. 数字技术促进价值链环节的解构

波特注重信息技术对企业价值链的影响,价值链中各个环节的联系要求信息系统最优或配合最佳。在数字技术时代,变化的不是数据与信息,而是技术大发展使本来就存在的数据与信息发挥更大的作用。随着数字全球化的趋势越来越明显,任何企业不管规模大小必须成为开放的系统,并重视数字技术在企业价值增值环节的使用,以提高效率、降低成本来获得竞争优势,这就要求企业接入数字技术与外界进行充分的互动,实现与供应商和客户合理匹配,进而可因数字技术的接入使价值链优化重构，带来成本或差异化优势。

首先，价值链分解。技术创新促进全球价值链环节分化独立，向模块化发展，使产品或产业价值链分解成多个价值增值模块，表现为产业模块化发展与企业工序专业化生产。而在数字技术下，原来的工序环节模块分工可能会更加细化，例如，研发设计环节可以分解为集成电路（IC）设计、颜色、材料等表面处理工艺（CMF）行业等更细化的模块。其次，价值链融合。随着技术不断升级，价值链分解导致工序分工不断细化，而需求个性化、多样化因素又会导致不同生产工序之间的联系更加紧密、各个细化模块之间的边界日渐模糊，以适时按用户需求进行重新组合。而网络交易平台的出现是价值链融合的最好例证，不仅为交易双方提供交易虚拟场所，同时涵盖借贷理财、即时通信、电子支付等生产服务润滑剂，有效促进了相关传统行业价值链环节的深度融合。再次，价值链创新。数字技术的发展在原有价值链的基础上，经历不断试错创出新的价值链环节。例如，虚拟现实、众筹、人工智能、智慧城市、可穿戴设备联网、3D打印等新业态蓬勃发展，对经济增长的支撑作用逐步增强。最后，价值链分解、融合、创构，共生共长，共同演进。如共享平台最初仅限于消费领域，随后出现了与生产制造融合的共享生产线。除了原理不清、机理不明的生化行业，数字技术几乎可引致所有行业价值链的分解、融合和创构，共同推动全球价值链重构。

2. 数字技术引发价值链各环节附加值变化

（1）生产环节转变为智能制造，商品制造将由过去的流水线式简单加工组装变成知识技术密集型的智能化生产流程，生产环节的技术含量与话语权会进一步提高，将获取比原来更高的附加值。

（2）研发设计环节转变为标准制定。大规模个性化定制将消费者创意与偏好纳入产品设计中，企业研发创新拓展为消费者参与创新与开放式协作创新，从而在一定程度上降低研发所需的技术门槛和成本投入，减少企业在该环节所能获得的附加值，但旗舰厂商或企业通过制定行业标准和核心专利保护等途径，其研发设计环节的附加值仍会维持在较高水平。

（3）销售环节变为公众平台，依靠互联网技术构建巨平台+个人/中小微企业的海量前端的协作体系，集成销售及售后服务等，可智能化、精准化地提前为消费者提供产品远程监控预防与维修服务，未来依靠公众平台网络的规模经济与外部性，将使该环节的附加值进一步提高。

（4）价值链各环节附加值发生变化，将会导致价值链形状的改变，甚至拉平、反转价值链，如图2-2所示：价值链最初为曲线4的形状；随着生产制造环节与设计研发和售后服务附加值的差距越来越大，将变为曲线5的形状；之后随着信息化、数字化的实施，价值链环节附加值的差距逐渐缩小，直至变为曲线3的形状，甚至完全拉平为曲线2的形状；最后，随着智能制造环节附加值的增加，有可能变为倒"微笑曲线"，即价值链的反转（曲线1），从而达到转型升级的效果。

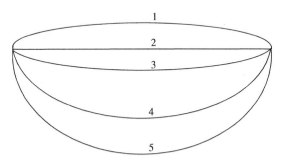

图2-2　价值链数字化重构示意

第二节　数字经济理论

一、数字经济对传统经济理论的冲击

由于传统的经济理论赖以存在的经济基础受到了数字经济的巨大冲击，数字经济下的许多问题可能无法运用传统的经济理论予以解释，传统的经济理论可能需要重新审视与不断创新。总体来看，数字经济的发展给传统经济理论带来的冲击主要体现在对资源稀缺性、信息对称、理性人、完全竞争等基本假设与相关原理的冲击，以及对从微观、中观到宏观的基本理论，如消费者理论、生产者理论、产业经济学理论、经济增长与经济周期理论等一些具体领域的冲击上。

（一）对经济学基本假设与相关原理的冲击

1. 对经济学基本假设的冲击

（1）资源稀缺性：从相对稀缺到相对不稀缺。

在传统农业经济、工业经济时代，虽然经济发展与人类物质生活水平的提高依赖于劳动者技能的提高和科学技术的发展，但也更突出地表现为对自然界资源的掠夺性索取与破坏，这种发展方式不仅不可持续，造成环境的污染和资源的大量耗费，还将给下代人的生活带来负担与压力。因此，在传统经济中，各类资源的获取需要付出大量成本，再加上资源相对于人类无穷的欲望而言总是稀缺的，这就是传统经济学资源稀缺性的基本假设。然而，在数字经济时代，数据将成为关键性资源，不仅具有非排他性，可以多人同时重复利用，而且可以再生与急剧增加，因此资源的稀缺性有可能不再成为制约经济发展的瓶颈。但需要指出的是，只有经过收集、加工、整理后的数据才会变为富含价值的信息，而其间需要耗费人力、财力与物力，所以也是有成本的，这样知识和信息特别是高价值的知识和信息仍然稀缺，可能还要为之支付高昂的费用。但随着数字技术不断发展，获取有价值的数据可能会变得更加容易，与农业经济和工业经济时代相比，在数字经济时代，数据资源稀缺性相对而言可能没那么严重，或相对不稀缺，但数据更多依赖于经济主体的消费、投资等经济行为，附带知识和信息的数据到底能不能成为一种独立的要素，还是存在疑问的（王健伟和张乃侠，2004；刘培刚，2011）。

（2）信息完全：从信息不完全到信息相对完全。

在古典经济学中，假设信息完全，其实传统经济学认为信息是不可能完全的，因为信息的获取会受到信息的分散性、获取信息的成本、人们的认知水平以及个人机会主义的限制。但在交互性和实时性更强的数字经济下，借助大数据、云计算等数字技术，人们可克服信息的分散性，降低获取信息的成本，相对于传统经济时代，可以更迅速地以更低成本获取各种市场信息，使得信息不对称程度比传统经济时代有所降低与弱化，但由于人们自身知识结构与认知水平的缺陷以及机会主义的存在，再加上每个追求自身利益最大化的经济人都会在获取信息的成本与收益之间进行权衡，他们也做不到信息完全对称，只能是比传统经济时代更完全或相对完全。

（3）理性经济人：从有限理性到高度理性。

在传统经济理论中，假设经济人不用花费任何成本，就可以及时获得充分的信息，即在信息完全的情况下，人们都是追求自身利益最大化的理性人，也即经济人的完全理性假设。而后来的研究发现，如果获取不同的信息需要花费成本甚至付出高昂的代价，经济人就会在信息完全与否之间作出选择，大多数情况是做不到信息完全的，所以经济人的理性也达不到完全理性，而是有限理性。

然而，在数字经济时代，人、财、物等信息高度互联互通，市场信息也极为丰富，经济人能够以更低的成本、更及时地获取较为充分的市场信息，并据此作出更为科学和理性的决策，所以，经济人的理性将大大超出"有限理性"，变为高度理性。此外，人们通过获取的相关信息能够广泛得知他人的行为，从而"随大流"形成互联网的聚合行为就会成为经济人的主流选择，即所谓的"流行性"越来越控制着人们的选择行为，此时的市场具有了自我放大的机制，原来市场机制发挥作用的机理已经发生了变化。例如，人们相信口碑和好评率是经过他人的智慧筛选过的集成信息，但是有时获得的信息不一定是准确的，因为就算好评率是发自消费者内心的，不是被迫好评，但不同消费者对不同产品的质量、颜色、款式的偏好都是不一样的，而仅依据口碑或好评率就决定要不要购买某种商品，这在一定程度上并不能算作理性的。此外，分析数字经济时代人们的行为方式，除了需要置于经济学的市场机制框架下，还有赖于综合心理学、社会学等许多学科理论的融合创新，但总体来说，数字经济时代还是比传统经济下的信息更充分，人们的行为方式也更加理性（王健伟和张乃侠，2004；刘培刚，2011）。

（4）完全竞争：从完全竞争到协作创新。

在传统经济理论中，假定有无数个买方和卖方，把竞争作为经济人之间发生联系的重要方式，并认为竞争是完全的，即完全竞争。即使后来经多次修正，承认现实其实是竞争与垄断并存的，但总体来看，传统经济理论更多地还是强调竞争。而在数字经济时代，将更多地强调合作和创新，强调企业主通过与上游供应商、中游竞争对手、下游顾客的协作创新，实现"双赢"与"多赢"，从而获取更大的市场份额，提升自身竞争力，以应对外部环境和激烈的市场竞争。但需要指出的是，名义上是供应商和消费者借助平台合作，供应商和消费者通过平台这一桥梁发生了更紧密的联系，如消费者通过平台参与厂商的研发、设计、生产全过程，而供应商依托平台促进营销与售后服务，这些都离不开平台，产品从厂商到消费者手中虽然少了一级代理、二级代理、批发商等中间渠道，但多了一个平台，就像传统经济下离不开代理商、批发商，数字经济下厂商和消费者更离不开平台，所以不同平台之间的竞争将更为激烈，而且大平台更容易吞并小平台，从而形成垄断之势。协作创新则是指平台上不同企业通过协作加速产品、流程、工艺、功能等尤其是技术的创新活动，使竞争方式发生改变，从而进一步提高产品的多样性和差异性，以便更好地满足消费者的个性化需求（傅明华，2002）。

所以，其实一个平台生态中的主体更多的是通过协作创新共同把"蛋糕"做大，但不同平台之间则更多的是充满大鱼吃小鱼的激烈竞争，而且大平台更有可能形成垄断之势，与传统经济下的竞争原理有很大不同。

2. 对经济学基本原理的挑战

（1）传统经济学中的边际效用递减与数字经济学中的边际效用递增。

不论是传统经济还是数字经济下的边际效用递减或递增，都是从需求侧的角度，对消费者追求效用最大化行为的分析。

传统经济下的边际效用递减，是指随着消费者消费的商品数量不断增加，最后增加的单位同种同质传统产品的消费给其带来的冲击及满足感，即效用是不断降低的。这样，富人的边际消费倾向将低于穷人，如果整个社会能把富人的财富适当转移给穷人，就能实现社会整体效用的增加。但传统经济下的边际效用递减，强调消费者获得的是用于满足人们有限的物质需求或基本生理需要，在质量和性能上属于同质的产品。例如，对某一食品的简单重复消费给其带来的边际效用是递减的，但如果消费者获得的是在质量和性能上更优的产品，随着消费数量的增加，带给他的效用应该也会递增。

而数字经济下的边际效用递增，是指某一数字平台或数字产品的用户使用量或用户规模越大，由于外部性的存在，带给每个消费者的效用就越大。例如，微信使用者的增加，会给使用微信的人与更多的人沟通交流带来极大的便利，获得更大的协同价值，消费者的边际效用就会增加。数字经济时代，数据与财富存在的是边际效用递增的规律，即经济主体拥有富含信息的数据越多，数据的增加可能会使经济主体对相关标的的了解越全面，从而减少了信息不对称，每增加一条富含信息的数据，该主体的边际效用也就增加得越多。但是这里没有考虑数据的质量问题，数据富含的信息越多则信息越充分，信息不对称程度越低，可是经济主体不但要考虑数据的数量，更要考虑数据的质量与准确性，这就有赖于对数据的筛选，进而萃取出更有价值的信息。总之，不是数据量越大越好，而是高质量、更准确的数据越多越好。

可见，数字经济下的边际效用递增是指随着消费者对数字产品的消费不断增加，给其带来的满足程度或效用是不断递增的，如消费者获得的异质知识不断增加，就会实现融会贯通，产生更大的效用，给其带来更大的满足感，进而希冀获得更多的知识，因为新知识的接受需要一定的知识基础，一个缺乏知识的人，获得新知识后可能发掘不出多少价值，但知识渊博的人新增一条知识就会发掘更多的内涵，获得的知识越多，累积效应就越强。但如果让消费者花同样的钱去消费同质的数字产品，给其带来的效用将会边际递减，如增加对同一位歌手的数字音乐产品消费，消费者不会为第二件同样的产品付费，但如果在音质上有更大的改善，消费者则可能愿意为之支付更高昂的费用，因为这样给其带来的效用更大。

所以，边际效用递增还是递减其实与数字经济没有多大关系，与传统产品和数字产品也没有多大关系，关键是看消费者消费的产品是在质量性能上同质还是更优，是为了满足有限的物质与生理需求还是满足无限的精神或社会需求，是知识与技术含量较低的简单产品还是知识与技术含量更高的复杂产品。

（2）传统经济学的边际成本递增与数字经济学的边际成本递减。

不论是传统经济学的边际成本递增还是数字经济学的边际成本递减规律，都是从供给侧的角度分析厂商如何供应产品，进而达到利润最大化的行为，但二者仍有区别。

传统经济学中的边际成本递增，是指假定生产产品只有两种要素，将其中一种要素固定，增加另一种要素，在两种要素达到最佳配比之前，每多增加一单位要素的边际产出是递增的，但增加到两种要素达到最佳配比之后，再增加该种要素的边际产出就是递减的，由于厂商实现利润最大化都处在边际收益递减阶段，所以称此规律为边际收益递减或边际成本递增规律。

在数字经济下，与厂商供给相关的成本，一是数字基础设施的建设成本，二是富含信息和知识的数据传输成本，二者与使用者人数没有关系，并不存在边际成本的问题。只有数据收集、处理、加工、提取成本随使用人数的增加而增加，总成本才会不断递增，但边际成本是递减的，所以随着产品产量的不断增加，从综合设施建设、数据传输与数据加工成本来看，数字经济下，平均成本与边际成本会随着用户与产量的不断增加呈现边际递减的趋势。特别是对于软件、芯片等数字产品，第一份生产成本可能较高，之后就可以以近乎零边际成本无限制地进行复制。

（3）传统经济下的按劳分配与数字经济下的按知识和信息分配。

不同于农业经济与工业经济时代的繁荣直接取决于土地、资本、劳动力和企业家才能四大生产要素的数量与质量，在数字经济时代，富含更多信息和知识的数据成为关键的生产要素，这些数据成为数字经济直接的内驱动力。一些拥有更轻资产、更多信息和知识的高科技公司之所以能在短短几年内创造财富神话，可能更多的应归功于软盘中储存的知识与信息，随着知识和信息的价值在社会生产过程中越来越得到充分的发挥，附加值将越来越多地向知识、智力密集型产业转移，国民收入及社会财富的分配也将更多地以知识和信息的含量为标准，传统经济下的按劳分配、取得的职务工资等要素报酬将更多转变为数字经济下按数据分配的知识拥有者的报酬与数字技能工资，知识就是财富，这在数据为王在数字经济时代将得到更有力的证明。

（4）传统经济中的正反馈与数字经济中的正反馈。

传统经济中的正反馈来自供应方或生产商的规模经济，既指大公司与小企业相比规模更大，进而成本更低，更易达到规模经济，也指原有企业因新加入企业的增加形成企业集聚而导致效益提高，使整体的供应效率得到提升。传统经济不同产业在早期都会经过正反馈，但在达到规模经济以后，负反馈就会起主导作用。

在数字经济下，正反馈更多来自需求方的规模经济，而不仅是供应方。其具体是指消费者的效用会随着消费该产品的消费者数量增加而增大。例如，微信、今日头条等的使用者认为其有价值是因为其被广泛使用，随着使用的人越来越多，既扩大了不同人群的交流范围，也方便了来自四面八方的形形色色资讯的获得。

传统经济理论认为，各类企业只有达到一定的规模上限，才能实现规模经济，提升资源配置的优化程度，从而降低生产成本，提高生产效率。然而，数字经济条件下开始涌现出一些新型企业甚至是个人，这些企业和个人的核心竞争力是利用其拥有的技术与数据，实现持续不断的快速创新，虽然规模较小，但其创新能力和竞争能力优于同行业中的大企业，且常出现"以小博大"的局面。因此，在数字经济时代，由于要素的变化，之前所说的劳动力、资本规模扩大表现出的规模经济越来越被拥有更多知识和信息表现出的规模经济所取代。而且在数字经济下的正反馈，供求双方有相互促进的作用，不管是供给还是需求增加，都会使另一方增加，形成供求双方相互促进的态势。

（5）传统经济下的市场均衡与数字经济下的反均衡。

①数字经济的外部性。数字经济中的网络效应是指商品的价值取决于用户的规模，消费者从使用某一商品中得到的效用依赖于其他用户的数量，当某消费者因其他使用者的增加导致其消费某一商品的效用增加而又不需要支付额外的报酬或补偿时，就存在正的外部性。在网络外部性的作用下，市场的效率可能遭到破坏，主要分为以下两种情况。

其一，与传统经济一样，实际产出小于有效产出。当存在正外部性时，因其他使用者增多，消费者就消费某一商品得到的效用增加，因此他们愿意为之支付更高的价格，但生产者没能要求消费者因他们所得到的外部性收益而支付报酬，此时商品的价格低于消费者愿意支付的价格，出现生产者的供给小于消费者需求的局面，进而导致实际产出低于有效产出，如此既没能达到市场均衡，又破坏了市场效率。

其二，与传统经济区分，次优技术占据市场。在数字经济下，一旦由于某个因素使行业内某个厂商出现了外部性，使用其产品的消费者就会不断增加，这时哪怕有更优的同类产品出现，由于消费者使用的路径依赖、锁定效应及转换成本，其也不可能在现在使用的次优产品与新出现的最优产品之间进行转换，从而导致次优产品与技术主导整个市场，这就扭曲了传统经济下的市场竞争机制，使市场失灵，从而降低市场效率，对传统经济学的一般均衡理论提出挑战。

数字经济在网络外部性与正反馈的作用下，使市场变得不稳定，这种次优产品或技术占据整个市场的局面不一定能一直保持，虽然数字技术下实物流、资金流、数据流的方便快捷传递进一步促进了外部性和正反馈的形成，但同时新的标准、新的产品、新的技术也可能更容易被传播与接受，这样就会减少消费者的路径依赖、锁定效应与转换成本，进而使原来产品的外部性大为降低，打破原来的均衡状态，正是因为数字经济下均衡状态失去唯一性，才加剧了市场的不稳定性。

②传统经济下的负反馈与数字经济下的正反馈。传统经济的负反馈是指随着厂商产品供应的增加，特别是当市场上该产品供过于求时，产品的价格就会下降，消费者的需求增加，而厂商产量降低；直至市场上出现供不应求的局面，厂商价格就会提高，进而再增加产量，消费者需求减少，直至最后实现供求相等，这就是传统经济下的价格调节机制。

而价格调节市场供求均衡机制在数字经济下将失去效力。数字经济下的正反馈是基于需求方的正反馈，而非供应方。由于数字经济外部性的存在，如阿里巴巴电商平台，随着市场占有率与市场份额的增加，用户对其竞争力更有信心，进而引起市场占有率进一步增加。相反，如果某一数字平台的用户较少，使用该数字平台的消费者就会进一步减少，导致强者更强、弱者更弱的马太效应，进而出现垄断，这样数字经济下市场的供求关系就不会在价格机制的调节下实现均衡，甚至完全就是反均衡的。

只要市场上产量在临界点以上，供方规模越大，用户越多，供应产品越多，边际成本也就越低；越有竞争力，规模越大，消费者对其产品的需求就越大，愿意为其支付的价格就越高，厂商就会越增加产量，进而获得巨大的超额利润，实现爆炸式增长。这样厂商的边际成本和消费者愿意支付的价格就会出现背离，供给曲线和需求曲线就不会有交点，在整个市场中就找不到合适的均衡点。

相反，当市场上的产量处于临界点以下时，企业规模小，产品边际成本高，而消费者不愿意对缺乏竞争力的商品支付高价格，导致需求减少，厂商产量减少，规模越来越小，边际成本越来越高，消费者愿意为其支付的价格却越来越低，也会出现消费者愿意为其支付的价格与边际成本背离的情况，厂商就会亏损直至消失。这样只要偏离均衡点，供求曲线就永远不会相交，不会实现供求均衡（王健伟和张乃侠，2004；刘培刚，2011）。

（二）对微观经济理论的影响

1. 数字经济下消费者行为理论的变化

传统经济下是生产决定消费或以产定销；数字经济下，随着移动互联网、大数据、人工智能等数字技术的不断进步，消费者借助数字平台即可实现快速消费，甚至为了实现效用最大化，得到更加适合自己需求的个性化产品，可以参与厂商从产品的研发设计到生产加工的全过程，为厂商的产品生产实践提出自己个性化的修改建议。所以传统经济下消费者只是产品的消费者而已，数字经济下消费者则是发挥一部分生产者作用的产消者，传统经济下的消费者行为理论就会发生变化。

2. 数字产品不能再按边际成本定价

由于受要素资源稀缺性的影响，传统经济下厂商的规模经济难以持续，其在生产过程中呈现边际成本递增规律，故厂商为了实现利润最大化可以依据边际成本定价。而数字经济下生产数字产品呈现出高固定成本、低边际成本的特性，厂商为了收回固定成本，就不可能再按边际成本定价（King et al.，1983；Rubin et al.，1986；Lamberton，1996；Shy，2001）。

虽然目前数字产品定价还没有形成如同传统价格理论那样简洁、普适的分析模型，但以下几点仍值得关注：首先，数字产品和传统产品一样，其价格也会或多或少受到自身价值、生产成本甚至市场供求等因素的影响，如数字产品生产厂商虽不能按边际成本定价，但可按边际收益和平均成本相等的原则定价，以收回固定成本，因此数字产品价格与传统产品的价格有相同的影响因素。其次，数字产品为知识、技术密集型产品，如研发产品，不单具有高固定成本的特性，能否研发成功具有较大的偶然性，研发出来能否获得青睐，受消费者主观心理评价影响较大。所以，数字产品定价时也要更多地考虑研发风险、产品生命周期、长尾产品特性、营销方式、消费者偏好及大众精神与心理评价的差异性等。最后，由于数字产品与传统产品相比，消费者的主观偏好存在更大的差异，再加上数字产品具有较大的网络外部性特征，不同消费者愿意为其支付的最高价格存在较大差异，所以具有不同特性的数字产品应该采取差别化的定价策略，每种不同的产品也应依据企业市场占有策略、长期发展目标及其风险承受能力等确定自身产品的"定价规则"（王健伟和张乃侠，2004；刘培刚，2011；江小涓，2017）。

3. 数字经济下边际分析与均衡理论不再完全适用

按照马歇尔新古典经济学价格理论，当消费者的主观效用和生产者客观成本相等时，即边际效用和边际成本都等于产品价格时，厂商边际收益和边际成本相等便可实现利润最大化，消费者边际效用和边际成本相等则可实现效用最大化，从而使供求达到均衡，同时均衡价格也得以确立。在数字经济下，由于受需求方规模经济与供给方规模经济的共同影响，随着数字产品用户规模的不断扩大，数字产品的协同价值越来越大，最后一个加入的消费者愿意为数字产品支付的价格越来越高，而厂商的边际成本越来越低甚至为零，平均成本也在不断降低，所以数字经济下的均衡点不止一个，更不能通过边际收益与边际成本相等来寻找唯一的均衡点。有学者提出要借助新兴古典经济学的超边际分析法，以求得多态均衡（韩耀等，2016）。所以，边际分析与均衡理论在数字经济下变得不再完全适用。

4. 数字经济下交易成本大幅降低

数字技术的发展，突破了现实世界的时空限制，可以降低市场主体之间信息不对称的程度，降低社会资源配置的成本，提高社会资源配置的效率。借助数字技术，信息流可以被低成本地无限制复制和传递；实物流在大数据与云计算等数字技术的支持下，可以大为简化交易流程，突破时空限制，实现24小时从厂商直接把物品交予消费者，实现买全球、卖全球完全无障碍；资金流借助数字技术，如移动支付更是会突破繁杂手续的制约，规避传统经济下汇率波动等风险，使交易成本大为降低。

5. 数字经济下企业管理理论大幅变化

在数字经济时代，企业管理的计划、组织、领导与控制等环节都会受到影响，所以数字经济下企业管理理论与传统经济下有很大的不同。首先，数字经济的发展更多强调企业与企业之间的合作，企业的经营思想与管理理念开始从单纯强调竞争向合作竞争转变；其次，由于数字技术下信息获取的极大便利，不再需要更多的中间层级，企业组织结构从等级严明的科层级管理向松散的网络化管理转变，沟通渠道也更加顺畅，企业高管可以随时直接与普通员工对话；最后，营销方式也由传统的批发再经层层代理的分销体系向厂家依靠大数据精准营销转变，产品可直接由厂家送达消费者手中。

（三）对中观产业组织理论的挑战

1. 制造业效率高于服务业不再成立

传统服务业，如教育医疗、餐饮娱乐等服务过程要求服务创造和消费同时同地，服务既不可跨时间储存，也不可远距离跨区域交易，不仅受时空限制较大，也不能借助效率更高的先进设备，还不容易达到规模经济，所以服务业的劳动生产率远低于制造业的生产效率，并长期保持在一个较低的水平。但在数字经济下，数字技术不仅改变了服务的提供方式，甚至服务的性质也随之发生改变。传统经济下将看电影、听音乐会这些"乐"文化消费视为中高收入者的奢侈行为，但数字经济下，特别是随着短视频的兴起，中低收入消费者也可以用极低成本获得大量的娱乐消费，如有网友评论自从有了短视频平台，每天有人献歌献舞，还可以一一评论，表达自己的看法。娱乐提供方也形成了以大规模"点击率"为基础，赚取更多打赏甚至广告费的商业模式，为服务供给者提供了充足的激励。数字经济下，文字、语音信息、视频节目等丰富多样的娱乐方式促使大量的需求迸发，并且各种娱乐产品创新可以以极低的成本被复制无数次，效益递增几乎没有边界，规模经济效应极为显著，生产率也得到显著提高。通过采用数字技术手段，其他的传统服务，如医疗与教育等以往必须在现场以面对面方式、低生产率提供的服务变为在线视频会议、远程教育与医疗等可以大规模、跨时间、远距离甚至跨国提供的高效率服务，甚至任何制造业产品都无法与之相比（江小涓，2017）。

2. 传统的垄断原则不再适用于数字经济

虽然传统经济下先进入市场者达到规模经济，可抑制其他潜在成本低的成员进入，造成一定的垄断，如泰国的钟表行业虽然潜在成本更低，但由于瑞士的钟表业率先达到规模经济，泰国的钟表行业发展会受到抑制。但传统经济下的垄断没有数字经济下的垄断涉及范围广。

从20世纪90年代开始，随着互联网、大数据中心等具有自然垄断特征的数字基础设施类产业的迅速发展，其他依存于这些基础设施提供增值服务的竞争行为、营利模式等成为研究的核心问题。不同于之前传统物理基础设施网络,如电信、铁路等封闭性网络,由于互联网等数字基础设施是开放性的,依托数字基础设施的数字经济体或网络平台会随着规模的扩大、用户的增多而不断增值。某一平台的用户越多,商业机会越多,使用的人就会不断增多,随着使用的人越来越多,成本就会越来越低,平台收益自然会不断增加。当平台形成一定规模,就会焕发出巨大的规模经济优势,后来者就算比其做得更好,但巨大的一次性固定成本以及数字产品的路径依赖与锁定效应,导致获客成本较大,与先加入者几乎为零的边际成本相比也会相形见绌,很难再进入同样的市场,这样就会导致最先进入市场的先驱者抓住市场机遇,利用先发优势,不断拓展用户规模,其市场占有率也越来越大,而潜在加入者与在位的成功企业相比进入市场的难度却越来越大。这样,整个市场竞争的结果更倾向于一家或少数几家企业主宰市场,形成寡头垄断,甚至形成先入为主、一家独大、赢者通吃的垄断局面。这是一种先入为主的现象,甚至次优产品先进入者就可拥有锁定市场的能力,进而拥有主导市场的可能性,可见,数字经济时代的市场垄断力量更为强大,而且大者愈大、强者愈强、富者愈富,这就是数字经济时代产业组织问题的特殊性。

可见,由于数字平台在需求方规模经济、路径依赖、锁定与正反馈的作用机制下,聚集的用户规模越来越大,最终必然产生巨型平台,进而必定会形成垄断。但由于数字经济下垄断表现为竞争与垄断同时存在的特性,平台之间一定存在更大的竞争。例如,消费者可以在多个不同的数字平台跨境消费,也可以通过不同的搜索引擎搜寻信息。虽然短期内,在激烈的竞争中胜者垄断全局,输者退出市场,但在长期高利润的引诱下,存在着更大的竞争,包括在位垄断厂商的技术升级换代与潜在进入者的技术创新的竞争。而且数字经济下垄断越突出,竞争就越激烈,在竞争与垄断此消彼长的作用下,实现技术的不断进步与创新。所以与传统经济下垄断消除竞争与阻碍技术进步不同,数字经济下的垄断会激化竞争,并在更激烈竞争的作用下促进技术的不断进步与创新,所以,传统工业经济下的反垄断原则就不完全适用于数字经济下的垄断治理了(韩耀等,2016;张铭洪和杜云,2010;张丽芳,2013;江小涓,2017)。

(四)对宏观经济理论的影响

1. 菲利普斯曲线受到挑战

菲利普斯曲线是 1958 年由新西兰籍英国经济学家菲利普斯提出的用来表

示失业与通货膨胀之间交替关系的曲线。后人引入长期和短期以及预期等因素，对菲利普斯曲线进行了修正，从而使菲利普斯曲线对 20 世纪七八十年代西方国家出现的高通货膨胀率与高失业率并存的"滞胀"局面也有了一定的解释力。长期以来，西方经济学家将菲利普斯曲线作为解释通货膨胀与失业率交替关系的理论基础，也为各级政府制定宏观经济政策提供了依据。从 20 世纪 90 年代开始，美国经济在互联网等数字技术的推动下，进入了一个高增长、高就业、低通胀的数字经济发展阶段，经济运行出现了通货膨胀和失业率双低的局面，失业率和通货膨胀率不再呈现任何替代关系，这说明可以解释西方国家经济运行状态长达一个半世纪的菲利普斯曲线已不再适合解释数字经济的运行状态。

2. 对传统经济周期理论的挑战

传统的经济周期理论认为，在市场经济条件下，经济周期一般都要经历繁荣、衰退、萧条、复苏四个阶段，而且这种现象会循环往复出现。第二次世界大战以后，随着西方国家在政治、经济、技术等领域出现了一系列新变化，各国的宏观经济政策和反危机措施也出现了大的调整，又出现了衰退与高涨交替的简化经济周期。到了 20 世纪 90 年代，随着数字经济的兴起，各种数字技术创新突飞猛进，产品升级换代日新月异，使得经济发展过程中一旦衰退苗头出现，就会被新的产品创新与技术升级活动拉起，整个经济周期不会出现大起大落，而只是微小波动，甚至可呈现出持续的繁荣景象（傅明华，2002）。

3. 对传统经济增长理论的挑战

在传统经济增长理论中，一般把经济增长因素分为土地、资本等生产要素的投入和技术进步或全要素生产率两类，侧重于研究生产要素投入对经济增长的影响，而其中不能被解释的部分，则归为全要素生产率的贡献。在数字经济条件下，反映信息网络扩张效应的"梅特卡夫法则"显示其对经济系统的外溢效应明显，另外，数字平台的正反馈机制与正外部性、几乎低至零的边际成本、边际报酬递增、数字技术创新的深化均构成经济增长的新动力，这与传统的经济增长理论有很大的不同（王健伟和张乃侠，2004；刘培刚，2011）。

4. 对传统收入分配理论的挑战

由于数字经济属于创新型经济，所以数字经济下国民收入增长的渠道、来源和方式更加多元，收入增长的规模更大、速度更快，但由于数字经济与传统经济相比，生产要素发生了变化，所以数字经济下的收入分配更多由传统经济下的按劳分配、按资分配，变化为现在的按富含信息和知识的数据要素分配、按数字技术分配、按管理分配。与此同时，在收入分配过程中，那些具有数字技能、拥有丰富管理经验、拥有丰富知识的专业技术人员、管理人员及知识工作者的收入将快速提高，所以数字经济下不同人群、不同行业、不同地域之间的收入分配差距可能会不断加大，因此有必要缩小数字鸿沟，提升全民数字素养（韩耀等，2016）。

由此可见，数字经济的不断发展，不仅对人们的生产、生活方式产生着深刻的影响，也在一定程度上对传统经济理论构成了冲击，所以有必要进一步完善数字经济的相关理论，以更好地分析和解决数字经济下出现的新问题。

二、数字经济相关定律

从 20 世纪 90 年代到现在，数字经济经历了浮现中的数字经济、数字经济的 1.0 阶段并快速进入数字经济 2.0 的发展阶段。数字经济与传统农业经济和工业经济最主要的区别就是关键生产要素的不同。不同于传统农业经济与工业经济下土地、资本、劳动力等关键生产要素不可复制、相对独立、不可多人同时使用的特性，数字经济下关键的生产要素——数据，却具有可重复、可复制、可多人同时反复甚至永久使用等特性，这就决定了数字经济与传统农业经济和工业经济的基本规律、相关理论一定会存在较大的差异（王健伟和张乃侠，2004；刘培刚，2011；李建平等，2017）。下面综合网络经济学、数字经济学的有关研究，梳理数字经济的相关理论，以期和传统经济学的相关理论做明确的区分。

（一）数据爆炸式增长与摩尔定律

数字经济下，随着互联网、大数据、云计算、物联网等数字技术突飞猛进地发展，人类已进入人与人、人与物、物与物万物互联的时代，人类的任何行为都会被转化为相关的数据，成为相关数字平台上海量信息的一部分，所以数据越来越呈现出爆炸式增长的特征。根据市场调研公司 IDC 公布的数据，在数字经济规模首次被统计的数字元年——2005 年，数据量只有 32EB，1EB≈$1.15×10^{18}$ 字节算，2005 年的数据总量达到 $3.68×10^{19}$ 字节，大约为 1986 年以前人类所有历史数据存储总量的 15 倍。而 2016 年数据总量达到 16ZB，按 1ZB＝1024EB 算，2016 年的数据总量达到 $1.89×10^{22}$ 字节，十余年翻了 1000 倍，几乎每两年就会翻倍（李建平等，2017）。

与以往农业经济和工业经济时代下传统技术的变迁更多受到线性约束不同，数字经济下，数字技术的进步与变迁速度，甚至数字经济规模的增长速度都呈现出指数变化特征：数字技术的综合计算能力每隔 18 个月就提高 1 倍，而存储与带宽的价格即相关成本却下降一半。数据几乎每两年就翻倍的这种爆炸式增长特征，数字技术能力与数字经济规模翻倍增长的特性，与半个世纪前，英特尔创始人戈登·摩尔提出的预言——半导体芯片上集成的晶体管和电阻数量每两年将增加 1 倍——惊人地一致，因此，随着摩尔预言的影响力持续扩大，该预言也成了预测数字经济增长趋势的摩尔定律。

（二）网络互动与梅特卡夫法则

数字经济下，基于数字技术的万物互联平台，传统一对一、一对多式的数据与信息传播模式更多变成了依托数字平台的多对多传播模式，而随着接入数字平台的设备越来越多，参与平台互动的人与物的数量也不断增加，随着更多的人与设备参与到同一个数字平台中，通过数字平台创造的数据就会呈指数级增长，而此时整个网络或数字平台本身的价值也会成倍增加，这就是梅特卡夫法则。具体原因就是数字经济的正外部性，随着接入数字平台的人与设备不断增加，将带给平台比原来更多的数据与信息，已接入平台的既有成员就会获得比原来大得多的价值，从而就会不断吸引更多的成员与设备加入，这样每个成员与设备的加入不单会使其自身获得更大的价值，也能使其他成员的价值乃至整个网络或数字平台的价值得到进一步提升，而且提升幅度也大于接入成员与设备本身的价值，这样就会形成个人或设备与平台之间价值的螺旋式增长，这也就是数字经济下的边际收益递增原则，即随着接入成员与设备数量的增加，整个平台的价值呈指数增长，而平台价值的增长又由接入平台的人员与设备共同分享，这又进一步推动了数字经济的快速发展。

在梅特卡夫法则的指引下，随着接入数字平台的人员与设备的数量不断增长，相关的个人行为数据呈爆炸式增长，这些数据通过大数据等数字技术进行筛选、过滤、加工、处理、分析，可以得到更有用的价值，不仅可用于指导制定更科学与精准的决策，如可用来精准营销、快速授信甚至识别诈骗与犯罪等，也可在数字技术的作用下变为数字化的生产要素，不断降低全球一体化生产的管理与沟通成本，促进国际一体化生产与国际贸易规模的进一步扩大。但与此同时，在梅特卡夫法则下，数字平台价值的正外部性也可能带来更多的负面影响，如掌握相关数据的较有竞争力的数字平台的规模在正强化作用下会滚雪球式地扩大，甚至形成自然的垄断，从而获得更多的竞争优势，而其他稍弱的数字平台则因人员与接入设备的数量限制会越来越衰弱，最终导致赢者通吃的局面，这样不利于整个社会福利水平的提高，应通过相关数字治理规则进行进一步的约束。

（三）达维多定律与持续性创新

在数字经济发展进程中，在摩尔定律与梅特卡夫法则等规律下，数字平台企业由于边际成本的不断降低，伴随着数据量和数字平台价值的指数级增长，导致其创新竞争力不断增强，近几年，公司市值排名靠前的位置基本被谷歌、亚马逊、苹果、Facebook 等数字平台企业占据，而之前一度占据前列的传统企业则不断由榜首的位置逐渐下滑，甚至整个传统的商业模式都发生了颠覆性变化。

在数字经济下，数据的可复制性、可重复利用性以及边际成本递减、边际收益递增的特性，使那些最先进入市场的企业由于能够获得更多的先发优势与正外部性，可自动获得 50% 的市场份额，从而在整个市场竞争格局下占据主导地位；而那些更多采用跟随战略的后进入者，则不论是在规模上还是在所获得的利润上，都远远落后于第一家进入市场的企业，这就是数字经济时代的达维多定律。依据达维多定律，随着原来最先进入市场的产品生产技术逐渐成熟，产品市场日趋饱和，如果最先进入市场的企业不进行自主革新，不主动淘汰自己的旧产品，不去生产那些技术更先进的产品，就会被后进入者开发出的新产品淘汰甚至驱逐出整个市场，所以在数字经济时代达维多定律的指导下，市场领导者只有不断突破创新，才能继续掌握新市场的规则和主动权。在国家层面，哪个国家能够在数字经济领域及数字经济的发展进程中不断突破创新，就能在世界经济的舞台上持续获取更大的规则制定权与控制权。

第三章

中高技术制造业生产网络演变

本章在贸易增加值分解法基础上构建中高技术制造业出口国内增加值与国外增加值网络，运用社会网络分析方法分别从整体结构、群体特征和中心性特征三个层面，全面刻画随着全球价值链不断拓展深化与各经济体分工地位的动态变迁，中高技术制造业全球生产网络日益呈现出向区域化、本土化和多元化不断演进的趋势。

第一节　中高技术制造业生产网络构建

本章数据来源于 ADB-MRIO（2022）数据库，其涵盖了 2000 年、2007—2021 年 62 个经济体和世界其他地区的 35 个产业部门的数据，本部分考察该数据库第 8、第 9 和第 11～第 15 部门的中高技术制造业，如表 3-1 所示。然后根据 Wang 等（2018）的出口贸易分解法，从中高技术制造业国内增加值（DVA）和国外增加值（FVA）两个维度，分别构建中技术、高技术和中高技术制造业出口国内增加值网络和国外增加值网络。

首先，将 62 个经济体作为节点、经济体间的贸易关系作为边、贸易出口流向作为边的方向，构建中技术、高技术和中高技术制造业出口国内和国外增加值贸易矩阵；其次，借鉴孙天阳等（2018）的方法，设置合适的阈值，对各贸易矩阵进行二值化处理，即分别计算历年各贸易矩阵中元素的均值，对每类贸易矩阵中元素历年的平均值结果进行再平均，得到每类贸易矩阵的阈值，并将大于或等于阈值的元素取值为 1，小于阈值的元素取值为 0，最后由此生成二值网络。

表 3-1　中高技术制造业的具体部门

中高技术制造业类别	部门
中技术制造业	C8　焦炭、精炼石油及核燃料制造 C9　化学品及化工产品制造 C11　其他非金属矿物制造 C12　基本金属和加工金属制造
高技术制造业	C13　机械及电气制造 C14　电气及光学设备制造 C15　运输设备制造

资料来源：根据 ADB-MRIO（2022）数据库整理。

第二节　中高技术制造业生产网络整体结构特征

本节先对边数、网络密度、平均路径长度、互惠系数以及"核心—半边缘—边缘结构"等指标进行说明，之后分别对中高技术制造业出口国内增加值网络和出口国外增加值网络的各种特征进行详细分析。

一、整体网络特征相关指标及测度方法

（一）边数

网络的边数是指网络中所有行动者之间存在关系的数量，网络中的边数越多，表示该网络中行动者之间的联系越紧密。在中高技术制造业生产网络中，网络的边数表示网络中经济体之间存在超过阈值的中高技术制造业出口中国内或国外增加值的关系数。

（二）网络密度

网络密度（D）是网络中行动者之间实际存在的关系数与理论上可能存在最多关系数的比值，可用于衡量网络中行动者之间联系的紧密程度。中高技术制造业生产网络中，网络密度越大，表示网络中经济体之间出口国内外增加值贸易联系越紧密。其测算公式如下：

$$D = \frac{M}{N(N-1)} \tag{3-1}$$

式中, M 表示网络中各经济体之间存在超过阈值的增加值贸易关系数（行动者之间实际存在的关系数）；N 表示网络中的经济体数量（行动者数量）。

（三）平均路径长度

网络的平均路径长度（ APL ）是指网络中所有行动者对之间的最短距离的平均值，可反映网络的通达性。网络平均路径长度越小，说明网络中每对行动者之间的距离越近，网络通达性越强。就中高技术制造业生产网络而言，平均路径长度表示网络中不同经济体之间进行增加值贸易所需要跨越的最少中间贸易次数的平均值。其测算公式如下：

$$APL = \frac{\sum_{i \neq j} d_{ij}}{N(N-1)} \qquad (3-2)$$

式中, d_{ij} 表示任意两个经济体之间的最小路径长度，即两经济体间贸易通达经过的最少边数；N 表示所有经济体的数量。

（四）互惠系数

互惠系数是网络中行动者之间存在的双向关系数与网络中总连接关系数的比值，表示网络的互惠性，可在一定程度上反映行动者之间的互通程度。一般情况下，网络中存在单向或双向的连接关系，但双向的连接关系更有利于整体网络能量的平衡（辛娜和袁红林，2019）。因此就本书而言，中高技术制造业生产网络互惠性越强，经济体之间双向增加值贸易连接水平就越高，网络结构的稳定性就越强。

（五）核心—半边缘—边缘结构

核心—半边缘—边缘结构分析是 Borgatti 和 Everett（2000）在核心—边缘结构模型的基础上提出的，用于分析社会网络中的行动者是否处于"核心"、"半边缘"或"边缘"的地位（李伟等，2009）。本书借鉴陈银飞（2011）的方法构建连续的核心—边缘模型，并结合实际情况将核心度大于 0.20 的经济体归为核心经济体，核心度为 0.06~0.20 的经济体归为半边缘经济体，核心度小于 0.06 的经济体归为边缘经济体。本书列出的核心、半边缘和边缘经济体均按照核心度由大到小的顺序排列。

二、出口国内增加值网络特征

(一) 边数

中高技术制造业总体出口国内增加值网络的边数变化如图 3-1 所示。2000—2021 年中技术、高技术和中高技术制造业总体出口国内增加值网络的边数分别从 266 条增加到 670 条、256 条增加到 513 条、260 条增加到 633 条，年均增长率分别为 5.94%、4.44% 和 5.72%，三种网络的规模均逐渐扩大，超过阈值的增加值贸易联系日益密切。

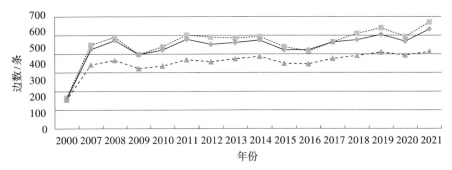

图 3-1　中高技术制造业出口国内增加值网络边数

资料来源：ADB-MRIO 数据库数据经 UCINET 软件计算整理。

具体地，2000—2008 年三种网络边数均呈增长趋势，受全球金融危机影响，2008 年后各网络边数有所下降，2009 年后在有利的经济政策措施的刺激下，全球经济贸易联系不断恢复，网络边数不断增加，出口国内增加值联系不断加强。2009—2021 年三种网络边数呈现在波动中明显上升的趋势，表明各经济体间中高技术制造业出口国内增加值贸易联系逐渐增强。

(二) 网络密度

中高技术制造业出口国内增加值网络密度如图 3-2 所示，三种网络密度处于 0.060~0.180 之间，总体呈波动上升趋势。其中 2008—2009 年、2014—2016 年和 2020 年三种网络密度均出现下降趋势，这与上述网络边数变化趋势一致。具体地，2000—2021 年中技术、高技术和中高技术制造业总体出口国内增加值网络密度分别从 0.070 增加至 0.177、0.068 增加至 0.136、0.069 增加至 0.167，网络密度增长了一倍多，表明随着时间推移，中高技术制造业出口国内增加值联系日益紧密，网络呈现日趋稠密化趋势。

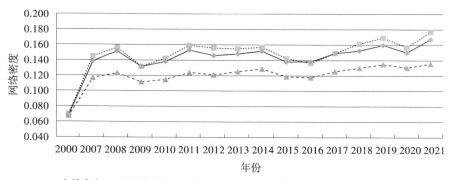

图3-2 中高技术制造业出口国内增加值网络密度

资料来源：ADB-MRIO 数据库数据经 UCINET 软件计算整理。

（三）平均路径长度

中高技术制造业出口国内增加值网络平均路径长度如图 3-3 所示，2000—2021 年中技术、高技术和中高技术制造业总体出口国内增加值网络平均路径长度分别从 2.021 下降至 1.876、1.911 下降至 1.799、1.997 下降至 1.821，总体上，三种网络平均路径长度呈波动下降趋势。

具体地，中技术制造业出口国内增加值网络平均路径在 2000—2008 年呈下降趋势，2008—2015 年呈波动上升趋势，各经济体之间中技术制造业增加值贸易便利性降低，2015—2020 年呈波动下降趋势，2021 年有所上升。总体上，各经济体中技术增加值贸易联系的通达性提高，各经济体的直接贸易伙伴增多。

高技术制造业出口国内增加值网络平均路径在 2008—2009 年和 2014—2017 年呈现上升趋势，这可能是各经济体受 2008 年金融危机冲击和 2015 年全球经济下行影响，贸易距离有所增加；但 2000—2021 年总体呈波动下降趋势，表明各经济体间高技术制造业出口国内增加值贸易联系距离缩短，贸易效率提高。

中高技术制造业总体出口国内增加值网络平均路径长度在 2000—2008 年逐步下降，2008—2017 年呈波动上升趋势，之后呈波动下降趋势，2021 年有所上升。总体上，各经济体中高技术制造业出口国内增加值贸易联系距离缩短，贸易通达性提高。

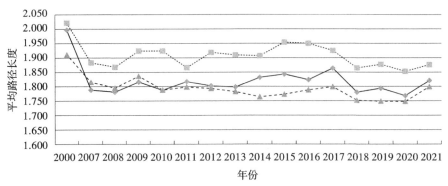

图 3-3　中高技术制造业出口国内增加值网络平均路径长度

资料来源：ADB-MRIO 数据库数据经 UCINET 软件计算整理。

（四）互惠系数

如图 3-4 所示，中技术制造业出口国内增加值网络互惠系数在 2000—2007 年呈上升趋势，2007—2013 年呈波动下降之势，可能是在全球金融危机后各经济体致力于恢复国内经济，各经济体间双向贸易联系减少，但 2013—2019 年呈波动上升趋势，2019—2021 年下降，2021 年互惠系数为 0.577，可能更多地受到中美贸易摩擦和新冠疫情的负向冲击。总体上，22 年间网络中双向贸易倾向增强，可能是网络中越来越多的经济体生产或加工中技术中间产品国内附加值增加，相互间建立互惠贸易关系，双向增加值贸易网络规模逐渐扩大。

高技术制造业出口国内增加值网络互惠系数从 2000 年的 0.524 下降到 2021 年的 0.522，总体上变化不大，其中 2013 年出现最小值为 0.514。中高技术制造业总体出口国内增加值网络互惠系数从 2000 年的 0.576 增加至 2021 年的 0.615，2008—2015 年各经济体间双向贸易联系有所波动，2015—2021 年总体上呈波动上升趋势，说明各经济体之间逐步倾向于进行互惠贸易，网络中各经济体间的贸易稳定性逐步增强。

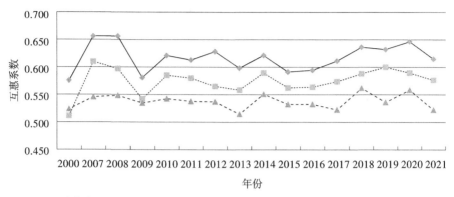

图 3-4 中高技术制造业出口国内增加值网络互惠系数

资料来源：ADB-MRIO 数据库数据经 UCINET 软件计算整理。

（五）核心—半边缘—边缘结构

1. 中高技术制造业总体出口国（地区）内增加值网络

中高技术制造业总体出口国（地区）内增加值网络核心、半边缘及边缘区域经济体分布如表 3-2 所示。从三种网络核心—半边缘—边缘结构来看，2000—2021 年核心度大于 0.2 的核心区域经济体数量从 6 个增长至 9 个，处于半边缘区域的经济体数量也在逐步增加，从 2000 年的 19 个增长至 2021 年的 24 个，边缘经济体数目则逐渐减少。

从各区域中经济体的变化情况来看，2000—2021 年德国、美国、日本、法国和中国始终处于核心区域，意大利、俄罗斯和韩国在 2007 年从半边缘区域跨入核心区域且之后稳居核心经济体行列。值得注意的是，印度从 2000 年的边缘区域到 2007 年跨入半边缘区域，再到 2021 年进入核心经济体行列，核心度增长迅速。与此同时，中国长期处于核心经济体行列，核心度明显上升，2014 年超越德国处于网络绝对核心位置，2021 年核心度又落在德国之后排名第二。中国台湾、瑞典、西班牙和瑞士等经济体核心度较高，长期处于半边缘区域，新加坡、捷克、加拿大、墨西哥和越南的核心度显著提升，其均从 2000 年的边缘区域逐步跨入半边缘经济体行列，中高技术制造业贸易地位逐渐提高。

表 3-2　中高技术制造业总体出口国（地区）内增加值网络的经济体区域分布

区域类别	2000 年	2007 年	2014 年	2021 年
核心区域	德国、美国、日本、法国、英国、中国（6 个）	德国、美国、中国、法国、英国、意大利、日本、俄罗斯、韩国、荷兰（10 个）	中国、德国、美国、法国、意大利、日本、英国、韩国、俄罗斯（9 个）	德国、中国、美国、日本、意大利、韩国、法国、印度、俄罗斯（9 个）
半边缘区域	中国台湾、意大利、瑞典、韩国、荷兰、比利时、俄罗斯、瑞士、西班牙、爱尔兰、印度尼西亚、奥地利、挪威、澳大利亚、菲律宾、土耳其、芬兰、马来西亚、巴西（19 个）	瑞典、中国台湾、西班牙、比利时、瑞士、印度、芬兰、奥地利、波兰、巴西、加拿大、土耳其、挪威、新加坡、印度尼西亚、澳大利亚、泰国、马来西亚、捷克、爱尔兰、丹麦、菲律宾、墨西哥（23 个）	瑞士、印度、中国台湾、西班牙、波兰、瑞典、荷兰、马来西亚、奥地利、新加坡、比利时、印度尼西亚、捷克、泰国、挪威、澳大利亚、土耳其、加拿大、巴西、芬兰、丹麦、越南、墨西哥、爱尔兰（24 个）	中国台湾、英国、瑞典、西班牙、波兰、荷兰、瑞士、爱尔兰、新加坡、土耳其、捷克、比利时、奥地利、加拿大、马来西亚、澳大利亚、芬兰、印度尼西亚、泰国、丹麦、墨西哥、巴西、越南、匈牙利（24 个）
边缘区域	泰国、加拿大、新加坡、丹麦、墨西哥、匈牙利、波兰、捷克、印度、哈萨克斯坦、葡萄牙、斯洛伐克、卢森堡、中国香港、孟加拉国、保加利亚、文莱、不丹、塞浦路斯、爱沙尼亚、斐济、希腊、克罗地亚、吉尔吉斯斯坦、柬埔寨、老挝、斯里兰卡、立陶宛、拉脱维亚、马尔代夫、马耳他、蒙古国、尼泊尔、巴基斯坦、罗马尼亚、斯洛文尼亚、越南（37 个）	葡萄牙、哈萨克斯坦、匈牙利、罗马尼亚、斯洛文尼亚、斯洛伐克、希腊、越南、卢森堡、立陶宛、中国香港、保加利亚、孟加拉国、文莱、不丹、塞浦路斯、爱沙尼亚、斐济、克罗地亚、吉尔吉斯斯坦、柬埔寨、老挝、斯里兰卡、拉脱维亚、马尔代夫、马耳他、蒙古国、尼泊尔、巴基斯坦（29 个）	菲律宾、斯洛伐克、匈牙利、哈萨克斯坦、葡萄牙、罗马尼亚、斯洛文尼亚、希腊、文莱、中国香港、保加利亚、爱沙尼亚、卢森堡、孟加拉国、不丹、塞浦路斯、斐济、克罗地亚、吉尔吉斯斯坦、柬埔寨、老挝、斯里兰卡、立陶宛、拉脱维亚、马尔代夫、马耳他、蒙古国、尼泊尔、巴基斯坦（29 个）	挪威、葡萄牙、哈萨克斯坦、罗马尼亚、菲律宾、斯洛文尼亚、斯洛伐克、保加利亚、卢森堡、文莱、希腊、中国香港、爱沙尼亚、孟加拉国、不丹、塞浦路斯、斐济、克罗地亚、吉尔吉斯斯坦、柬埔寨、老挝、斯里兰卡、立陶宛、拉脱维亚、马尔代夫、马耳他、蒙古国、尼泊尔、巴基斯坦（29 个）

资料来源：ADB-MRIO 数据库。

2．中技术制造业出口国（地区）内增加值网络

由表3-3可知，中技术制造业出口国（地区）内增加值网络核心区域的经济体数量相对固定，主要是德国、美国、中国、俄罗斯、英国、意大利、日本和法国等，除德国稳居第一外，其他经济体的排序变动频繁。韩国在2014年从半边缘区域跨入核心经济体行列，印度核心度上升幅度极大，从边缘区域跨入核心经济体行列。半边缘区域经济体数量从2000年的16个增加至2021年的23个，包括瑞典、西班牙、瑞士、爱尔兰、挪威、马来西亚、印度尼西亚和巴西等经济体，说明这些经济体在全球中技术制造业出口国（地区）内增加值网络中的地位在不断提升。加拿大、新加坡、越南和哈萨克斯坦的核心度虽上升较快，中技术制造业贸易地位有所提升，但只是从边缘区域进入半边缘区域。

表3-3　中技术制造业出口国内（地区）增加值网络的经济体区域分布

区域类别	2000年	2007年	2014年	2021年
核心区域	德国、美国、法国、日本、英国、俄罗斯、中国、意大利、荷兰（9个）	德国、英国、意大利、美国、法国、俄罗斯、中国、荷兰、比利时、日本（10个）	德国、俄罗斯、中国、美国、意大利、法国、英国、印度、韩国、日本（10个）	德国、中国、俄罗斯、美国、印度、意大利、法国、韩国、日本、英国（10个）
半边缘区域	瑞典、比利时、西班牙、澳大利亚、瑞士、挪威、爱尔兰、奥地利、韩国、中国台湾、印度尼西亚、泰国、土耳其、丹麦、马来西亚、巴西（16个）	印度、西班牙、韩国、瑞典、巴西、瑞士、挪威、澳大利亚、加拿大、芬兰、爱尔兰、波兰、中国台湾、奥地利、印度尼西亚、马来西亚、新加坡、泰国、丹麦、土耳其、捷克（21个）	瑞士、西班牙、荷兰、比利时、巴西、波兰、瑞典、挪威、印度尼西亚、土耳其、中国台湾、奥地利、新加坡、马来西亚、澳大利亚、泰国、丹麦、爱尔兰、芬兰、加拿大、捷克（21个）	瑞士、西班牙、瑞典、比利时、爱尔兰、荷兰、波兰、加拿大、土耳其、中国台湾、新加坡、印度尼西亚、澳大利亚、丹麦、巴西、芬兰、奥地利、马来西亚、哈萨克斯坦、越南、墨西哥、泰国、挪威（23个）

续表

区域类别	2000 年	2007 年	2014 年	2021 年
边缘区域	加拿大、芬兰、捷克、波兰、墨西哥、印度、哈萨克斯坦、葡萄牙、新加坡、孟加拉国、保加利亚、文莱、不丹、塞浦路斯、爱沙尼亚、斐济、希腊、中国香港、克罗地亚、匈牙利、吉尔吉斯斯坦、柬埔寨、老挝、斯里兰卡、立陶宛、卢森堡、拉脱维亚、马尔代夫、马耳他、蒙古国、尼泊尔、巴基斯坦、菲律宾、罗马尼亚、斯洛伐克、斯洛文尼亚、越南（37 个）	哈萨克斯坦、希腊、墨西哥、匈牙利、罗马尼亚、斯洛伐克、卢森堡、斯洛文尼亚、菲律宾、葡萄牙、保加利亚、文莱、不丹、塞浦路斯、爱沙尼亚、斐济、中国香港、克罗地亚、吉尔吉斯斯坦、柬埔寨、老挝、斯里兰卡、立陶宛、拉脱维亚、马尔代夫、马耳他、蒙古国、尼泊尔、巴基斯坦、越南（31 个）	哈萨克斯坦、匈牙利、葡萄牙、斯洛伐克、罗马尼亚、越南、墨西哥、斯洛文尼亚、希腊、中国香港、文莱、菲律宾、保加利亚、孟加拉国、不丹、塞浦路斯、爱沙尼亚、斐济、克罗地亚、吉尔吉斯斯坦、柬埔寨、老挝、斯里兰卡、立陶宛、卢森堡、拉脱维亚、马尔代夫、马耳他、蒙古国、尼泊尔、巴基斯坦（31 个）	捷克、匈牙利、斯洛文尼亚、葡萄牙、斯洛伐克、保加利亚、卢森堡、菲律宾、罗马尼亚、希腊、文莱、克罗地亚、吉尔吉斯斯坦、中国香港、孟加拉国、不丹、塞浦路斯、爱沙尼亚、斐济、柬埔寨、老挝、斯里兰卡、立陶宛、拉脱维亚、马尔代夫、马耳他、蒙古国、尼泊尔、巴基斯坦（29 个）

资料来源：ADB-MRIO 数据库。

3. 高技术制造业出口国（地区）内增加值网络

如表 3-4 所示，在高技术制造业出口国（地区）内增加值网络中，2000—2021 年核心经济体数量在 8~10 个之间波动，包括德国、美国、中国、法国、日本、英国、意大利和韩国等经济体。另外，中国台湾的核心度也较高，但在 2014 年出现小幅下降，下滑至半边缘区域；中国的核心度逐渐上升，排名从 2000 年的第 10 位上升至 2014 年的第一位，2021 年排在第二位，说明中国在高技术制造业出口国（地区）内增加值网络中的地位处于前列。

表 3-4　高技术制造业出口国（地区）内增加值网络的经济体区域分布

区域类别	2000 年	2007 年	2014 年	2021 年
核心区域	德国、美国、日本、英国、法国、意大利、瑞典、韩国、中国台湾、中国（10 个）	德国、美国、法国、中国、英国、日本、意大利、荷兰、韩国、中国台湾（10 个）	中国、德国、美国、意大利、法国、日本、英国、韩国（8 个）	德国、中国、美国、意大利、日本、法国、韩国、中国台湾、英国（9 个）

续表

区域类别	2000 年	2007 年	2014 年	2021 年
半边缘区域	荷兰、菲律宾、瑞士、西班牙、比利时、芬兰、爱尔兰、新加坡、奥地利、马来西亚、土耳其、印度尼西亚（12 个）	瑞典、瑞士、西班牙、奥地利、波兰、菲律宾、芬兰、新加坡、加拿大、比利时、捷克、爱尔兰、丹麦、马来西亚、土耳其、匈牙利、印度尼西亚、墨西哥（18 个）	中国台湾、新加坡、瑞士、捷克、荷兰、奥地利、波兰、瑞典、西班牙、印度、马来西亚、匈牙利、挪威、墨西哥、土耳其、加拿大、菲律宾、比利时、芬兰、印度尼西亚、越南、丹麦（22 个）	新加坡、波兰、西班牙、奥地利、荷兰、印度、捷克、瑞典、土耳其、瑞士、爱尔兰、罗马尼亚、泰国、马来西亚、墨西哥、匈牙利、丹麦、芬兰、印度尼西亚、加拿大、菲律宾、比利时、越南（23 个）
边缘区域	加拿大、丹麦、墨西哥、巴西、捷克、波兰、匈牙利、澳大利亚、印度、挪威、泰国、卢森堡、俄罗斯、葡萄牙、哈萨克斯坦、中国香港、孟加拉国、保加利亚、文莱、不丹、塞浦路斯、爱沙尼亚、斐济、希腊、克罗地亚、吉尔吉斯斯坦、柬埔寨、老挝、斯里兰卡、立陶宛、拉脱维亚、马尔代夫、马耳他、蒙古国、尼泊尔、巴基斯坦、罗马尼亚、斯洛伐克、斯洛文尼亚、越南（40 个）	印度、罗马尼亚、挪威、葡萄牙、巴西、泰国、斯洛伐克、斯洛文尼亚、澳大利亚、俄罗斯、卢森堡、希腊、哈萨克斯坦、立陶宛、中国香港、保加利亚、孟加拉国、文莱、不丹、塞浦路斯、爱沙尼亚、斐济、克罗地亚、吉尔吉斯斯坦、柬埔寨、老挝、斯里兰卡、拉脱维亚、马尔代夫、马耳他、蒙古国、尼泊尔、巴基斯坦、越南（34 个）	罗马尼亚、泰国、葡萄牙、巴西、爱尔兰、斯洛伐克、澳大利亚、斯洛文尼亚、俄罗斯、希腊、卢森堡、保加利亚、立陶宛、中国香港、克罗地亚、哈萨克斯坦、爱沙尼亚、文莱、吉尔吉斯斯坦、孟加拉国、不丹、塞浦路斯、斐济、柬埔寨、老挝、斯里兰卡、拉脱维亚、马尔代夫、马耳他、蒙古国、尼泊尔、巴基斯坦（32 个）	葡萄牙、斯洛伐克、巴西、澳大利亚、斯洛文尼亚、俄罗斯、保加利亚、挪威、哈萨克斯坦、希腊、卢森堡、立陶宛、中国香港、克罗地亚、爱沙尼亚、文莱、吉尔吉斯斯坦、孟加拉国、不丹、塞浦路斯、斐济、柬埔寨、老挝、斯里兰卡、拉脱维亚、马尔代夫、马耳他、蒙古国、尼泊尔、巴基斯坦（30 个）

资料来源：ADB-MRIO 数据库。

半边缘区域经济体规模逐渐扩大，从 2000 年的 12 个增长至 2021 年的 23 个，主要包括瑞士、西班牙、奥地利、比利时、土耳其、新加坡、马来西亚和印度尼西亚等。值得注意的是，墨西哥、波兰、匈牙利、罗马尼亚、印度、泰国和越南的核心度均有较大幅度增长，从边缘经济体迈入半边缘经济体行列，表明这些经济体在高技术制造业贸易网络中的地位逐渐提升。

三、出口国外增加值网络特征

（一）边数

中技术、高技术和中高技术制造业总体出口国外增加值网络的边数如图3-5所示，2000—2021年三种网络边数分别从202条、255条和249条增加至712条、682条和743条，年均增长率分别为8.19%、6.34%和7.07%。由此可见，各分网络规模迅速扩大，超过阈值的中技术、高技术和中高技术制造业出口国外增加值贸易联系越来越密切，贸易深度逐渐加强。从具体的变化趋势看，2000—2021年三种网络边数总体呈波动上升趋势，网络中各经济体贸易联系增多，其中2009年、2015年和2020年可能受中美贸易摩擦导致全球经济下行的影响，三种网络边数均有所下降。此外，值得注意的是，2016年以后高技术制造业网络边数增长迅速，这可能是随着新兴技术的发展，促使制造业生产分工更精细化，使全球价值链不断拓展深化，各经济体进口国外中间产品加工生产后再出口，导致出口国外增加值不断增加，各经济体高技术制造业出口国外增加值贸易联系增强。

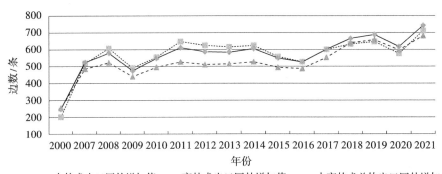

图3-5 中高技术制造业出口国外增加值网络边数

资料来源：ADB-MRIO 数据库数据经 UCINET 软件计算整理。

（二）网络密度

中高技术制造业出口国外增加值网络密度的变化趋势如图3-6所示，三种网络密度在0.050~0.200之间波动，总体呈波动上升趋势。2000—2021年中技术、高技术和中高技术制造业总体出口国外增加值网络密度分别从

0.053、0.067 和 0.066 增加到 0.188、0.180 和 0.197，增长了约两倍。其中在 2009 年、2014—2016 年和 2020 年三种网络密度均出现明显下降趋势，这与上述该网络边数的变化趋势基本一致。中高技术制造业出口国外增加值网络密度均逐渐上升，说明网络中各经济体出口产品中来源于其他经济体增加值的规模逐步扩大，网络中各经济体间的后向联系日益增多，网络趋于稠密化。

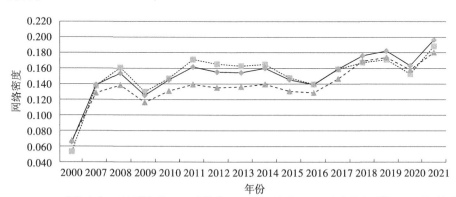

图 3-6　中高技术制造业出口国外增加值网络密度

资料来源：ADB-MRIO 数据库数据经 UCINET 软件计算整理。

（三）平均路径长度

如图 3-7 所示，2000—2021 年中技术、高技术和中高技术制造业总体出口国外增加值网络的平均路径长度分别从 2.296、1.956、2.085 下降至 1.866、1.744、1.831，三个网络的平均距离均缩短，通达性增强。具体地，2007—2015 年中技术制造业出口国外增加值网络平均路径长度在 2 上下波动，其中在 2011 年出现小低谷，2015—2021 年呈波动下降趋势，贸易通达性提高；高技术制造业出口国外增加值网络平均路径长度在 2007—2016 年呈小幅上升趋势，说明各经济体出口国外增加值贸易联系距离增大，2016—2021 年呈波动下降之势，各经济体贸易联系距离缩短，后向关联贸易趋于便利化；中高技术制造业总体出口国外增加值网络平均路径长度在 2007—2013 年小幅波动，2013—2016 年逐渐上升，2016—2019 年呈下降趋势，2020 年上升后又下降，总体上网络平均距离缩短，全球后向关联贸易网络通达性增强。

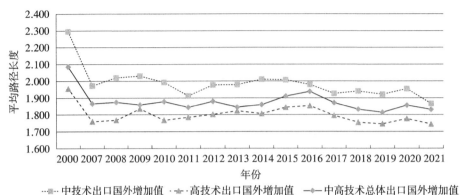

图 3-7 中高技术制造业出口国外增加值网络平均路径长度

资料来源：ADB-MRIO 数据库数据经 UCINET 软件计算整理。

（四）互惠系数

由图 3-8 可知，中技术制造业出口国外增加值网络的互惠系数从 2000 年的 0.384 增加至 2021 年的 0.509，总体上呈波动上升趋势，其中在 2008—2009 年、2012—2016 年和 2020 年出现下降趋势，说明中技术制造业出口国外增加值网络中的互惠贸易倾向减弱，但总体上 22 年间网络的互惠性增强。

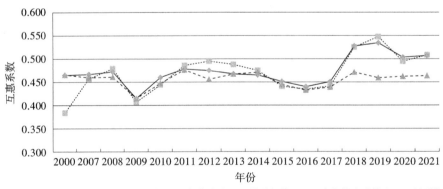

图 3-8 中高技术制造业出口国外增加值网络互惠系数

资料来源：ADB-MRIO 数据库数据经 UCINET 软件计算整理。

高技术制造业出口国外增加值网络的互惠系数在 0.450 上下波动，其中 2009 年下降至 0.415，22 年间高技术制造业出口国外增加值网络的互惠系数变化不大，可能是因为高技术制造业产品贸易主要以技术发达的经济体为主导，其更多是出口高技术中间产品经发展中经济体进行简单加工后直接消耗掉或再出口的前向贸易联系，发达经济体出口中隐含国外增加值的后向联系较弱，因此网络中各经济体间高技术制造业出口中隐含国外增加值的互惠关系变化较小。

中高技术制造业总体出口国外增加值网络的互惠系数从 2000 年的 0.465 增加到 2021 年的 0.507，其中 2008—2009 年、2011—2016 年和 2019—2020 年出现下降趋势，总体上网络中经济体间相互出口隐含阈值以上国外增加值的双向贸易倾向增强，网络互惠性逐渐提高。

（五）核心—半边缘—边缘结构

1. 中高技术制造业总体出口国（地区）外增加值网络

中高技术制造业总体出口国（地区）外增加值网络核心、半边缘及边缘区域经济体分布如表 3-5 所示，2000—2021 年核心经济体数量呈先增加后减少的趋势；半边缘经济体数量逐渐增加，从 2000 年的 14 个增加到 2021 年的 25 个，说明网络中部分经济体逐步趋近网络中心。

德国、法国和美国始终居于核心经济体行列。2000—2021 年中国、荷兰、意大利和韩国的核心度逐渐上升，从半边缘区域跨入核心经济体行列，瑞典、比利时和中国台湾的核心度呈下降趋势，从 2000 年的核心区域下滑至半边缘区域。

表 3-5　中高技术制造业总体国（地区）外增加值网络的经济体区域分布

区域类别	2000 年	2007 年	2014 年	2021 年
核心区域	德国、法国、英国、美国、日本、瑞典、中国台湾、比利时（8 个）	德国、法国、中国、意大利、英国、美国、韩国、日本、荷兰、中国台湾（10 个）	德国、法国、中国、荷兰、意大利、韩国、美国、英国、西班牙（9 个）	德国、中国、法国、荷兰、意大利、日本、韩国、美国（8 个）
半边缘区域	荷兰、新加坡、马来西亚、爱尔兰、韩国、意大利、瑞士、中国、西班牙、奥地利、芬兰、匈牙利、加拿大、丹麦（14 个）	比利时、瑞典、新加坡、匈牙利、爱尔兰、捷克、奥地利、西班牙、瑞士、马来西亚、波兰、斯洛伐克、芬兰、加拿大、土耳其、丹麦、泰国、印度、墨西哥、澳大利亚、葡萄牙、挪威（22 个）	捷克、比利时、日本、瑞士、中国台湾、新加坡、斯洛伐克、奥地利、匈牙利、波兰、瑞典、印度、爱尔兰、马来西亚、土耳其、芬兰、墨西哥、泰国、丹麦、挪威、加拿大、印度尼西亚、葡萄牙、越南（24 个）	瑞士、中国台湾、波兰、比利时、捷克、英国、爱尔兰、匈牙利、西班牙、斯洛伐克、瑞典、印度、越南、新加坡、奥地利、墨西哥、马来西亚、泰国、芬兰、土耳其、加拿大、葡萄牙、俄罗斯、丹麦（24 个）

续表

区域类别	2000 年	2007 年	2014 年	2021 年
边缘区域	波兰、葡萄牙、印度尼西亚、澳大利亚、菲律宾、泰国、土耳其、捷克、斯洛伐克、墨西哥、挪威、巴西、印度、中国香港、俄罗斯、哈萨克斯坦、卢森堡、孟加拉国、保加利亚、文莱、不丹、塞浦路斯、爱沙尼亚、斐济、希腊、克罗地亚、吉尔吉斯斯坦、柬埔寨、老挝、斯里兰卡、立陶宛、拉脱维亚、马尔代夫、马耳他、蒙古国、尼泊尔、巴基斯坦、罗马尼亚、斯洛文尼亚、越南（40个）	菲律宾、印度尼西亚、斯洛文尼亚、罗马尼亚、卢森堡、巴西、俄罗斯、越南、希腊、保加利亚、哈萨克斯坦、立陶宛、中国香港、孟加拉国、文莱、不丹、塞浦路斯、爱沙尼亚、斐济、克罗地亚、吉尔吉斯斯坦、柬埔寨、老挝、斯里兰卡、拉脱维亚、马尔代夫、马耳他、蒙古国、尼泊尔、巴基斯坦（30个）	罗马尼亚、斯洛文尼亚、俄罗斯、澳大利亚、菲律宾、中国香港、立陶宛、希腊、卢森堡、巴西、爱沙尼亚、保加利亚、哈萨克斯坦、文莱、孟加拉国、不丹、塞浦路斯、斐济、克罗地亚、吉尔吉斯斯坦、柬埔寨、老挝、斯里兰卡、拉脱维亚、马尔代夫、马耳他、蒙古国、尼泊尔、巴基斯坦（29个）	印度尼西亚、罗马尼亚、菲律宾、保加利亚、希腊、斯洛文尼亚、巴西、中国香港、挪威、卢森堡、澳大利亚、立陶宛、爱沙尼亚、拉脱维亚、哈萨克斯坦、文莱、孟加拉国、不丹、塞浦路斯、斐济、克罗地亚、吉尔吉斯斯坦、柬埔寨、老挝、斯里兰卡、马尔代夫、马耳他、蒙古国、尼泊尔、巴基斯坦（30个）

资料来源：ADB-MRIO 数据库。

新加坡、爱尔兰、瑞士和奥地利等经济体始终稳居半边缘经济体行列。墨西哥、印度和越南的核心度呈快速上升趋势，从边缘经济体逐渐进入半边缘经济体行列，这些经济体逐步向中高技术制造业出口国（地区）外增加值网络中心发展。而哈萨克斯坦、孟加拉国、克罗地亚和巴基斯坦等经济体长期处于边缘区域，且核心度为零。

2. 中技术制造业出口国（地区）外增加值网络

由表 3-6 可知，中技术制造业出口国（地区）外增加值网络核心经济体数量在 8~10 个之间波动，半边缘经济体数量从 2000 年的 11 个增长到 2021 年的 25 个，边缘经济体数量从 2000 年的 42 个降至 2021 年的 28 个，说明多数经济体核心度有所提升，在网络中的位置日益显著。具体来看，核心经济体主要是德国、法国、比利时、意大利、英国、美国和荷兰等。中国的核心度显著上升，从 2000 年的边缘区域跨入 2007 年的核心经济体行列，说明此阶段中国在全球价值链中的后向关联贸易额逐渐提升，在全球价值链中的地位有所提升，虽然 2014 年排名稍微靠后，但到 2021 年排名又跃升至第五位，后向关联贸易联系又有所加强。半边缘区域最初主要有爱尔兰、奥地利、芬兰、马来西亚、新加坡、韩国和日本等经济体，之后中国台湾、印度、俄罗斯、土耳其、捷克、波兰、匈牙利等经济体的核心度逐渐上升，纷纷进入半边缘区域，使其区域经济体数量增多。此外，越南的核心度大幅度上升，从核心度为零上升至半边缘区域，逐渐向中技术制造业出口国（地区）外增加值网络核心地带靠近，其他位于边缘区域的经济体则变动不大。

表 3-6　中技术制造业国（地区）外增加值网络的经济体区域分布

区域类别	2000 年	2007 年	2014 年	2021 年
核心区域	德国、英国、法国、比利时、荷兰、美国、意大利、瑞士、瑞典（9 个）	德国、比利时、法国、荷兰、英国、意大利、美国、中国（8 个）	德国、比利时、法国、意大利、英国、瑞士、荷兰、中国、西班牙、美国（10 个）	德国、比利时、法国、荷兰、中国、意大利、瑞士、美国、爱尔兰（9 个）
半边缘区域	爱尔兰、西班牙、丹麦、挪威、奥地利、芬兰、马来西亚、泰国、新加坡、韩国、日本（11 个）	瑞典、中国台湾、日本、瑞士、西班牙、印度、爱尔兰、奥地利、韩国、新加坡、挪威、芬兰、泰国、土耳其、捷克、波兰、马来西亚、丹麦、匈牙利、澳大利亚、加拿大、印度尼西亚、葡萄牙（23 个）	韩国、印度、中国台湾、瑞典、奥地利、波兰、爱尔兰、日本、新加坡、泰国、芬兰、丹麦、捷克、土耳其、俄罗斯、匈牙利、马来西亚、挪威、印度尼西亚、澳大利亚、越南、加拿大（22 个）	韩国、波兰、英国、西班牙、日本、印度、中国台湾、俄罗斯、捷克、新加坡、越南、瑞典、奥地利、土耳其、加拿大、丹麦、匈牙利、泰国、希腊、芬兰、葡萄牙、马来西亚、斯洛伐克、印度尼西亚、澳大利亚（25 个）

区域类别	2000 年	2007 年	2014 年	2021 年
边缘区域	中国台湾、土耳其、捷克、波兰、匈牙利、澳大利亚、中国、印度尼西亚、卢森堡、俄罗斯、巴西、加拿大、墨西哥、印度、葡萄牙、哈萨克斯坦、中国香港、孟加拉国、保加利亚、文莱、不丹、塞浦路斯、爱沙尼亚、斐济、希腊、克罗地亚、吉尔吉斯斯坦、柬埔寨、老挝、斯里兰卡、立陶宛、拉脱维亚、马尔代夫、马耳他、蒙古国、尼泊尔、巴基斯坦、菲律宾、罗马尼亚、斯洛伐克、斯洛文尼亚、越南（42 个）	卢森堡、俄罗斯、希腊、斯洛伐克、斯洛文尼亚、巴西、菲律宾、罗马尼亚、哈萨克斯坦、墨西哥、立陶宛、中国香港、保加利亚、孟加拉国、文莱、不丹、塞浦路斯、爱沙尼亚、斐济、克罗地亚、吉尔吉斯斯坦、柬埔寨、老挝、斯里兰卡、拉脱维亚、马尔代夫、马耳他、蒙古国、尼泊尔、巴基斯坦、越南（31 个）	葡萄牙、立陶宛、斯洛伐克、保加利亚、巴西、卢森堡、斯洛文尼亚、中国香港、罗马尼亚、希腊、菲律宾、墨西哥、哈萨克斯坦、爱沙尼亚、文莱、克罗地亚、吉尔吉斯斯坦、孟加拉国、不丹、塞浦路斯、斐济、柬埔寨、老挝、斯里兰卡、拉脱维亚、马尔代夫、马耳他、蒙古国、尼泊尔、巴基斯坦（30 个）	卢森堡、保加利亚、斯洛文尼亚、巴西、墨西哥、挪威、菲律宾、立陶宛、罗马尼亚、中国香港、克罗地亚、哈萨克斯坦、爱沙尼亚、文莱、吉尔吉斯斯坦、孟加拉国、不丹、塞浦路斯、斐济、柬埔寨、老挝、斯里兰卡、拉脱维亚、马尔代夫、马耳他、蒙古国、尼泊尔、巴基斯坦（28 个）

资料来源：ADB-MRIO 数据库。

3. 高技术制造业出口国（地区）外增加值网络

如表 3-7 所示，在高技术制造业出口国（地区）外增加值网络中，核心经济体数量在 7~11 个之间波动，主要由德国、法国、中国、日本和美国等经济体组成。

表 3-7　高技术制造业国（地区）外增加值网络的经济体区域分布

区域类别	2000 年	2007 年	2014 年	2021 年
核心区域	德国、法国、美国、中国台湾、日本、英国、韩国、瑞典、新加坡（9 个）	德国、中国、法国、英国、美国、日本、意大利（7 个）	德国、中国、法国、韩国、意大利、荷兰、日本、捷克、匈牙利、美国、英国（11 个）	德国、中国、法国、韩国、意大利、荷兰、日本（7 个）

续表

区域类别	2000 年	2007 年	2014 年	2021 年
半边缘区域	马来西亚、中国、意大利、荷兰、比利时、芬兰、爱尔兰、西班牙、奥地利、瑞士、匈牙利、墨西哥、加拿大（13 个）	荷兰、匈牙利、韩国、中国台湾、瑞典、捷克、奥地利、爱尔兰、波兰、比利时、西班牙、新加坡、瑞士、斯洛伐克、芬兰、马来西亚、加拿大、丹麦、菲律宾、土耳其、墨西哥、挪威、葡萄牙（23 个）	斯洛伐克、中国台湾、波兰、西班牙、新加坡、奥地利、比利时、马来西亚、瑞典、瑞士、墨西哥、土耳其、加拿大、越南、葡萄牙、丹麦、爱尔兰、印度尼西亚、芬兰（19 个）	匈牙利、中国台湾、美国、波兰、捷克、英国、斯洛伐克、奥地利、西班牙、瑞士、瑞典、越南、新加坡、墨西哥、马来西亚、泰国、比利时、爱尔兰、芬兰、土耳其、加拿大、葡萄牙、印度、丹麦、罗马尼亚、菲律宾（26 个）
边缘区域	丹麦、波兰、菲律宾、印度尼西亚、土耳其、捷克、葡萄牙、斯洛伐克、巴西、澳大利亚、泰国、印度、挪威、卢森堡、俄罗斯、哈萨克斯坦、中国香港、孟加拉国、保加利亚、文莱、不丹、塞浦路斯、爱沙尼亚、斐济、希腊、克罗地亚、吉尔吉斯斯坦、柬埔寨、老挝、斯里兰卡、立陶宛、拉脱维亚、马尔代夫、马耳他、蒙古国、尼泊尔、巴基斯坦、罗马尼亚、斯洛文尼亚、越南（40 个）	印度尼西亚、斯洛文尼亚、巴西、泰国、罗马尼亚、印度、越南、澳大利亚、俄罗斯、卢森堡、希腊、哈萨克斯坦、立陶宛、中国香港、保加利亚、孟加拉国、文莱、不丹、塞浦路斯、爱沙尼亚、斐济、克罗地亚、吉尔吉斯斯坦、柬埔寨、老挝、斯里兰卡、拉脱维亚、马尔代夫、马耳他、蒙古国、尼泊尔、巴基斯坦（32 个）	挪威、罗马尼亚、菲律宾、斯洛文尼亚、印度、泰国、中国香港、巴西、澳大利亚、爱沙尼亚、俄罗斯、保加利亚、哈萨克斯坦、希腊、卢森堡、立陶宛、克罗地亚、文莱、吉尔吉斯斯坦、孟加拉国、不丹、塞浦路斯、斐济、柬埔寨、老挝、斯里兰卡、拉脱维亚、马尔代夫、马耳他、蒙古国、尼泊尔、巴基斯坦（32 个）	印度尼西亚、斯洛文尼亚、中国香港、保加利亚、挪威、巴西、爱沙尼亚、俄罗斯、卢森堡、澳大利亚、孟加拉国、文莱、不丹、塞浦路斯、斐济、希腊、克罗地亚、哈萨克斯坦、吉尔吉斯斯坦、柬埔寨、老挝、斯里兰卡、立陶宛、拉脱维亚、马尔代夫、马耳他、蒙古国、尼泊尔、巴基斯坦（29 个）

资料来源：ADB-MRIO 数据库。

具体地，中国的核心度排名从 2000 年的第十一位跃居 2007 年的第二位，之后稳居第二位，说明中国高技术制造业向更多经济体出口中隐含着超过阈值的国外增加值，中国的后向关联贸易不断增强，价值链地位可能相对降低。美国在 2000—2021 年的核心度呈下降趋势，在 2021 年下滑至半边缘区域。此外，捷克在 2000—2014 年的核心度呈大幅度上升趋势，从边缘区域上升至半边缘区域再到核心经济体行列，2021 年有所回落，但核心度仍相对较高。半边缘经济体数量呈波动上升趋势，从 2000 年的 13 个增长至 2021 年的 26 个，增长了一倍，主要是菲律宾、印度、罗马尼亚和越南等经济体的核心度上升，纷纷从边缘区域进入半边缘区域。尤其是越南的核心度大幅度上升，从核心度排名末位上升至第十九位，表明其在高技术制造业出口国（地区）外增加值网络中的位置提升迅速，不断向网络中心靠近，但其价值链地位可能相对靠后。其余位于边缘区域的大多是发展中经济体，核心度变化较小。

第三节　中高技术制造业生产网络块模型分析

为了进一步考察中高技术制造业生产网络的群体特征，分别对中高技术出口国内增加值和出口国外增加值网络以及细分不同技术密集型网络进行块模型分析。

一、块模型分析方法及指标描述

块模型分析最早由 White 等（1976）提出，是一种研究网络位置模型的方法。采用 UCINET 中的 CONCOR 方法对网络节点进行分区，并参考李晖等（2021）和李敬等（2014）的方法分析不同板块在网络中的角色作用。如表 3-8 所示，根据板块内部关系比例和期望关系比例大小，以及板块发出与接收关系数之比，将板块主要划分为：主受益板块，即板块内部关系比例多而外部关系比例少，特殊情况下，只对内部发出关系，不对外部发出关系，可以接收其他板块发出的关系；主溢出板块，即向其他板块发出较多的关系，接收较少的外部关系，以及对板块内部发出较少的关系；双向溢出板块，即对板块内部发出较多的关系，并且向其他板块发出较多的关系，而没有接收到多少来自其他板块的关系；经纪人板块，即向其他板块发出关系，同时接收外部关系，但板块内部关系较少。在同一个网络中，不一定同时存在四种典型的板块类型，这主要与网络的特征有关。

表 3-8　板块分类

板块内部关系比例	板块发出与接收关系数之比	
	≥ 1	< 1
$\geq (g_k - 1)/(g - 1)$	双向溢出板块	主受益板块
$< (g_k - 1)/(g - 1)$	主溢出板块	经纪人板块

注：g_k 为板块中的经济体数，g 为整个网络的经济体数。
资料来源：根据李晖等（2021）和李敬等（2014）整理。

本部分选择 2000 年、2010 年和 2021 年三个年份的中高技术制造业生产网络，使用 UCINET 软件将最大分割深度设置为 2，收敛标准为 0.2，得到各网络的密度矩阵和板块划分情况，再将密度矩阵中的板块密度大于整体网络密度的取值为 1、小于 1 的取值为 0，由此得到各网络板块间的像矩阵。由于各板块包含的经济体数较多，因此仅列出各板块中的代表经济体。

二、出口国（地区）内增加值网络块模型分析

（一）中高技术制造业总体出口国（地区）内增加值网络

中高技术制造业总体出口国（地区）内增加值网络的块模型各板块经济体分布如表 3-9 所示，像矩阵如图 3-9 所示。2000 年，板块 1 是以韩国、印度、新加坡和越南等亚洲经济体为主的主受益板块，其中较多接收来自板块 2 的中高技术制造业出口国内增加值贸易关系；板块 2 主要是由中国、德国、日本、美国和英国等经济体组成的双向溢出板块，与板块内部和外部均联系密切，是网络中最重要的板块角色；板块 3 是以瑞典、比利时、法国和荷兰等欧洲经济体为主的双向溢出板块，同样，板块内部和外部贸易关系均较密切，尤其是与板块 2 的贸易联系较为紧密；板块 4 是由波兰、匈牙利、挪威和俄罗斯等经济体组成的主溢出板块，向板块 2 和 3 发出较多贸易关系，并相对较少地接收来自这两个板块的贸易关系。

表 3-9　中高技术制造业总体出口国（地区）内增加值网络的块模型板块成员分布

年份	板块	经济体	板块角色
2000	1	韩国、印度尼西亚、印度、泰国、新加坡、越南	主受益
	2	中国、德国、日本、美国、英国、中国台湾	双向溢出
	3	瑞典、比利时、法国、荷兰、意大利	双向溢出
	4	波兰、匈牙利、挪威、俄罗斯	主溢出
2010	1	韩国、中国、印度、新加坡、越南、日本、美国	双向溢出
	2	巴基斯坦、孟加拉国、文莱	经纪人
	3	法国、瑞典、俄罗斯、比利时、英国、德国、波兰	双向溢出
	4	卢森堡、斯洛伐克、希腊	经纪人
2021	1	韩国、中国、印度、日本、越南、新加坡、美国	双向溢出
	2	孟加拉国、柬埔寨、老挝、巴基斯坦	经纪人
	3	俄罗斯、芬兰、瑞士、德国、英国、法国	双向溢出
	4	立陶宛、希腊、卢森堡、拉脱维亚	经纪人

资料来源：ADB-MRIO 数据库数据经 UCINET 软件计算整理。

2010 年，韩国、印度和越南等经济体加入板块 1，形成以中国、新加坡、日本和美国等亚太经济体为主的双向溢出板块，该板块内部成员之间中高技术制造业出口国（地区）内增加值贸易关系密切，并向所有外部板块发出贸易关系，与板块 3 的贸易联系尤为紧密。板块 2 是由巴基斯坦、孟加拉国和文莱组成的经纪人板块。板块 3 是以法国、瑞典、俄罗斯、英国等欧洲经济体为主的双向溢出板块，其中俄罗斯和波兰等是新加入的经济体，该板块主要向板块内部以及板块 1 和 4 发出贸易关系，尤其是与板块 1 的联系密切。板块 4 是以卢森堡、斯洛伐克、希腊等少数欧洲经济体为主的经纪人板块，主要是向板块 3 发出贸易关系和接收其中高技术制造业出口国（地区）内增加值贸易关系。

板块	1	2	3	4
1	1	1	0	0
2	1	1	1	1
3	0	1	1	1
4	0	1	0	0

(a) 2000 年

板块	1	2	3	4
1	1	0	1	0
2	0	0	0	0
3	1	0	1	1
4	0	0	0	0

(b) 2010 年

板块	1	2	3	4
1	1	0	1	0
2	0	0	0	0
3	1	0	1	0
4	0	0	0	0

(c) 2021 年

图 3-9　中高技术制造业总体出口国（地区）内增加值网络的块模型像矩阵

资料来源：ADB-MRIO 数据库数据经 UCINET 软件计算整理。

2021 年与 2010 年相似，板块 1 是以韩国、中国、日本、美国和新加坡等亚太经济体为主的双向溢出板块，内部关系十分紧密，并向所有板块发出贸易关系，尤其是与外部板块 2 联系密切。板块 2 是包括孟加拉国、柬埔寨、老挝等经济体的经纪人板块。板块 3 是以俄罗斯、芬兰、瑞士、德国、英国、法国等欧洲经济体为主的双向溢出板块，板块内部成员贸易联系极其密切，同时向外部板块 1 和 4 发出与接收贸易关系。板块 4 是由立陶宛、希腊、卢森堡等少数欧洲经济体组成的经纪人板块，接收板块 1 和 3 的贸易关系，同时向其发出贸易关系，且与板块 3 的贸易联系相对更频繁。

（二）中技术制造业出口国（地区）内增加值网络

中技术制造业出口国（地区）内增加值网络的块模型板块经济体分布如表 3-10 所示，像矩阵如图 3-10 所示。2000 年，板块 1 和板块 3 均为双向溢出板块，其中板块 1 主要是韩国、中国、日本和美国等经济体，板块 3 主要是法国、瑞典和英国等欧洲经济体，两个板块不仅内部成员出口国（地区）内增加值联系十分密切，而且向其他板块发出贸易关系；板块 2 是以越南和印度等亚洲经济体为主的经纪人板块，主要接收来自板块 1 和 3 的贸易关系，并向其发出贸易关系；板块 4 是以波兰、捷克和土耳其等部分欧洲经济体为主的经纪人板块，主要接收来自板块 3 的贸易关系以及向其发出贸易关系。

表 3-10　中技术制造业出口国（地区）内增加值网络的块模型板块经济体分布

年份	板块	经济体	板块角色
2000	1	韩国、中国、马来西亚、日本、美国	双向溢出
	2	越南、印度、新加坡	经纪人
	3	法国、瑞典、英国、德国、俄罗斯、奥地利	双向溢出
	4	波兰、捷克、土耳其、卢森堡	经纪人
2010	1	韩国、中国、印度、马来西亚、日本、美国、新加坡、越南	主受益
	2	孟加拉国、巴基斯坦	经纪人
	3	卢森堡、捷克、波兰、奥地利	主受益
	4	英国、德国、瑞典、法国、土耳其、俄罗斯	双向溢出
2021	1	韩国、马来西亚、中国、越南、日本、新加坡、美国	双向溢出
	2	孟加拉国、柬埔寨、巴基斯坦	经纪人
	3	德国、法国、奥地利、英国、瑞典、波兰、捷克	双向溢出
	4	希腊、立陶宛、拉脱维亚	主受益

资料来源：ADB-MRIO 数据库数据经 UCINET 软件计算整理。

2010 年，韩国、中国、印度、美国、日本和新加坡等经济体所属板块 1 转为主受益板块，内部成员的贸易联系极其密切，且接收较多来自板块 4 的贸易关系；板块 2 为经纪人板块，主要包括孟加拉国和巴基斯坦等亚洲经济体；卢森堡、捷克和波兰所在板块 3 的角色转变为主受益板块；板块 4 是由英国、德国、瑞典和法国等经济体组成的双向溢出板块，不仅板块内部存在较多的增加值贸易联系，并且向板块 1 和 3 发出较多贸易联系。

板块	1	2	3	4		板块	1	2	3	4		板块	1	2	3	4
1	1	1	1	0		1	1	0	0	0		1	1	0	1	0
2	1	0	0	0		2	0	0	0	0		2	0	0	0	0
3	1	1	1	1		3	0	0	0	0		3	1	0	1	0
4	0	0	1	0		4	1	0	1	1		4	0	0	0	0
(a) 2000 年						(b) 2010 年						(c) 2021 年				

图 3-10　中技术制造业出口国（地区）内增加值网络的块模型像矩阵

资料来源：ADB-MRIO 数据库数据经 UCINET 软件计算整理。

2021 年，以中国、日本、韩国、美国等经济体为主的板块 1 转为双向溢出板块；捷克、波兰和奥地利等经济体加入以德国、英国、法国等经济体为主的双向溢出板块；希腊和立陶宛等经济体位于主受益板块。

（三）高技术制造业出口国（地区）内增加值网络

高技术制造业出口国（地区）内增加值网络的块模型板块成员分布如表 3-11 所示，像矩阵如图 3-11 所示。2000 年，板块 1 和板块 3 均为经纪人板块，其中板块 1 主要包括新加坡、越南、印度和马来西亚等经济体，该板块与板块 2 之间出口国内增加值联系密切，既接收板块 2 的关系又向板块 2 发出关系，而板块内部成员的贸易联系较少；板块 3 主要包括俄罗斯、土耳其和奥地利等经济体，与板块 2 的联系较密切。板块 2 是以韩国、德国、日本、中国和美国等经济体为主的双向溢出板块，该板块向所有板块发出较多的增加值贸易关系，总体来看，该板块内成员均为制造业技术较为先进的经济体，竞争力较强，在网络中居于主导地位。板块 4 是以比利时、瑞典和意大利等部分欧洲经济体为主的主受益板块，主要接收来自板块 2 较多的贸易关系并向其发出贸易关系。

表 3-11　高技术制造业出口国（地区）内增加值网络的块模型板块成员分布

年份	板块	经济体	板块角色
2000	1	新加坡、越南、印度、马来西亚	经纪人
	2	韩国、德国、日本、英国、中国、法国、美国、中国台湾	双向溢出
	3	俄罗斯、土耳其、奥地利、波兰、捷克	经纪人
	4	比利时、瑞典、意大利	主受益
2010	1	奥地利、比利时、波兰、俄罗斯、瑞典、意大利	主受益
	2	斯洛文尼亚、希腊、卢森堡	经纪人
	3	日本、韩国、法国、英国、德国、美国、中国、中国台湾	双向溢出
	4	马来西亚、越南、新加坡	主受益
2021	1	越南、印度、马来西亚、新加坡	主受益
	2	法国、韩国、日本、英国、德国、美国、中国、意大利、中国台湾	双向溢出
	3	波兰、瑞典、俄罗斯、比利时、奥地利	主受益
	4	希腊、挪威、卢森堡	经纪人

资料来源：ADB-MRIO 数据库数据经 UCINET 软件计算整理。

2010 年，奥地利、比利时、俄罗斯和意大利等经济体加入主受益板块，内部贸易关系较多，同时接收来自板块 3 较多的贸易关系；板块 2 是由斯洛文尼亚和希腊等经济体组成的经纪人板块；日本、韩国、德国、美国和中国等经济体仍位于板块 3 的双向溢出板块，与其他板块均存在密切的联系；马来西亚和越南等经济体所在板块转变为主受益板块，接收较多来自板块 3 的贸易关系。

板块	1	2	3	4
1	0	1	0	0
2	1	1	1	1
3	0	0	0	0
4	1	0	1	1

（a）2000 年

板块	1	2	3	4
1	1	0	1	0
2	0	0	1	0
3	1	1	1	1
4	0	0	1	1

（b）2010 年

板块	1	2	3	4
1	1	1	0	0
2	1	1	1	1
3	0	1	1	0
4	0	0	0	0

（c）2021 年

图 3-11　高技术制造业出口国（地区）内增加值网络的块模型像矩阵

资料来源：ADB-MRIO 数据库数据经 UCINET 软件计算整理。

2021 年，以法国、日本、德国、美国和中国等经济体为主的双向溢出板块在网络中处于主导地位，与 2010 年相比，该板块与其他板块间高技术制造业出口国内增加值贸易的联系更密切。马来西亚、新加坡和越南等经济体以及奥地利、比利时、俄罗斯等经济体分别位于板块 1 和板块 3，均为主受益板块。

三、出口国（地区）外增加值网络块模型分析

（一）中高技术制造业总体出口国（地区）外增加值网络

中高技术制造业总体出口国（地区）外增加值网络的块模型板块成员分布如表 3-12 所示，像矩阵如图 3-12 所示。2000 年，板块 1 主要是美国、韩国、新加坡、日本等经济体的主受益板块，该板块内部成员之间中高技术制造业出口国（地区）外增加值贸易联系十分密切，与其他板块贸易关系相对较少，其中接收板块 4 的贸易关系。板块 2 是包括泰国、印度、越南等经济体的经纪人板块，内部成员的贸易关系较少，主要接收板块 1 的中高技术制造业出口隐含超过阈值的国（地区）外增加值贸易关系，同时向板块 1 发出贸易关系。板块 3 是包括奥地利、波兰、俄罗斯等经济体的经纪人板块，板块内部贸易关系较少，主要接收板块 4 的贸易关系和向其发出贸易关系。板块 4 是包含英国、荷兰、德国和法国等经济体的双向溢出板块，对板块内部发出大量贸易关系，并且向板块 1 和 3 发出较多贸易关系。

表 3-12　中高技术制造业总体出口国（地区）外增加值网络的块模型板块成员分布

年份	板块	经济体	板块角色
2000	1	美国、韩国、中国、新加坡、日本	主受益
	2	菲律宾、泰国、印度、越南	经纪人
	3	奥地利、波兰、捷克、俄罗斯、斯洛伐克	经纪人
	4	英国、荷兰、瑞典、德国、法国、意大利	双向溢出
2010	1	韩国、中国、印度、新加坡、日本、越南	双向溢出
	2	孟加拉国、老挝、尼泊尔	经纪人
	3	法国、斯洛伐克、意大利、奥地利、英国、捷克、德国、荷兰、美国	双向溢出
	4	卢森堡、葡萄牙、罗马尼亚、俄罗斯	经纪人
2021	1	韩国、印度、新加坡、越南、日本	双向溢出
	2	老挝、孟加拉国、尼泊尔、柬埔寨	经纪人
	3	葡萄牙、罗马尼亚、奥地利、斯洛伐克	主溢出
	4	德国、捷克、法国、英国、俄罗斯、荷兰、意大利、美国、中国	主受益

资料来源：ADB-MRIO 数据库数据经 UCINET 软件计算整理。

2010 年，以韩国、中国、新加坡和日本等亚洲经济体为主的板块 1 转为双向溢出板块，对板块内部发出大量的贸易关系，并对板块 3 发出较多的贸易

关系。板块 2 是包含孟加拉国、老挝和尼泊尔等经济体的经纪人板块。板块 3 是以美国、意大利、法国、英国和德国等欧洲经济体为主的双向溢出板块，其板块内部成员之间的贸易联系极其密切，并向板块 1 和 4 发出较多贸易关系。板块 4 是包含卢森堡、葡萄牙、罗马尼亚和俄罗斯等少数欧洲经济体的经纪人板块，主要接收板块 3 的贸易关系，同时向其发出贸易关系。

板块	1	2	3	4
1	1	1	0	1
2	1	0	0	0
3	0	0	0	0
4	1	0	1	1

(a) 2000 年

板块	1	2	3	4
1	1	0	0	0
2	0	0	0	0
3	0	0	1	1
4	0	0	0	0

(b) 2010 年

板块	1	2	3	4
1	1	0	0	1
2	0	0	0	0
3	0	0	1	1
4	1	0	1	1

(c) 2021 年

图 3-12　中高技术制造业总体出口国（地区）外增加值网络的块模型像矩阵

资料来源：ADB-MRIO 数据库数据经 UCINET 软件计算整理。

2021 年，以韩国、印度、泰国、新加坡和日本等亚洲经济体为主的板块 1 仍为双向溢出板块，板块内部贸易联系紧密，且向板块 4 发出较多贸易关系。包含老挝、孟加拉国、尼泊尔等经济体的板块 2 仍是经纪人板块。板块 3 是以葡萄牙、罗马尼亚、奥地利等欧洲经济体为主的主溢出板块，主要向板块 4 发出较多贸易关系。中国和俄罗斯加入包含德国、法国、英国和美国等经济体的板块 4，该板块转为主受益板块，内部贸易关系极其密切，且较多接收来自板块 1 和 3 的贸易关系。

（二）中技术制造业出口国（地区）外增加值网络

中技术制造业出口国（地区）外增加值网络的块模型板块成员分布如表 3-13 所示，像矩阵如图 3-13 所示。2000 年，板块 1 是以韩国、中国、印度和日本等亚洲经济体为主的主受益板块板，内部成员之间出口国（地区）外增加值联系较密切；板块 2 是由哈萨克斯坦和孟加拉国等经济体组成的经纪人板块；板块 3 是以捷克、俄罗斯和波兰等欧洲经济体为主的经纪人板块，较多接收来自板块 4 的关系，并向其发出较多的关系；板块 4 为双向溢出板块，主要以美国、英国和德国等欧美经济体为主，不仅内部出口国（地区）外增加值贸易联系十分密切，且向板块 1 和 3 发出较多关系。

2010 年，美国和越南加入板块 1，该板块仍为主受益板块，明显的特征是内部贸易关系紧密，且较多接收来自板块 3 的关系；俄罗斯、奥地利和波兰等经济体加入双向溢出板块，不仅板块内部贸易关系密切，并向板块 1 和 4 发出较多关系；捷克和土耳其等部分欧洲经济体转为主受益板块。

表 3-13　中技术制造业出口国（地区）外增加值网络的块模型板块成员分布

年份	板块	经济体	板块角色
2000	1	韩国、中国、印度、新加坡、日本	主受益
	2	哈萨克斯坦、孟加拉国、越南	经纪人
	3	捷克、俄罗斯、波兰、奥地利、土耳其	经纪人
	4	美国、比利时、英国、荷兰、法国、德国、瑞士	双向溢出
2010	1	韩国、日本、中国、印度、新加坡、美国、越南	主受益
	2	巴基斯坦、柬埔寨、孟加拉国	经纪人
	3	俄罗斯、法国、英国、奥地利、瑞士、比利时、德国、波兰、荷兰	双向溢出
	4	捷克、土耳其、匈牙利	主受益
2021	1	越南、韩国、印度、日本、中国、新加坡、美国	主受益
	2	孟加拉国、柬埔寨、巴基斯坦	经纪人
	3	德国、法国、瑞士、英国、比利时、荷兰、捷克、土耳其	双向溢出
	4	立陶宛、斯洛文尼亚	经纪人

资料来源：ADB-MRIO 数据库数据经 UCINET 软件计算整理。

2021 年与 2010 年相似，韩国、日本、中国和美国等经济体仍位于主受益板块；德国、法国、英国等大多数欧洲经济体仍为双向溢出板块；板块 2 和板块 4 均为经纪人板块，其中板块 2 以巴基斯坦和柬埔寨等亚洲发展中经济体为主，板块 4 则以立陶宛和斯洛文尼亚等少数欧洲经济体为主。此外，相比于 2010 年，2021 年各板块内部以及与其他板块之间的出口国（地区）外增加值贸易联系明显增多。

板块	1	2	3	4
1	1	1	0	1
2	0	0	0	0
3	0	0	0	1
4	1	0	1	1

(a) 2000 年

板块	1	2	3	4
1	1	0	0	0
2	0	0	0	0
3	1	0	1	1
4	0	0	0	0

(b) 2010 年

板块	1	2	3	4
1	1	0	0	0
2	0	0	0	0
3	1	0	1	0
4	0	0	0	0

(c) 2021 年

图 3-13　中技术制造业出口国（地区）外增加值网络的块模型像矩阵

资料来源：ADB-MRIO 数据库数据经 UCINET 软件计算整理。

（三）高技术制造业出口国（地区）外增加值网络

高技术制造业出口国（地区）外增加值网络的块模型板块成员分布如表 3-14 所示，像矩阵如图 3-14 所示。2000 年，板块 1 和板块 4 均为经纪人板块，其中板块 1 主要是泰国和菲律宾等经济体，板块 4 主要是俄罗斯、印度和波兰等经济体；板块 2 和 3 均为双向溢出板块，板块 2 以英国、德国、美国、日本和中国等经济体为主，除与内部关系密切以外，向其他所有板块均发出较多关系，是网络中极为重要的板块，板块 3 主要包括匈牙利、奥地利和荷兰等多数欧洲经济体，与板块 2 的联系尤其密切。

表 3-14 高技术制造业出口国（地区）外增加值网络的块模型板块成员分布

年份	板块	经济体	板块角色
2000	1	泰国、菲律宾、印度尼西亚	经纪人
	2	英国、德国、美国、韩国、法国、日本、中国	双向溢出
	3	匈牙利、奥地利、荷兰、意大利、瑞典	双向溢出
	4	俄罗斯、印度、波兰、捷克	经纪人
2010	1	印度、哈萨克斯坦	主受益
	2	韩国、日本、越南、新加坡	双向溢出
	3	法国、德国、俄罗斯、波兰、德国、奥地利、中国、英国、美国、荷兰、捷克、意大利	双向溢出
	4	爱尔兰、芬兰、葡萄牙	主溢出
2021	1	越南、印度、日本、新加坡	双向溢出
	2	奥地利、波兰、德国、法国、荷兰、中国、英国、捷克、意大利、美国、韩国	双向溢出
	3	立陶宛、爱沙尼亚	主受益
	4	芬兰、爱尔兰、葡萄牙	经纪人

资料来源：ADB-MRIO 数据库数据经 UCINET 软件计算整理。

板块	1	2	3	4
1	0	1	0	0
2	1	1	1	1
3	0	1	1	0
4	0	0	0	0

（a）2000 年

板块	1	2	3	4
1	1	0	0	0
2	1	1	1	0
3	1	1	1	1
4	0	0	1	0

（b）2010 年

板块	1	2	3	4
1	1	1	0	0
2	1	1	0	1
3	0	0	0	0
4	0	1	0	0

（c）2021 年

图 3-14 高技术制造业出口国（地区）外增加值网络的块模型像矩阵

资料来源：ADB-MRIO 数据库数据经 UCINET 软件计算整理。

2010 年，印度和哈萨克斯坦等经济体加入主受益板块，接收较多来自板块 3 发出的关系；捷克和波兰等经济体加入板块 3，即双向溢出板块；板块 4 是由爱尔兰和芬兰等少数欧洲经济体组成的主溢出板块，该板块的外部关系数显著大于板块内部关系数，尤其向板块 3 发出较多关系。

2021 年，印度、新加坡和日本等经济体和以中国、美国、德国、英国、法国等为主导的经济体分别位于板块 1 和板块 2，仍属于双向溢出板块，内部贸易关系十分密切，且向外发出较多贸易关系。板块 3 主要是立陶宛和爱沙尼亚等经济体，属于主受益板块；板块 4 是由芬兰和爱尔兰等经济体组成的经纪人板块，既接收较多来自板块 2 的关系，又向板块 2 发出较多关系。

第四节　中高技术制造业生产网络中心性特征演变

为了探究中高技术制造业生产网络的中心性特征，首先对点度中心度、接近中心度和中介中心度指标进行说明，然后分别对出口国（地区）内和出口国（地区）外增加值网络的中心性特征进行分析，最后通过网络拓扑结构图的方式直观地观察网络中节点经济体的中心地位变化情况。

一、中心性特征相关指标

本节主要采用点度中心度、接近中心度和中介中心度三个指标刻画中高技术制造业生产网络的中心性地位。

（一）点度中心度

点度中心度是指在网络中与某个节点直接相连的节点的个数，其刻画了节点在网络中的联系广度。在本书中，经济体点度中心度的数值越大，表示该经济体越处于中高技术制造业生产网络的中心位置。根据网络中贸易的有向性，点度中心度可区分为点入度和点出度，分别指网络中某经济体与其他经济体直接建立的进口贸易关系数和出口贸易关系数。为了比较不同时期和不同网络的中心度，本书均采用标准化的中心度进行衡量，标准化的点度中心度为网络节点的点度中心度与节点的最大可能的度数之比，计算公式为：

$$C_i = \frac{\sum_{j=1}^{N} a_{ij} + \sum_{j=1}^{N} a_{ji}}{2(N-1)} \tag{3-3}$$

式中，C_i 为 i 经济体的点度中心度；$\sum_{j=1}^{N} a_{ij}$ 为点出度；$\sum_{j=1}^{N} a_{ji}$ 为点入度；N 为网络的规模，即经济体数量。

（二）接近中心度

接近中心度是网络中某节点与所有其他节点的最短路径之和，反映了该节点与其他节点的接近程度。在中高技术制造业生产网络中，若一个经济体与所有其他经济体均距离较小，则该经济体占据网络的中心地位，不受其他经济体所控制，自主性较强。标准化的接近中心度计算公式为：

$$C_{RPi} = \frac{N-1}{\sum\limits_{j=1}^{N} d_{ij}} \tag{3-4}$$

式中，C_{RPi} 为经济体 i 的接近中心度；d_{ij} 为经济体 i 与经济体 j 之间最短路径的距离（最短路径的线数）；N 为网络的规模，即经济体数量。

（三）中介中心度

中介中心度是网络中两节点之间经过某点而相互连接的捷径数与两点之间的捷径总数之比，用于测量该点处于两点间的中介程度。在本书中，中介中心度反映经济体在贸易往来和信息传递过程中的枢纽地位，某经济体在中高技术制造业生产网络中的中介中心度数值越大，说明该经济体控制其他经济体贸易往来的能力越强，对其他经济体的影响力越大。标准化的中介中心度计算公式为：

$$C_{RBi} = \frac{2\sum\limits_{j}^{N}\sum\limits_{k}^{N}\dfrac{g_{jk}(i)}{g_{jk}}}{N^2 - 3N + 2}, \ j \neq k \neq i, j < k \tag{3-5}$$

式中，C_{RBi} 为经济体 i 的中介中心度；$g_{jk}(i)$ 为经济体 j 与经济体 k 经过经济体 i 的捷径数；g_{jk} 为经济体 j 与经济体 k 之间的捷径数；N 为网络的规模，即经济体数量。

二、出口国（地区）内增加值网络中心性特征

（一）中高技术制造业总体出口国（地区）内增加值网络

1. 点度中心度

如表 3-15 所示，中国、德国、美国、意大利、日本、韩国、法国和英国始终位于点度中心度前十行列，说明这些经济体在中高技术制造业总体出口

国（地区）内增加值网络中建立了相对较多的直接贸易关系，占据网络的中心地位。中国的点度中心度增加迅速，从 2000 年的 22.951 增长至 2021 年的 73.770，其排名从 2000 年的第七位跃居 2021 年的第一位。主要原因是中国加入世界贸易组织后，积极参与国际产品内分工，与更多经济体建立贸易联系，且出口国内增加值规模逐渐提高，在全球中高技术制造业出口国（地区）内增加值网络中的地位逐步提升并处于绝对的中心地位。德国始终位于前两位中，美国的点度中心度呈增长趋势，但其增速不如中国，在 2021 年排名第四。值得注意的是，2021 年俄罗斯和印度进入前十名行列，其点度中心度分别为 57.377 和 45.902。可以看出，德国、美国、日本和韩国等发达经济体凭借良好的制造业发展基础，长期处于中高技术制造业出口国（地区）内增加值网络的核心位置，中国、俄罗斯和印度等少数发展中经济体在网络中的地位有所提高。

2. 点入度和点出度

从点入度来看，中国、德国、美国、意大利、英国、荷兰、日本、法国一直处于前十行列，是其他经济体中高技术制造业出口国（地区）内增加值的重要输入经济体。与点度中心度相似，中国的点入度增长迅速，从 2000 年 16.393 增长至 2021 年的 60.656，排名跃居第一。从点出度来看，中国、德国、美国、意大利、日本、韩国、法国、中国台湾一直处于前十行列，说明这些经济体是全球中高技术制造业出口国（地区）内增加值的主要出口经济体。中国的点出度同样呈快速增长之势，从 2000 年的第七位上升至 2021 年的第一位，逐步成为中高技术制造业出口增加值网络的核心力量。对比各经济体同一年份点入度和点出度，可以发现各经济体点出度数值高于点入度数值，说明相对于进口，这些重要经济体与其他经济体中高技术制造业出口贸易联系更为频繁。

3. 接近中心度

中国、德国、美国、意大利、日本、韩国、法国和英国的接近中心度一直位于前十行列，这些经济体在中高技术制造业出口国（地区）内增加值网络中与其他经济体建立贸易关系更容易，在贸易中具有较强的自主性，处于网络的中心。中国、俄罗斯和印度的接近中心度明显提升，2021 年分别排在第一、第三和第九位，说明三者与其他经济体的贸易联系较密切，靠近整个网络的中心。

4. 中介中心度

中国、德国、俄罗斯、美国、意大利、日本、法国的中介中心度始终保持在前十行列，说明这些经济体在网络中具有重要的中介作用，控制其他经济体中高技术制造业出口国（地区）内增加值的贸易联系能力强。2021年，中国的中介中心度跃居首位。值得注意的是，2021年俄罗斯、印度、澳大利亚和韩国进入中介中心度排名前十行列，其在该网络中的"中介"和"桥梁"作用逐渐凸显。

表3-15 中高技术制造业总体出口国（地区）内增加值网络中心性特征（前十名）

年份	点度中心度		点入度		点出度		接近中心度		中介中心度	
2000	德国	52.459	美国	47.541	德国	50.820	德国	4.150	德国	12.651
	美国	47.541	德国	37.705	美国	40.984	美国	4.141	美国	10.074
	日本	39.344	英国	26.230	日本	37.705	日本	4.127	日本	3.850
	英国	32.787	日本	22.951	英国	31.148	英国	4.116	英国	2.188
	法国	32.787	法国	22.951	法国	31.148	法国	4.116	法国	1.626
	意大利	24.590	意大利	21.311	意大利	19.672	意大利	4.102	意大利	1.601
	中国	22.951	中国	16.393	中国	18.033	中国	4.097	中国	1.199
	中国台湾	21.311	中国台湾	16.393	韩国	16.393	中国台湾	4.094	西班牙	1.144
	韩国	19.672	荷兰	16.393	瑞典	16.393	韩国	4.091	俄罗斯	0.929
	瑞典	18.033	马来西亚	16.393	中国台湾	14.754	荷兰	4.091	瑞典	0.694
2021	中国	73.770	中国	60.656	中国	72.131	中国	13.959	中国	13.198
	德国	67.213	德国	57.377	德国	67.213	德国	13.832	德国	11.776
	俄罗斯	57.377	美国	54.098	俄罗斯	54.098	俄罗斯	13.616	俄罗斯	5.150
	美国	55.738	意大利	40.984	美国	52.459	美国	13.616	美国	3.614
	意大利	54.098	英国	40.984	意大利	50.820	意大利	13.586	意大利	3.483
	日本	52.459	荷兰	39.340	日本	49.180	日本	13.556	印度	2.607
	韩国	49.180	日本	37.700	韩国	47.541	韩国	13.496	日本	2.185
	法国	47.541	法国	36.060	印度	45.902	法国	13.436	澳大利亚	1.623
	印度	45.902	波兰	36.060	法国	44.262	印度	13.436	韩国	1.438
	英国	44.262	韩国	31.140	中国台湾	37.705	英国	13.407	法国	1.092

资料来源：ADB-MRIO数据库数据经UCINET软件计算整理。

5. 网络拓扑结构

为了更直观地考察中高技术制造业出口国（地区）内增加值网络中各经济体中心地位的变化情况，分别输出2000年和2021年该网络拓扑结构图，其中网络节点代表各经济体，节点越大表示其点度中心度越大，灰色节点为点度中心度排名前十的经济体，网络连边代表各经济体中高技术制造业出口国（地区）内增加值的贸易关系，图中未超过阈值的贸易关系的经济体已省略。

由图3-15可知，2000—2021年中高技术制造业出口国（地区）内增加值网络的节点数和边数明显增加，网络更加稠密，说明参与中高技术制造业出口且出口中隐含国内增加值超过阈值的经济体增多，超过阈值的出口贸易联系增多，且中国超越德国成为绝对核心经济体，印度和俄罗斯也进入网络中心区域。

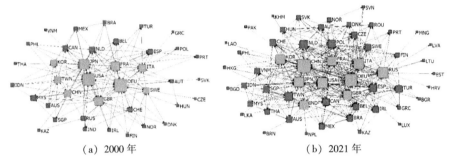

(a) 2000年   (b) 2021年

图3-15 中高技术制造业总体出口国（地区）内增加值网络拓扑结构图

（二）中技术制造业出口国（地区）内增加值网络

1. 点度中心度

如表3-16所示，与中高技术制造业相似，中国、德国、俄罗斯、美国、意大利、日本、韩国、法国和英国的点度中心度始终排名前十，说明这些经济体在中技术制造业出口国（地区）内增加值网络中与更多的经济体建立了贸易联系，处于网络中心。中国和俄罗斯的点度中心度增长迅速，分别从2000年的29.508和21.311增长至2021年的75.410和67.213，中国和俄罗斯与其他经济体超过阈值的贸易联系增多，逐步进入中技术制造业出口国（地区）内增加值网络的中心。2021年印度处于点度中心度排名前十行列，可能是由于其在2014年后积极推进"印度制造"计划，开放水平进一步提高，推动了印度制造业全球化进程，使印度逐渐趋于网络中心。

表 3-16　中技术制造业出口国（地区）内增加值网络中心性特征（前十名）

年份	点度中心度		点入度		点出度		接近中心度		中介中心度	
2000	德国	52.459	美国	44.262	德国	50.820	德国	4.150	德国	11.452
	美国	47.541	德国	32.787	美国	39.344	美国	4.141	美国	9.133
	日本	36.066	英国	24.590	日本	34.426	日本	4.122	日本	3.759
	法国	34.426	日本	22.951	法国	29.508	法国	4.119	中国	2.249
	英国	32.787	法国	22.951	英国	27.869	英国	4.116	意大利	1.807
	中国	29.508	意大利	22.951	中国	22.951	中国	4.111	英国	1.799
	意大利	26.230	中国	19.672	俄罗斯	21.311	意大利	4.105	法国	1.487
	韩国	21.311	荷兰	19.672	意大利	19.672	荷兰	4.097	西班牙	1.079
	荷兰	21.311	韩国	16.393	澳大利亚	16.393	俄罗斯	4.097	马来西亚	1.068
	俄罗斯	21.311	马来西亚	16.393	瑞典	14.754	韩国	4.094	俄罗斯	0.874
2021	中国	75.410	中国	55.738	中国	70.492	中国	16.223	中国	11.631
	德国	67.213	德国	55.738	德国	65.574	德国	16.010	德国	10.996
	俄罗斯	67.213	美国	55.738	俄罗斯	65.574	俄罗斯	16.010	俄罗斯	7.154
	美国	62.295	意大利	44.262	美国	55.738	美国	15.885	意大利	5.740
	意大利	55.738	日本	44.262	意大利	49.180	意大利	15.722	美国	4.728
	日本	52.459	韩国	39.344	韩国	45.902	日本	15.641	印度	2.925
	韩国	50.820	英国	39.344	印度	45.902	韩国	15.601	日本	2.358
	法国	47.541	印度	36.066	日本	44.262	法国	15.522	瑞士	2.336
	印度	45.902	荷兰	36.066	法国	44.262	印度	15.482	韩国	1.962
	英国	42.623	波兰	36.066	英国	32.787	英国	15.404	法国	1.771

资料来源：ADB-MRIO 数据库数据经 UCINET 软件计算整理。

2. 点入度和点出度

从点入度来看，德国、美国、日本、意大利和英国等一直位于前十行列，说明其是其他经济体中技术制造业出口国（地区）内增加值的重要输入经济体，对中技术制造业的进口需求较大。中国的点入度排名上升迅速，2021 年居于首位，说明中国在向中技术制造业出口国（地区）内增加值网络的中心靠近。从点出度来看，排名靠前的经济体基本变动不大，值得注意的是，俄罗斯的点出度始终排名前十，可以看出俄罗斯在中技术制造业出口国（地区）内增加值网络中主要作为出口国，向更多经济体出口国（地区）内增加值超过阈值，这可能更多地与俄罗斯为油气资源国，出口较多的油气资源加工品有关。

3. 接近中心度

中国、德国、俄罗斯、美国、意大利、日本、韩国、法国和英国的接近中心度始终位于前十行列，这些经济体对其他经济体出口中技术制造业中间产品的贸易距离更近，处于网络的中心位置。中国、俄罗斯和印度的接近中心度增长明显，2021年分别排在第一、第三和第九位，逐步靠近网络的中心。

4. 中介中心度

中国、德国、俄罗斯、意大利、美国、日本和法国的中介中心度一直位于前十行列，说明这些经济体在中技术制造业出口国（地区）内增加值网络中长期具有十分重要的中介作用，对网络具有较强的控制能力。2021年，印度、瑞士和韩国进入前十行列，说明其在网络中的"桥梁"作用逐渐显现。

5. 网络拓扑结构

由图3-16可知，2000—2021年中技术制造业出口国（地区）内增加值网络的节点数和边数明显增加，网络趋于紧密，说明中技术制造业出口贸易参与经济体数量增多，各经济体中技术制造业出口国（地区）内增加值超过阈值的联系增多，处于网络中心的经济体主要是德国、中国、美国、英国、法国、日本、韩国、俄罗斯等，印度在2021年跻身前十行列。

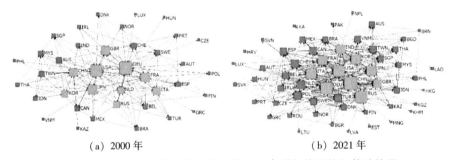

(a) 2000年　　　　　　　　　　(b) 2021年

图3-16　中技术制造业出口国（地区）内增加值网络拓扑结构图

（三）高技术制造业出口国（地区）内增加值网络

1. 点度中心度

如表 3-17 所示，高技术制造业出口国（地区）内增加值网络中，点度中心度排名前十的经济体较稳定，主要有中国、德国、美国、法国、意大利、英国、日本、韩国和中国台湾，除了中国均为发达经济体，可能是因为这些经济体凭借先进的制造业技术，超过阈值的高技术制造业中间产品出口贸易联系数量较多，处于网络的中心。与中技术制造业不同的是，中国台湾始终位于前十行列，这主要是由于中国台湾的高新技术产业十分发达，尤其是半导体行业和精密机械行业等均处于世界前列。

2. 点入度和点出度

中国、德国、美国、英国、法国、意大利、荷兰和日本的点入度始终位于前十行列，是其他经济体高技术制造业出口国（地区）内增加值的重要输入经济体，对高技术制造业的进口需求大。从点出度来看，排名靠前的经济体与点入度中的经济体变化不大，值得注意的是，韩国和中国台湾的点出度排名始终处于前十位，说明其超过阈值的高技术制造业出口国内增加值的输出联系较多，即韩国和中国台湾的出口供给能力较强，出口贸易伙伴较多。

3. 接近中心度

排名前十的经济体与点度中心度一致，主要是中国、德国、美国、日本、法国和中国台湾等，其中中国的接近中心度排名上升较快，从 2000 年的第十位上升至 2021 年的第一位，说明中国对其他经济体出口高技术制造业产品更容易，在网络中的中心地位逐渐凸显，具有较强的自主性。

4. 中介中心度

中国、德国、美国、意大利、俄罗斯、法国、瑞典、英国和日本的中介中心度始终位于前十行列，在高技术制造业出口国（地区）内增加值网络中具有较强的中介作用，对其他经济体贸易往来的影响力较强。中国的中介中心度提升较快，2021 年排名首位，说明我国在高技术制造业出口国（地区）内增加值网络中充当"桥梁"的枢纽作用越来越强。

表 3-17 高技术制造业出口国（地区）内增加值网络中心性特征（前十名）

年份	点度中心度		点入度		点出度		接近中心度		中介中心度	
	德国	52.459	美国	42.623	德国	52.459	德国	3.987	美国	9.928
	美国	49.180	德国	34.426	美国	45.902	美国	3.982	德国	9.197
	日本	40.984	英国	27.869	日本	40.984	日本	3.966	日本	3.415
	英国	36.066	法国	22.951	英国	32.787	英国	3.958	英国	1.759
2000	法国	32.787	日本	18.033	法国	31.148	法国	3.953	法国	1.404
	意大利	27.869	瑞典	16.393	意大利	26.230	意大利	3.948	瑞典	1.296
	瑞典	22.951	中国	16.393	瑞典	21.311	瑞典	3.938	俄罗斯	0.874
	韩国	21.311	意大利	14.754	韩国	19.672	中国台湾	3.935	意大利	0.791
	中国台湾	21.311	中国台湾	14.754	中国台湾	19.672	韩国	3.935	中国台湾	0.212
	中国	19.672	荷兰	14.754	中国	14.754	中国	3.933	中国	0.209
	中国	70.492	中国	54.098	中国	68.852	中国	6.231	中国	11.532
	德国	67.213	德国	54.098	德国	67.213	德国	6.218	德国	11.302
	美国	57.377	美国	50.820	美国	52.459	美国	6.180	美国	4.865
	法国	50.820	英国	39.344	意大利	50.820	法国	6.155	意大利	1.796
2021	意大利	50.820	法国	36.066	日本	47.541	意大利	6.155	俄罗斯	1.781
	英国	49.180	意大利	32.787	法国	45.902	英国	6.149	法国	1.515
	日本	49.180	荷兰	29.508	韩国	45.902	日本	6.149	瑞典	1.441
	韩国	45.902	波兰	27.869	中国台湾	40.984	韩国	6.137	英国	1.282
	中国台湾	40.984	日本	26.230	英国	36.066	中国台湾	6.118	韩国	1.196
	波兰	36.066	俄罗斯	26.230	波兰	24.590	波兰	6.100	日本	1.180

资料来源：ADB-MRIO 数据库数据经 UCINET 软件计算整理。

5. 网络拓扑结构

由图 3-17 可知，2000—2021 年高技术制造业出口国（地区）内增加值网络的节点数和边数明显增加，说明网络中参与高技术制造业出口贸易的经济体增多，并且各经济体超过阈值的高技术制造业出口国（地区）内增加值贸易联系数增多，排名前十的经济体除中国外均是欧美亚的发达经济体。

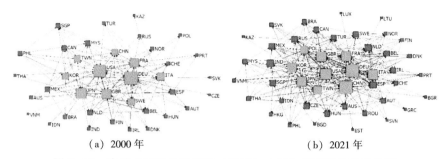

（a）2000 年　　　　　　　　（b）2021 年

图 3-17　高技术制造业出口国（地区）内增加值网络拓扑结构图

三、出口国（地区）外增加值网络中心性特征

（一）中高技术制造业总体出口国（地区）外增加值网络

1. 点度中心度

如表 3-18 所示，德国、美国、意大利、法国、英国和韩国始终位于点度中心度前十行列，说明这些经济体在中高技术制造业出口国（地区）外增加值网络中的贸易联系较广，居于网络中心位置。2021 年，中国的点度中心度为 72.131，与德国并列第一，说明中国中高技术制造业出口中来源于国外增加值的规模不断扩大，与其他经济体的后向贸易联系逐步加强，网络中心位置逐步凸显。2021 年，西班牙和印度位于点度中心度排名前十行列，也逐渐进入该网络的中心。

表 3-18　中高技术制造业总体出口国（地区）外增加值网络中心性特征（前十名）

年份	点度中心度		点入度		点出度		接近中心度		中介中心度	
	德国	52.459	美国	47.541	德国	47.541	德国	4.326	德国	13.793
	美国	47.541	德国	40.984	法国	29.508	美国	4.317	美国	9.420
	英国	34.426	英国	29.508	英国	26.230	法国	4.290	日本	3.866
	法国	34.426	日本	26.230	美国	24.590	英国	4.290	英国	3.055
2000	日本	29.508	法国	24.590	日本	22.951	日本	4.281	法国	2.246
	意大利	26.230	意大利	22.951	新加坡	22.951	意大利	4.272	新加坡	2.242
	韩国	22.951	中国	18.033	马来西亚	19.672	新加坡	4.269	中国	1.646
	新加坡	22.951	荷兰	14.754	瑞典	19.672	韩国	4.269	意大利	1.076
	瑞典	21.311	西班牙	14.754	中国台湾	18.033	瑞典	4.266	比利时	0.962
	中国台湾	19.672	韩国	13.115	韩国	18.033	中国台湾	4.263	韩国	0.456

续表

年份	点度中心度		点入度		点出度		接近中心度		中介中心度	
	中国	72.131	中国	63.934	德国	70.492	德国	12.249	中国	11.099
	德国	72.131	美国	62.295	中国	67.213	中国	12.224	德国	9.495
	美国	63.934	德国	59.016	法国	55.738	美国	12.127	美国	5.819
	意大利	60.656	法国	52.459	意大利	52.459	荷兰	12.055	法国	4.207
2021	荷兰	60.656	英国	49.180	荷兰	49.180	法国	12.032	意大利	3.136
	法国	59.016	土耳其	47.541	韩国	44.262	意大利	12.008	泰国	2.665
	英国	52.459	意大利	45.902	日本	44.262	韩国	11.914	立陶宛	2.623
	韩国	52.459	荷兰	44.262	美国	42.623	土耳其	11.891	印度	2.420
	西班牙	50.820	俄罗斯	40.984	中国台湾	42.623	印度	11.868	荷兰	1.834
	印度	49.180	西班牙	39.344	瑞士	40.984	瑞士	11.868	土耳其	1.321

资料来源：ADB-MRIO 数据库数据经 UCINET 软件计算整理。

2. 点入度和点出度

从点入度来看，中国、美国、德国、法国、英国、荷兰和西班牙始终居于排名前十行列，是其他经济体中高技术制造业出口中隐含国（地区）外增加值的重要输入经济体。中国的点入度增长较快，从 2000 年的第七位跃居 2021 年的第一位。此外，2021 年俄罗斯和土耳其也进入点入度排名前十行列。从点出度来看，德国、法国、韩国、日本、美国和中国台湾一直位于排名前十行列，说明其超过阈值的中高技术制造业出口国（地区）外增加值输出到较多经济体。中国、意大利和瑞士的点出度增长较快，2021 年排名均进入前十行列，意味着其中高技术制造业出口国（地区）外增加值超过阈值的贸易伙伴数逐渐增多，与其他经济体的价值链后向关联不断增强。

3. 接近中心度

德国的中高技术制造业出口国（地区）外增加值网络接近中心度始终排名首位，说明其在网络中与其他经济体的贸易距离较小，处于网络的中心，不受其他经济体所控制。中国的接近中心度逐步提升，2021 年仅次于德国，排名第二。土耳其、印度和瑞士的接近中心度在 2021 年进入前十行列，其他前十经济体变动不大。

4. 中介中心度

中高技术制造业出口国（地区）外增加值网络中主要是欧美、日、韩等发达经济体具有绝对的中介作用和贸易控制能力，以及少数发展中经济体具有一定的中介作用。具体地，中国的中介中心度同样增长较快，从 2000 年的第七位上升至 2021 年的第一位，成为更多经济体中高技术制造业出口国（地区）外增加值的贸易"中介桥梁"；印度和土耳其的中介中心度逐步提高，2021 年均居于前十行列；泰国在 2021 年中高技术制造业出口国（地区）外增加值网络中介中心度排名第六。

5. 网络拓扑结构

由图 3-18 可知，2000—2021 年中高技术制造业出口国（地区）外增加值网络的节点数和边数大幅度增加，各经济体超过阈值的中高技术制造业出口国（地区）外增加值联系增多，网络格局由 2000 年德国和美国领先转变为中国、德国、美国、意大利等多个经济体主导。值得注意的是，网络核心的周围节点大小同样趋于均匀化，说明众多经济体的点度中心度稳步提升，差距在不断缩小。

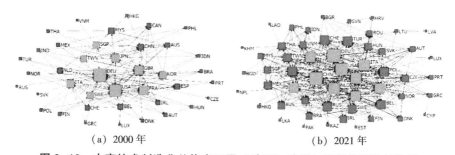

(a) 2000 年　　　　　　　　(b) 2021 年

图 3-18　中高技术制造业总体出口国（地区）外增加值网络拓扑结构图

（二）中技术制造业出口国（地区）外增加值网络

1. 点度中心度

如表 3-19 所示，中国、德国、美国、意大利、法国、韩国和英国一直处于点度中心度前十行列，说明这些经济体超过阈值的中技术制造业出口国（地区）外增加值的贸易联系较多，处于网络的中心。中国的点度中心度上升迅速，从 2000 年的第八位上升至 2021 年的第一位，处于中技术制造业出口国（地区）外增加值网络的中心。2021 年比利时的排名处于前十行列，说明其中技术制造业出口国（地区）外增加值贸易联系增多。

2. 点入度和点出度

从点入度来看，中国、美国、德国、法国、意大利、英国、日本和韩国一直居于前十行列，是其他经济体中技术制造业出口国（地区）外增加值极其重要的输入经济体，土耳其和印度的点入度提升较快，2021 年分别处于第七位和第八位。2021 年，中国超过德国，与美国并列第一，成为其他经济体出口隐含国（地区）外增加值的重点输入国。从点出度来看，德国始终排名第一，说明德国出口到其他经济体所隐含的超过阈值的国（地区）外增加值贸易联系最多；比利时的点出度较高，但其点入度未进入前十行列，表明比利时在网络中主要作为出口国，在中技术制造业出口中隐含超过阈值的国（地区）外增加值贸易联系更多。2021年印度和爱尔兰的点出度排名处于前十行列，意味着印度和爱尔兰向越来越多经济体出口的国外增加值超过阈值。其他排名前十的经济体变化不大。

表3-19　中技术制造业出口国（地区）外增加值网络中心性特征（前十名）

年份	点度中心度		点入度		点出度		接近中心度		中介中心度	
	美国	47.541	美国	47.541	德国	37.705	美国	4.947	美国	15.342
	德国	42.623	德国	27.869	美国	21.311	德国	4.923	德国	11.681
	法国	26.230	日本	24.590	法国	21.311	日本	4.884	英国	3.756
	日本	24.590	英国	21.311	新加坡	21.311	法国	4.876	意大利	3.522
2000	英国	24.590	法国	18.033	英国	18.033	英国	4.872	法国	2.618
	意大利	22.951	意大利	18.033	意大利	18.033	意大利	4.868	瑞典	1.988
	新加坡	21.311	中国	18.033	马来西亚	18.033	中国	4.864	中国	1.980
	中国	18.033	韩国	14.754	比利时	16.393	韩国	4.864	日本	1.340
	韩国	18.033	西班牙	13.115	荷兰	13.115	西班牙	4.853	西班牙	1.017
	马来西亚	18.033	中国台湾	11.475	瑞士	13.115	瑞士	4.853	韩国	0.992
	中国	70.492	中国	62.295	德国	67.213	中国	12.200	中国	10.307
	德国	68.852	美国	62.295	中国	54.098	德国	12.200	德国	10.039
	美国	62.295	德国	54.098	荷兰	52.459	美国	12.103	美国	4.312
	意大利	57.377	法国	45.902	法国	50.820	法国	12.008	印度	4.160
2021	法国	57.377	意大利	45.902	比利时	50.820	意大利	12.008	意大利	4.004
	荷兰	54.098	英国	44.262	意大利	49.180	荷兰	11.984	波兰	3.116
	韩国	52.459	土耳其	40.984	韩国	45.902	韩国	11.937	法国	2.831
	英国	50.820	印度	39.344	瑞士	45.902	比利时	11.914	韩国	2.505
	比利时	50.820	日本	39.344	印度	42.623	英国	11.891	荷兰	2.214
	印度	49.180	韩国	37.705	爱尔兰	42.623	印度	11.868	英国	1.488

资料来源：ADB-MRIO数据库数据经UCINET软件计算整理。

3. 接近中心度

中国、德国、美国、法国、意大利、韩国和英国的接近中心度一直处于前十行列，这些经济体在中技术制造业出口国（地区）外增加值网络中与其他经济体进行贸易的距离更小，处于网络的中心位置。2021年荷兰、比利时和印度的接近中心度进入前十行列。中国的接近中心度提升幅度较大，2021年与德国并列第一，说明中国更容易与其他经济体进行中技术制造业出口国（地区）外增加值联系，已处于网络的中心。

4. 中介中心度

中国、德国、美国、意大利、法国、韩国和英国的中介中心度始终居于前十行列，说明这些经济体在中技术制造业出口国（地区）外增加值网络中具有极其重要的中介作用。中国的中介中心度呈增长趋势，在2021年排名第一，在网络中的"桥梁"枢纽作用有所提高。2021年印度的中介中心度排名跃居第四位，并且波兰和荷兰的中介中心度排名进入前十行列，说明这些经济体对该网络进行信息传递和贸易联系的控制能力显著提升。

5. 网络拓扑结构

由图3-19可知，2000—2021年中技术制造业出口国（地区）外增加值网络的边数显著增加，并且节点数量和大小均有所增大，说明网络中各经济体中技术制造业出口国（地区）外增加值联系从无到有、从少到多不断增加，网络格局由2000年美国和德国主导转变为2021年中国、德国和美国等多经济体共同主导。

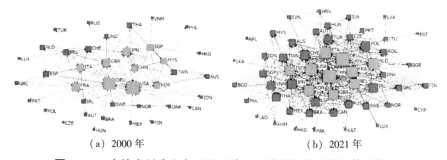

|(a) 2000年|(b) 2021年|

图3-19 中技术制造业出口国（地区）外增加值网络拓扑结构图

（三）高技术制造业出口国（地区）外增加值网络

1. 点度中心度

如表3-20所示，德国的点度中心度始终排名首位，与其他经济体超过阈值的高技术制造业出口国（地区）外增加值贸易联系密切，处于网络的绝对核心位置。中国的点度中心度迅速增长，2021年跃居第二位，其余排名前十的经济体主要是美国、法国、英国、意大利、日本、韩国等发达经济体，均处于高技术制造业出口国（地区）外增加值网络较核心的位置。

2. 点入度和点出度

从点入度来看，美国、德国、中国、英国、法国、荷兰、意大利、西班牙始终位于前十行列，是网络中其他经济体高技术制造业出口国（地区）外增加值极为重要的吸收国。2021年俄罗斯和澳大利亚的点入度位居前十行列。从点出度来看，德国、法国、意大利、韩国、日本、中国台湾、美国和英国一直处于前十行列，这些经济体高技术制造业向更多经济体出口中的国（地区）外增加值超过阈值。

表3-20 高技术制造业出口国（地区）外增加值网络中心性特征（前十名）

年份	点度中心度		点入度		点出度		接近中心度		中介中心度	
2000	德国	54.098	德国	44.262	德国	47.541	德国	3.990	德国	12.633
	美国	42.623	美国	42.623	法国	31.148	美国	3.971	美国	6.326
	英国	39.344	英国	34.426	英国	26.230	英国	3.966	英国	2.537
	法国	37.705	法国	27.869	美国	24.590	法国	3.964	日本	2.356
	意大利	31.148	意大利	26.230	中国台湾	24.590	意大利	3.953	新加坡	2.014
	日本	27.869	日本	22.951	韩国	24.590	日本	3.948	法国	1.952
	韩国	24.590	中国	19.672	日本	22.951	中国台湾	3.943	中国	0.918
	中国台湾	24.590	荷兰	18.033	新加坡	22.951	韩国	3.943	意大利	0.811
	瑞典	22.951	西班牙	16.393	瑞典	21.311	瑞典	3.941	瑞典	0.441
	新加坡	22.951	加拿大	13.115	意大利	18.033	新加坡	3.941	韩国	0.406
2021	德国	75.410	美国	57.377	德国	73.770	德国	7.663	德国	11.493
	中国	68.852	德国	55.738	中国	67.213	中国	7.625	中国	8.553
	美国	60.656	中国	55.738	法国	55.738	法国	7.578	美国	4.395
	法国	60.656	英国	50.820	意大利	52.459	美国	7.578	法国	4.164
	意大利	57.377	法国	49.180	韩国	47.541	荷兰	7.559	意大利	2.271
	荷兰	57.377	荷兰	42.623	荷兰	44.262	意大利	7.559	英国	1.796
	英国	55.738	意大利	40.984	日本	44.262	英国	7.550	荷兰	1.410
	日本	52.459	俄罗斯	39.344	中国台湾	40.984	韩国	7.531	韩国	1.189
	韩国	52.459	西班牙	36.066	美国	39.344	日本	7.531	日本	1.126
	波兰	45.902	澳大利亚	36.066	英国	39.344	波兰	7.494	瑞典	0.839

资料来源：ADB-MRIO数据库数据经UCINET软件计算整理。

3. 接近中心度

德国的接近中心度长期排名首位，与其他经济体高技术制造业出口国（地区）外增加值联系距离最近，处于网络的绝对中心位置。中国和荷兰的接近中心度增长较快，2021 年分别居于第二位和第五位，趋于高技术制造业出口国（地区）外增加值网络的中心，贸易自主性增强。

4. 中介中心度

德国、中国、美国、法国、意大利、英国、韩国、日本和瑞典的中介中心度一直排名前十，在高技术制造业出口国（地区）外增加值网络中具有极为重要的中介作用，对其他经济体的贸易影响力较大。除 2021 年荷兰的中介中心度跃居前十外，其余排名靠前的经济体变化不大，但其具体排名位次有所变动。

5. 网络拓扑结构

如图 3-20 所示，2000—2021 年高技术制造业出口国（地区）外增加值网络趋于稠密化，节点大小和数量以及边数均有所增加，说明网络中各经济体高技术制造业出口国（地区）外增加值超过阈值的联系增多，其中中国与其他经济体的联系大幅增多，成为排名前十经济体中唯一的发展中经济体，网络格局从以德国为绝对核心转变为由德国、中国、美国、法国等多个核心经济体共同主导。

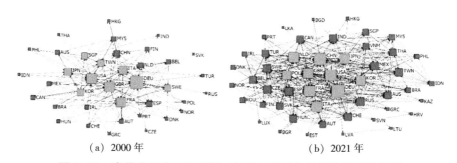

(a) 2000 年　　　　　　　　　　(b) 2021 年

图 3-20　高技术制造业出口国（地区）外增加值网络拓扑结构图

从整体结构看，中高技术制造业生产网络不断向稠密化、多元化与区域化演进。中高技术制造业生产网络的边数、密度呈波动上升趋势，网络趋于稠密化；平均路径长度呈波动下降趋势，全球前后向关联贸易网络通达性增强；中技术和中高技术制造业生产网络的互惠程度整体呈上升趋势，高技术制造业生产网络的互惠程度整体呈微幅下降趋势，总体上，三种网络贸易关系具有一定的互惠性；中高技术制造业生产网络呈明显的"核心—半边缘—边缘"特征，核心区域经济体数量相对最少，主要以美国、德国、法国等为主导，半边缘区域经济体数量较多，边缘区域经济体数量最多，以发展中经济体为主。核心区域经济体数量变动较小，半边缘区域经济体逐渐增多，边缘区域经济体逐渐减少，各经济体不断向网络中心趋近。

从群体特征看，在中高技术制造业出口国（地区）内增加值网络中，随着时间的推移，韩国、印度和新加坡等经济体加入以中国、美国、日本等亚太经济体为主的双向溢出板块，德国、英国、法国和俄罗斯等欧洲经济体逐渐演化为新的双向溢出板块，两个板块不仅各自区域内部贸易联系日益密切，而且区域之间的贸易联系逐渐增多；巴基斯坦和文莱等经济体与希腊和卢森堡等经济体分别演化为经纪人板块。在中高技术制造业出口国（地区）外增加值网络中，各板块逐渐演化为以韩国、新加坡、日本和印度等亚洲经济体为主的双向溢出板块，以德国、英国、法国、美国和中国等经济体为主的主受益板块，以老挝和孟加拉国等经济体为主的经纪人板块，以及以部分欧洲经济体为主的主溢出板块。

在节点特征方面，无论从出口国（地区）内增加值网络还是出口国（地区）外增加值网络来看，三种网络中，德国、美国、日本、法国和英国等经济体的各项中心性指标始终位居前列，但其具体排名位次有所变动，中国的各项中心性指标均呈明显上升趋势。

第四章

数字产业全球生产网络演进

本章基于 ADB-MRIO（2021）数据库，以 2000 年、2007—2020 年 63 个经济体第 14 个部门（ICT 产品）、第 27 个部门（ICT 服务）的国内增加值贸易数据为数据源。同时，基于 Wang 等（2018）对双边总出口分解的 WWZ 核算方法，分别选取 DVA-FIN（最终产品出口中的国内增加值）、DVA-INT（中间产品出口用于直接进口国加工后直接消费的国内增加值）、DVA-INTrex（中间产品通过进口国加工后再出口至第三经济体的国内增加值）与 RDV（返回并被本国吸收的国内增加值）之和三部分数据，从 ICT 产品和 ICT 服务两个维度分别构建数字产业传统贸易网络、简单价值链贸易网络和复杂价值链贸易网络。

参与 ICT 产业贸易的经济体间的贸易联系可以视为由多个节点和连边构成的贸易网络，以各经济体为行和列，以经济体间的贸易联系为元素，以产品和服务的出口流向为方向，构建 ICT 产业贸易联系邻接矩阵。同时，借鉴姚星等（2019）的研究，利用阈值法对矩阵进行二值化处理，具体方法是：首先逐年计算 2000 年、2007—2020 年各个矩阵的平均值，再对全部平均值进行平均，以最终得到的 6 个数值分别作为 6 个贸易网络的阈值，大于或等于该阈值的，元素取 1；小于该阈值的，元素取 0。

第一节　整体结构特征

一、数字制造业

（一）边数、网络密度

图 4-1 分别描述了 ICT 产品传统贸易、简单价值链贸易、复杂价值链贸易三个分网络边数的历年变化情况。总体来看，三个分网络的边数在 2000—2014 年的变化趋势基本保持一致。2000—2008 年，传统贸易、简单价值链贸

易、复杂价值链贸易三个分网络超过阈值的联系数分别从 271 条、239 条、245 条增长至 407 条、373 条、391 条，增长率分别达到 50.18%、56.07%、59.60%，全部增长至样本年份区间内的第二高点。在这一阶段，ICT 产品贸易规模得到了极速扩张，各经济体在 ICT 产品贸易三个分网络中的嵌入程度不断加深。受 2008 年金融危机的负面冲击，传统贸易、复杂价值链贸易网络的联系数大幅下滑，简单价值链贸易网络的联系数下滑幅度明显小于前两者，如图 4-1 所示。

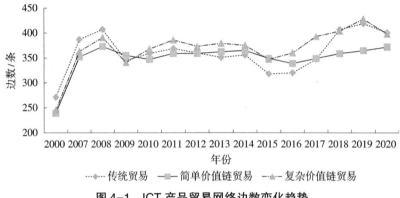

图 4-1　ICT 产品贸易网络边数变化趋势

数据来源：ADB-MRIO 数据库数据经 UCINET 软件计算所得。

2009 年后，复杂价值链贸易网络中超过阈值的联系数开始回升，并且总体开始高于其他两个分网络，说明 ICT 产品由传统贸易开始转向分工更加精细化的复杂价值链贸易，传统贸易受到的负面影响较大，恢复缓慢。2016—2019 年，三个分网络的贸易联系数有明显的增加，尤其是传统贸易，可能的原因是，新一轮的信息革命推动了 ICT 产业贸易的蓬勃发展，各经济体致力于加强数字基础设施建设，对 ICT 最终产品的需求有所增长。2020 年受新冠疫情影响，更加倾向于全球化的 ICT 产品复杂价值链贸易网络联系数下滑最为明显，而更加倾向于区域化的 ICT 产品简单价值链贸易网络联系数仍然保持小幅度的增长。

图 4-2 分别列出了 ICT 产品贸易三个分网络的密度变化情况。结果显示：三个分网络历年的密度介于 0.060~0.120 之间，整体呈波动上升趋势，表明各分网络中经济体间的贸易联系更加紧密，网络凝聚力增强。相比于之前的年份，2009 年有明显的下降，可能是金融危机对 ICT 中间产品和最终产品的出口有所冲击。2007—2020 年，传统贸易、简单价值链贸易、复杂价值链贸易网络的密度分别增长了 3.63%、5.08%、9.69%。复杂价值链贸易网络密度

的增长率显著高于另外两个分网络，说明不同经济体间 ICT 中间产品多次跨境贸易联系扩张明显，这与上述对该网络中边数的分析结果一致。

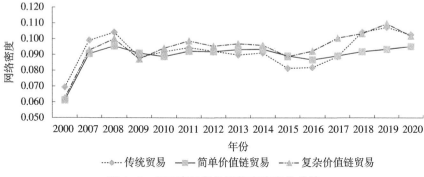

图 4-2　ICT 产品贸易网络密度变化趋势

数据来源：ADB-MRIO 数据库数据经 UCINET 软件计算所得。

为了更加直观地展示贸易网络的密度变化情况，同时剔除 2020 年新冠疫情对该网络的冲击和影响，分别选取 2000 年、2019 年两个年份呈现 ICT 产品复杂价值链贸易网络拓扑结构图，这两年的网络密度有较明显的区分，其对应的网络拓扑结构图也能反映整体网络密度的变化趋势。拓扑结构图中的方形节点代表参与 ICT 产品复杂价值链贸易的经济体，节点间的连边代表经济体间的贸易联系，箭头指向代表 ICT 中间产品贸易流向。

2000 年，ICT 产品复杂价值链贸易网络的参与节点较少，且整体上节点之间超过阈值的贸易联系较为稀疏，美国、英国、德国、中国等与其他经济体的联系较多。2019 年，参与节点数量和节点之间的连边明显增多，网络中连边较多的节点数量也大幅度增加，贸易联系更加紧密，贸易网络规模明显扩大，如图 4-3 所示。

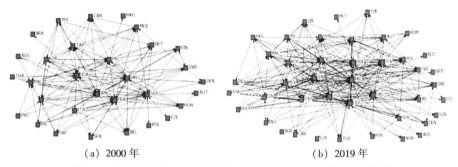

（a）2000 年　　　　　　　　　（b）2019 年

图 4-3　网络密度—ICT 产品复杂价值链贸易网络拓扑结构图

（二）聚类系数

ICT 产品贸易网络的聚类系数均较高，但在样本年份区间内整体呈下降趋势。具体来看，传统贸易网络的聚类系数呈波动下降趋势，从 2007 年的 0.750 下降至 2020 年的 0.695，说明 ICT 最终产品出口的经济体间形成集群的倾向降低。简单价值链贸易网络的聚类系数在 2016 年之前呈波动上升态势，2016 年之后又在波动中下降。复杂价值链贸易网络的聚类系数整体波动性较大，2009 年下跌明显，这表明 2008 年金融危机对该网络的聚集效应产生了负面影响，在此之后又大幅上升，表明各经济体倾向于选择增强与贸易伙伴的联系以减少金融危机的负面冲击，如图 4-4 所示。

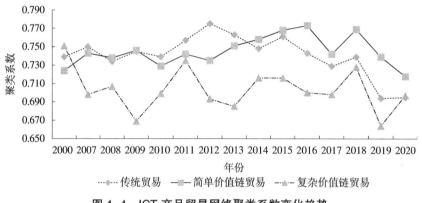

图 4-4　ICT 产品贸易网络聚类系数变化趋势

数据来源：ADB-MRIO 数据库数据经 UCINET 软件计算所得。

（三）平均路径长度

2000—2007 年，ICT 产品传统贸易网络的平均路径长度大幅度下降，这意味着 ICT 最终产品出口超过阈值的经济体增多，且这些经济体之间的联系更加紧密。2007—2020 年，ICT 产品传统贸易网络的平均路径长度从 1.856 增长至 1.870，复杂价值链贸易网络的平均路径长度从 1.854 增长至 1.903。两者整体波动不大，样本年份区间内的变化趋势基本一致，平均路径长度略有上升，表明随着各经济体间 ICT 最终产品贸易以及多次跨境的中间产品贸易的不断深化，经济体之间的技术竞争不断加强，甚至呈现相互封锁与打压的态势，比如 2019 年，为了规避中美贸易摩擦的影响，中国的 ICT 产品制造业逐渐向东盟转移，这无疑会加大中美之间 ICT 产品贸易的平均路径长度。ICT 产品简单价值链贸易网络的平均路径长度在 2012—2017 年连续下降，说明随着时间的推移，该网络中各经济体之间开展简单价值链分工合作的"距离"逐渐减小，相互之间的贸易往来通达性得到提高。值得注意的是，三个分网络的平均路径长度在 2008 年后的 1~2 年均大幅度加大，这表示 2008 年金融危机引致的逆全球化浪潮愈演愈烈，各经济体都更谨慎地选择贸易伙伴，ICT 最终产品和中间产品贸易的效率降低，但也只是短期影响，如图 4-5 所示。

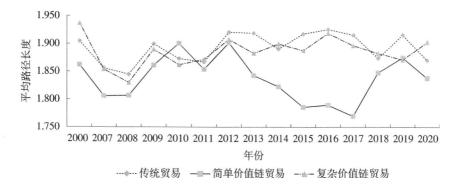

图 4-5　ICT 产品贸易网络平均路径长度变化趋势

数据来源：ADB-MRIO 数据库数据经 UCINET 软件计算所得。

（四）互惠系数

历年 ICT 产品贸易三个分网络均表现出一定的互惠性特征，传统贸易、简单价值链贸易、复杂价值链贸易网络的互惠系数均值分别为 0.465、0.463、0.461。具体而言，传统贸易网络的互惠系数在 2007—2020 年呈波动上升态势，从 0.439 增长至 0.474，增长了 7.97%，说明传统贸易网络中的经济体更倾向于建立互惠贸易联系，即两经济体互为 ICT 最终产品的进出口经济体。在一定程度上，这表明贸易双方的信任度较高，彼此间的贸易稳定性较强。简单价值链贸易网络的互惠系数在 2000—2020 年呈现先下降后上升再下降的趋势，在简单价值链贸易中，中间产品出口后被进口经济体加工成最终产品并直接消费掉，在一定程度上会受到进口经济体需求的影响。2008 年金融危机爆发后，多数经济体经济萧条、贸易量萎缩，ICT 中间产品的互惠贸易也随之减少，之后随着经济逐渐复苏，也基于产品的互补性考虑，经济体间倾向于建立双向的简单价值链贸易联系，因此互惠系数在 2010—2013 年大幅上升。复杂价值链贸易网络的互惠系数在 2000—2019 年呈波动下降趋势，可能的原因是，在 ICT 产品复杂价值链贸易中，ICT 中间产品需要跨境多次经不同的经济体加工生产再出口，链条进一步加长，互惠性随之下降，如图 4-6 所示。

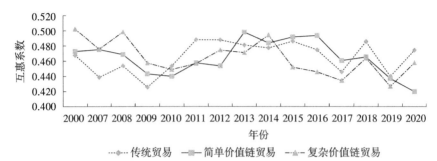

图4-6 ICT产品贸易网络互惠系数变化趋势

数据来源：ADB-MRIO数据库数据经UCINET软件计算所得。

近年来，特别是2017—2019年，传统贸易互惠性>简单价值链贸易互惠性>复杂价值链贸易互惠性，说明受地缘政治不确定性、气候变化和新冠疫情的影响，全球多次跨境生产的复杂价值链贸易与一次跨境生产的简单价值链贸易相对收缩，而基于完全国（地区）内生产的传统贸易不断增加，不同经济体之间的传统贸易双向联系也更加紧密。

为了更加直观地展示贸易网络的互惠性变化情况，本书以可视化的网络拓扑结构图展示了2000年、2019年ICT产品简单价值链贸易网络的节点间互惠情况，图中方形节点代表参与ICT产品简单价值链贸易的经济体，粗线代表两经济体之间是双向的贸易联系，细线则代表单向的贸易联系，可以明显地看到，2000年网络中互惠边的稠密程度低于2019年，如图4-7所示。

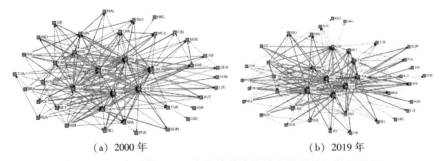

（a）2000年　　　　　　　　（b）2019年

图4-7 互惠系数—ICT产品简单价值链贸易网络拓扑结构图

（五）"核心—半边缘—边缘"结构

2000—2020年，ICT产品贸易三个分网络均明显呈现出以少数经济体处于核心区和半边缘区、大部分经济体处于边缘区的"核心—半边缘—边缘"结构特征。具体来看，与2007年相比，传统贸易网络的核心经济体数量在

2013 年有所减少，2020 年全球新冠疫情蔓延，核心经济体数量进一步减少。核心经济体的格局也有一定的变化，2000 年呈现出以德国为绝对核心，日本、美国等经济体随后的格局。从 2007 年开始，中国居于绝对核心位置，传统贸易网络转变为由中国、德国、美国三方共同主导，如表 4-1 所示。

表 4-1　ICT 产品传统贸易网络"核心—半边缘—边缘"结构

经济体类别	2000 年	2007 年	2013 年	2020 年
核心	德国、日本、美国、英国、中国、法国、韩国、新加坡、瑞典、中国台湾、芬兰、瑞士、意大利	中国、德国、美国、日本、韩国、英国、法国、意大利、中国台湾、瑞典、荷兰、芬兰、瑞士、新加坡	中国、德国、韩国、美国、日本、法国、英国、瑞士、新加坡、意大利、中国台湾、印度尼西亚	中国、美国、德国、日本、瑞士、韩国、英国、中国台湾、新加坡、爱尔兰
半边缘	爱尔兰、荷兰、马来西亚、西班牙、比利时、土耳其、印度尼西亚、匈牙利、加拿大、丹麦、菲律宾、墨西哥	匈牙利、爱尔兰、西班牙、捷克、波兰、印度尼西亚、比利时、土耳其、丹麦、斯洛伐克、奥地利、墨西哥、菲律宾、罗马尼亚、加拿大	瑞典、墨西哥、波兰、菲律宾、奥地利、荷兰、芬兰、马来西亚、捷克、土耳其、加拿大、爱尔兰、西班牙、比利时、匈牙利、印度、丹麦、斯洛伐克	捷克、意大利、法国、马来西亚、波兰、荷兰、越南、墨西哥、奥地利、丹麦、匈牙利、菲律宾、印度、印度尼西亚、瑞典、西班牙、泰国

数据来源：ADB-MRIO 数据库数据经 UCINET 软件计算所得。

ICT 产品简单价值链贸易网络、复杂价值链贸易网络的核心经济体数量与传统贸易网络变化趋势基本一致，半边缘经济体的数量在 2000—2013 年有一定的增长，2013—2020 年则较为稳定。中国的核心度逐渐上升至网络中所有经济体的首位，与德国、美国长期占据核心经济体的前列，英国、法国等欧洲发达经济体的核心度排名则呈下降趋势，如表 4-2 所示。

表 4-2　ICT 产品简单价值链贸易网络"核心—半边缘—边缘"结构

经济体类别	2000 年	2007 年	2013 年	2020 年
核心	日本、美国、德国、法国、新加坡、英国、中国台湾、韩国、中国、瑞士、马来西亚、荷兰	德国、中国、美国、日本、法国、中国台湾、韩国、英国、意大利、瑞典、瑞士、新加坡、芬兰	中国、德国、美国、日本、韩国、法国、中国台湾、英国、新加坡、瑞士、意大利	中国、美国、德国、韩国、日本、中国台湾、新加坡、马来西亚、法国、意大利、英国

续表

经济体类别	2000 年	2007 年	2013 年	2020 年
半边缘	瑞典、意大利、爱尔兰、芬兰、比利时、菲律宾、西班牙、加拿大、印度尼西亚、墨西哥、巴西	菲律宾、爱尔兰、西班牙、加拿大、比利时、奥地利、波兰、印度尼西亚、捷克、马来西亚、丹麦、罗马尼亚、墨西哥、葡萄牙、挪威	瑞典、荷兰、奥地利、西班牙、印度尼西亚、菲律宾、越南、印度、马来西亚、比利时、捷克、波兰、挪威、罗马尼亚、墨西哥、芬兰、丹麦、加拿大、爱尔兰	波兰、爱尔兰、西班牙、瑞士、菲律宾、墨西哥、捷克、匈牙利、奥地利、泰国、越南、印度、土耳其、荷兰、罗马尼亚、印度尼西亚、瑞典、葡萄牙、加拿大

数据来源：ADB-MRIO 数据库数据经 UCINET 软件计算所得。

从三个分网络核心经济体的地理分布来看，除中国外，主要是德国、英国、美国、日本、韩国等发达经济体和菲律宾等东南亚国家（地区）。其中，德国、美国、日本等凭借其技术优势在 ICT 最终产品和中间产品贸易中占据优势地位，许多经济体的国家（地区）内市场在 ICT 最终产品和中间产品上对这些核心发达经济体依赖度较高，同时，这些核心经济体的核心零部件、半成品等中间产品经多次跨境出口后被加工成最终产品；另一部分则是东南亚国家（地区），如菲律宾、印度尼西亚、马来西亚等，其投资环境较为宽松、劳动力充足且成本较低，且母语为英语，不存在语言障碍，这些优势促使多家 ICT 知名企业到此投资建厂，如韩国三星电机、日本村田电子、美国德州仪器等，因此能够承接大量的中间产品加工组装环节并进行出口，如表4-3 所示。

表 4-3　ICT 产品复杂价值链贸易网络"核心—半边缘—边缘"结构

经济体类别	2000 年	2007 年	2013 年	2020 年
核心	美国、德国、日本、法国、韩国、中国台湾、中国、新加坡、英国、马来西亚、菲律宾	德国、中国、日本、美国、法国、韩国、中国台湾、英国、新加坡、菲律宾、意大利、瑞士、荷兰	中国、德国、美国、日本、韩国、瑞士、法国、中国台湾、英国、新加坡、意大利	中国、德国、美国、韩国、日本、中国台湾、意大利、新加坡、法国、马来西亚、菲律宾、英国

续表

经济体类别	2000 年	2007 年	2013 年	2020 年
半边缘	瑞士、意大利、爱尔兰、荷兰、比利时、西班牙、瑞典、加拿大、印度尼西亚、墨西哥	加拿大、爱尔兰、马来西亚、瑞典、印度尼西亚、西班牙、波兰、芬兰、比利时、捷克、墨西哥、丹麦、奥地利	菲律宾、马来西亚、荷兰、越南、波兰、捷克、瑞典、西班牙、比利时、加拿大、印度尼西亚、土耳其、印度、芬兰、奥地利、爱尔兰	爱尔兰、捷克、波兰、瑞士、越南、荷兰、奥地利、印度、西班牙、泰国、墨西哥、罗马尼亚、印度尼西亚、土耳其

数据来源：ADB-MRIO 数据库数据经 UCINET 软件计算所得。

二、数字服务业

（一）边数、网络密度

图 4-8 分别描述了 ICT 服务传统贸易、简单价值链贸易、复杂价值链贸易网络边数的历年变化情况。总的来看，三个分网络的贸易联系数除在 2008—2010 年、2019—2020 年受金融危机和新冠疫情影响有所下降外，整体呈波动上升趋势。与 ICT 产品贸易网络的贸易联系数变化相同的是，ICT 服务贸易各分网络的两个高增长时间段也是 2000—2008 年、2016—2019 年。可能的原因是：一方面，ICT 服务贸易会内嵌于 ICT 产品贸易中进行；另一方面，近年来，各国致力于数字化转型，数字技术（包括 ICT 产品和 ICT 服务）得以大幅度发展应用。从具体的数值来看，ICT 服务贸易规模的扩张速度要高于 ICT 产品。ICT 服务贸易三个分网络的贸易联系数在 2000 年均只有 200 条左右，2019 年均已超过 550 条。其中，ICT 服务复杂价值链贸易分网络的贸易联系数增势最为显著。

图 4-9 所示为 ICT 服务贸易三个分网络的密度。总体来看，网络密度分布在 0.04~0.16 之间，且半数高于 0.10。2015—2019 年，三个分网络的密度数值均连续上升，网络凝聚力逐渐增强。2020 年网络密度均明显下降，表明新冠疫情对 ICT 服务贸易的影响较大，尤其是复杂价值链贸易网络，其密度较 2019 年下降了 12.54%，说明其更加容易受到国际环境的影响和冲击。相较于 ICT 产品贸易网络，ICT 服务贸易网络更加稠密，说明各经济体间 ICT 服务的贸易联系更加紧密。

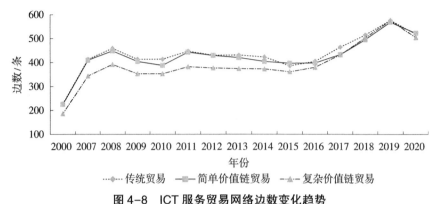

图 4-8 ICT 服务贸易网络边数变化趋势

数据来源：ADB-MRIO 数据库数据经 UCINET 软件计算所得。

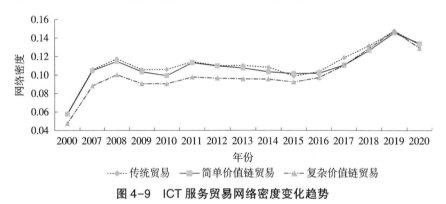

图 4-9 ICT 服务贸易网络密度变化趋势

数据来源：ADB-MRIO 数据库数据经 UCINET 软件计算所得。

为了更加直观地展示 ICT 服务贸易网络各年度的密度变化情况，同时剔除新冠疫情的影响，本书分别选取 2000 年、2019 年两个年份呈现 ICT 服务复杂价值链贸易网络拓扑结构图。两年间网络密度有较明显的区别，其对应的网络拓扑结构图也能够反映整体网络密度的变化趋势。拓扑结构图中的方形节点代表参与 ICT 服务复杂价值链贸易的经济体，节点间的连接边代表经济体间的贸易联系，箭头指向代表 ICT 中间服务流向。

2000 年，ICT 服务复杂价值链贸易网络的参与节点较少，并且仅美国、德国、英国等与其他经济体的连接边数较多，网络中的联系整体较为稀疏。2019 年，网络中的节点和连接边数都大幅度增加，节点之间的贸易联系较为活跃，网络联系明显更加紧密，如图 4-10 所示。

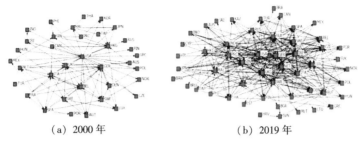

（a）2000 年　　　　　　　　（b）2019 年

图 4-10　网络密度—ICT 服务复杂价值链贸易网络拓扑结构图

（二）聚类系数

ICT 服务贸易三个分网络的聚类系数变化趋势基本一致，值得注意的是，2015 年之后，三者均强势上涨，其中复杂价值链贸易网络的聚类系数在 2015—2018 年的增长率高达 41.53%，意味着多次跨境的 ICT 中间服务出口经济体之间的贸易联系更加聚集，更倾向于形成集团现象，ICT 服务复杂价值链贸易网络呈现多数经济体参与、少数经济体主导的格局，如图 4-11 所示。

图 4-11　ICT 服务贸易网络聚类系数变化趋势

数据来源：ADB-MRIO 数据库数据经 UCINET 软件计算所得。

（三）平均路径长度

与 ICT 产品贸易网络相似的是，ICT 服务贸易三个分网络的平均路径长度也在 2008 年受到金融危机的负面影响而大幅度上升，各经济体间的信息传递效率明显降低。由图 4-12 可知，2008—2016 年，ICT 传统贸易网络和简单价值链贸易网络的平均路径长度总体呈上升趋势，可能的原因是，金融危机后，贸易保护主义抬头，各经济体在进行 ICT 最终服务和中间服务出口时，贸易便利性的降低使出口经济体能够选择的贸易伙伴更少，因此平均路径长度增加；复杂价值链贸易网络的平均路径长度在该年份区间内呈先增加后减小的趋势，复杂价值链贸易涉及的服务多为知识密集型服务，发达经济体占据出口的主动权，因此当这些经济体的经济恢复后，中间服务得以出口并被进口经济体加工后再出口，复杂价值链贸易的效率逐步上升，表现为平均路径长度的下降。2016—2019 年，ICT 服务贸易三个分网络的平均路径长度均大幅度下降。近年来，以 ICT 服务为依托的数字服务贸易成为各经济体角力的主战场，ICT 服务贸易的通达性明显提高。2020 年，新冠疫情的蔓延致使不同经济体间 ICT 最终服务和中间服务的贸易效率降低，不论是传统贸易网络，还是简单价值链贸易、复杂价值链贸易网络，该年的平均路径长度均有所增加。

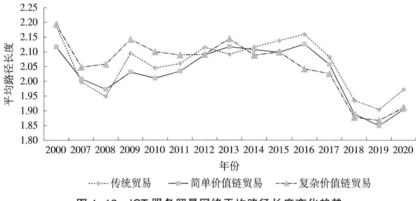

图 4-12　ICT 服务贸易网络平均路径长度变化趋势
数据来源：ADB-MRIO 数据库数据经 UCINET 软件计算所得。

另外，就历年平均路径长度的具体数值来看，ICT 产品贸易三个分网络整体在 1.75~1.95 之间，而 ICT 服务贸易三个分网络在 1.80~2.15 之间，后者信息传递的效率略低于前者，但近两年两者之间的差距不断缩小。这说明随着近年来服务贸易壁垒的不断降低，各经济体的数字服务化水平不断提升，ICT 服务贸易自由化、便利化程度也在不断提升，ICT 服务贸易网络平均路径长度减小得更快。

（四）互惠系数

ICT 服务贸易三个分网络的互惠性特征均较为显著，历年的互惠系数呈"U"形变化趋势，均是先减小后增加，整体虽有小幅波动但呈较为稳定的态势。2008—2013 年，受金融危机的影响，各经济体间的 ICT 服务贸易联系出现部分断裂，仅保留了一些稳定性较高的伙伴之间的贸易联系。金融危机过后，全球经济贸易逐步复苏，区域性贸易协定密集签署，贸易便利化程度提高，各经济体间更倾向于建立区域与双边的贸易联系。但受中美贸易摩擦和新冠疫情的影响，2018—2020年三个分网络的互惠系数增速放缓或出现下降，而且复杂价值链贸易网络的互惠系数最低，与ICT产品贸易网络的互惠性表现出类似的特征，如图4-13所示。

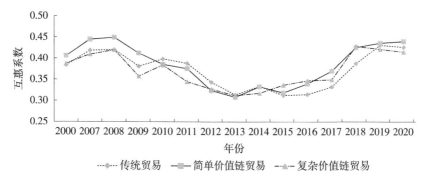

图4-13　ICT服务贸易网络互惠系数变化趋势

数据来源：ADB-MRIO数据库数据经UCINET软件计算所得。

（五）"核心—半边缘—边缘"结构

ICT服务贸易三个分网络均呈现明显的"核心—半边缘—边缘"结构特征，与ICT产品贸易网络分析结果相似：少数经济体处于网络的核心区和半边缘区，多数经济体处于边缘区。在传统贸易网络中，核心经济体的数量在2000—2007年、2013—2020年均比较稳定，在2007—2013年有一定增长，欧美发达经济体长时间占据核心区域。从2000年开始，中国从边缘经济体上升至半边缘经济体，到2020年进入前十名，成为核心经济体，说明中国ICT最终服务的出口竞争力在不断增强，如表4-4所示。

表4-4　ICT服务传统贸易网络"核心—半边缘—边缘"结构

经济体类别	2000年	2007年	2013年	2020年
核心	美国、德国、意大利、英国、荷兰、比利时、法国、西班牙、瑞士、奥地利	美国、德国、英国、意大利、荷兰、加拿大、法国、西班牙、比利时、瑞士	美国、意大利、英国、德国、加拿大、比利时、中国香港、瑞士、法国、西班牙、瑞典、荷兰	英国、爱尔兰、德国、美国、瑞典、荷兰、法国、印度、瑞士、中国、西班牙、意大利

续表

经济体类别	2000 年	2007 年	2013 年	2020 年
半边缘	加拿大、卢森堡、中国香港、丹麦、爱尔兰、捷克、葡萄牙、瑞典、澳大利亚、波兰、罗马尼亚、希腊、俄罗斯	中国香港、丹麦、卢森堡、罗马尼亚、瑞典、波兰、奥地利、印度、葡萄牙、俄罗斯、捷克、匈牙利、中国、爱尔兰、澳大利亚、挪威、克罗地亚、日本、马来西亚	卢森堡、斯洛伐克、印度、中国、捷克、泰国、俄罗斯、爱尔兰、罗马尼亚、奥地利、挪威、丹麦、波兰、印度尼西亚、澳大利亚、匈牙利、马来西亚、斯洛文尼亚、葡萄牙	比利时、芬兰、波兰、丹麦、日本、卢森堡、挪威、加拿大、奥地利、罗马尼亚、俄罗斯、菲律宾、中国香港、韩国、澳大利亚、捷克、希腊、匈牙利、葡萄牙

数据来源：ADB-MRIO 数据库数据经 UCINET 软件计算所得。

在简单价值链贸易网络中，核心经济体数量逐步上升，半边缘经济体数量在 2000—2013 年稳步增加，受新冠疫情的影响，相比于 2013 年，2020 年的数量小幅度下降。中国在 2020 年排名第八位，高于在传统贸易网络中的第十位，说明中国在仅跨境一次的 ICT 中间服务贸易中的影响力更强。印度在该网络中的排名和中国不相上下，得益于印度在软件领域有较为丰富的积累，其国内大量从事 ICT 中间服务，如系统集成类软件的加工等，如表 4-5 所示。

表 4-5　ICT 服务简单价值链贸易网络"核心—半边缘—边缘"结构

经济体类别	2000 年	2007 年	2013 年	2020 年
核心	美国、意大利、德国、英国、荷兰、西班牙、比利时、法国、瑞士	美国、英国、意大利、荷兰、德国、西班牙、法国、加拿大、比利时、瑞士、卢森堡、瑞典	美国、英国、意大利、德国、泰国、比利时、加拿大、法国、西班牙、瑞士、荷兰、中国香港	英国、美国、爱尔兰、德国、荷兰、瑞典、印度、中国、法国、瑞士、西班牙、意大利、比利时
半边缘	中国香港、加拿大、奥地利、爱尔兰、丹麦、卢森堡、捷克、葡萄牙、泰国、瑞典、波兰、希腊、俄罗斯、日本、中国、新加坡	罗马尼亚、奥地利、波兰、丹麦、中国香港、俄罗斯、马来西亚、印度、泰国、中国、葡萄牙、匈牙利、捷克、爱尔兰、菲律宾、澳大利亚、挪威、日本	斯洛伐克、瑞典、卢森堡、印度、中国、马来西亚、俄罗斯、波兰、罗马尼亚、爱尔兰、奥地利、挪威、菲律宾、捷克、印度尼西亚、澳大利亚、匈牙利、丹麦、葡萄牙	芬兰、波兰、日本、俄罗斯、澳大利亚、罗马尼亚、菲律宾、奥地利、加拿大、韩国、丹麦、挪威、马来西亚、新加坡、中国香港、卢森堡、捷克、匈牙利、希腊

数据来源：ADB-MRIO 数据库数据经 UCINET 软件计算所得。

如表 4-6 所示，在复杂价值链贸易网络中，核心和半边缘经济体的数量在 2000—2007 年大幅度增加，在 2007—2020 年较为稳定。与传统贸易、简单价值链贸易网络相同的是，核心经济体格局依然以欧美发达经济体为主，2020 年中国和印度进入核心经济体行列，说明中印两国在多次跨境的 ICT 中间服务贸易中的影响力有所增强。

表 4-6　ICT 服务复杂价值链贸易网络"核心—半边缘—边缘"结构

经济体类别	2000 年	2007 年	2013 年	2020 年
核心	美国、德国、意大利、英国、比利时、荷兰、西班牙、法国、瑞士	美国、德国、英国、意大利、荷兰、法国、西班牙、加拿大、比利时、瑞士、俄罗斯、波兰、罗马尼亚	美国、意大利、英国、德国、加拿大、比利时、法国、泰国、中国香港、荷兰、西班牙、瑞典	英国、美国、德国、爱尔兰、荷兰、印度、瑞典、中国、瑞士、法国、意大利、西班牙、比利时
半边缘	奥地利、加拿大、卢森堡、瑞典、波兰、丹麦、澳大利亚、爱尔兰、中国香港、挪威	卢森堡、奥地利、瑞典、中国、印度、中国香港、丹麦、泰国、葡萄牙、马来西亚、捷克、匈牙利、爱尔兰、挪威、菲律宾、澳大利亚、日本、希腊	瑞士、斯洛伐克、卢森堡、丹麦、印度、挪威、菲律宾、奥地利、波兰、爱尔兰、罗马尼亚、马来西亚、中国、捷克、葡萄牙、俄罗斯、匈牙利、印度尼西亚	波兰、芬兰、日本、罗马尼亚、加拿大、卢森堡、挪威、奥地利、俄罗斯、韩国、丹麦、中国香港、新加坡、澳大利亚、匈牙利、希腊、葡萄牙、菲律宾

数据来源：ADB-MRIO 数据库数据经 UCINET 软件计算所得。

在 ICT 服务贸易三个分网络中，除中国、印度外，核心经济体大多为欧美发达经济体。在半边缘经济体中，欧美经济体也占大多数，说明整体上亚洲区域的经济体在 ICT 服务贸易网络中的影响力和控制力相对较弱。

第二节　局部结构特征

一、数字制造业

（一）传统贸易网络

ICT 产品传统贸易网络的块模型分析结果如表 4-7 所示。从板块构成来看，2000 年，印度、菲律宾和德国、美国、中国等经济体分别位于内外部联系均较紧密的双向溢出板块 1 和板块 2，丹麦和芬兰位于外部联系较多的主溢出板块，俄罗斯和葡萄牙则位于经纪人板块。2010 年，韩国、中国台湾等加入板块 1；板块 2 的角色转变为经纪人，主要经济体依然是俄罗斯和葡萄牙；板块 3 是主溢出板块，表明其更多地向其他板块出口超过阈值的 ICT 最终产品；板块 4 是以美国、德国、中国等为主的双向溢出板块，这些经济体不仅倾向于板块内部互相出口 ICT 最终产品，而且与其他板块的最终产品出口贸易联系也较多。2020 年，在 2010 年双向溢出板块包含经济体的基础上，日本、中国也加入进来，受新冠疫情的影响，亚洲国家（地区）内部的 ICT 最终产品贸易联系逐渐紧密；板块 2 是以德国、美国等为主的双向溢出板块；板块 3 和板块 4 的角色均转变为经纪人，分别包含泰国和俄罗斯等国。

表 4-7 ICT 产品传统贸易网络各年份块模型分析结果

年份	贸易板块	包含经济体	板块角色
2000	板块 1	印度、马来西亚、菲律宾	双向溢出
	板块 2	德国、美国、中国、日本、英国、韩国、中国台湾	双向溢出
	板块 3	丹麦、芬兰	主溢出
	板块 4	俄罗斯、葡萄牙	经纪人
2010	板块 1	印度、马来西亚、菲律宾、韩国、中国台湾	双向溢出
	板块 2	俄罗斯、葡萄牙	经纪人
	板块 3	爱尔兰、芬兰、荷兰	主溢出
	板块 4	美国、德国、中国、日本、英国	双向溢出
2020	板块 1	日本、中国台湾、印度、中国、韩国	双向溢出
	板块 2	德国、美国、英国、法国	双向溢出
	板块 3	泰国、老挝、尼泊尔	经纪人
	板块 4	俄罗斯、芬兰	经纪人

数据来源：ADB-MRIO 数据库数据经 UCINET 软件计算所得。

总体来看，德国、美国、英国等始终位于双向溢出板块，这些经济体在 ICT 产品的研发、生产上具有较大优势，且彼此间水平相当，因此在 ICT 最终产品贸易中较为活跃。中国、日本、韩国及中国台湾等虽然一直在双向溢出板块，但与印度、马来西亚等同在亚洲的经济体贸易联系逐渐增多。俄罗斯等资源型经济体则始终表现得不活跃，不管是板块内部，还是对其他板块的 ICT 最终产品出口联系都较少。

2000 年，板块 2 向板块 3 发出较多贸易联系，板块 3 同时向所有板块发出较多贸易联系，板块 4 除与自身内部经济体间贸易联系较紧密外，同时向板块 3 发出较多贸易联系，板块间存在一定的"富人俱乐部"效应。2010 年，板块 1 内部联系较为紧密，且向板块 4 发出较多贸易联系，板块 3 也向板块 4 发出较多贸易联系，板块 4 内部联系较紧密，且向板块 1~3 均发出较多贸易联系。2020 年，板块 1 向板块 2、板块 4 均发出较多贸易联系，且其内部贸易联系较紧密，板块 2 同板块 1 类似，内部贸易联系较多，如图 4-14 所示。

板块	1	2	3	4
1	0	0	0	0
2	0	0	1	0
3	1	1	1	1
4	0	0	1	1

（a）2000 年

板块	1	2	3	4
1	1	0	0	1
2	0	0	0	0
3	0	0	0	1
4	1	1	1	1

（b）2010 年

板块	1	2	3	4
1	1	1	0	1
2	1	1	0	1
3	0	0	0	0
4	0	0	0	0

（c）2020 年

图 4-14　ICT 产品传统贸易网络各年份像矩阵

数据来源：整理 UCINET 软件计算结果所得。

综上，以德国、美国为主的板块几乎与所有板块都有贸易联系，在 ICT 最终产品贸易中占据强势地位，并且该板块在 2000—2010 年接收到的贸易联系主要来自以印度、马来西亚等经济体为主的板块，说明印度、马来西亚所在板块经济体是德国、美国所在板块经济体的 ICT 最终产品的主要供给源。2020 年，中国、日本加入以印度等经济体为主的板块，其发出的贸易联系明显增多，说明中国、日本的加入增加了该板块的贸易影响力，但是该板块接收到的贸易联系始终来自德国、美国等经济体所在板块。

（二）简单价值链贸易网络

简单价值链贸易网络中各板块的经济体变动不大，德国、美国、日本、中国、韩国始终位于双向溢出板块，板块内部各经济体间互相出口 ICT 中间产品，且与其他三个板块的 ICT 中间产品出口贸易联系也较多。印度尼西亚、菲律宾、马来西亚这三个东南亚国家始终位于主溢出板块，且其只和德国、中国、美国等所在的板块有贸易联系。这些东南亚国家劳动力充裕且成本较低，因此得到很多欧美知名 ICT 企业的青睐，承接了大量的中间产品加工环节，并将中间产品再出口至欧美与中国、日本、韩国等经济体，经其加工成最终产品后直接消费掉。相比于 ICT 产品传统贸易网络中该板块的角色，印度尼西亚、菲律宾等国的板块内部联系不够紧密，彼此之间一次跨境的 ICT

中间产品贸易联系也较少。英国、法国在 2020 年加入以瑞士等欧洲经济体为主的双向溢出板块，可能受多国疫情封控的影响，产品运输至邻近周边经济体的效率相对较高，因此 ICT 中间产品出口贸易联系更加密切，而与德国、美国等所在板块原有的内部贸易联系转变为板块间的外部联系。ICT 产品简单价值链贸易网络的块模型分析结果如表 4-8 所示，各年份像矩阵如图 4-15 所示。

表 4-8　ICT 产品简单价值链贸易网络各年份块模型分析结果

年份	贸易板块	包含经济体	板块角色
2000	板块 1	马来西亚、菲律宾、印度尼西亚	主溢出
	板块 2	德国、美国、中国、日本、英国、韩国	双向溢出
	板块 3	波兰、土耳其	经纪人
	板块 4	印度、丹麦	主溢出
2010	板块 1	马来西亚、菲律宾、印度尼西亚	主溢出
	板块 2	德国、日本、中国、美国、韩国、中国台湾	双向溢出
	板块 3	波兰、土耳其、瑞士	主溢出
	板块 4	俄罗斯、葡萄牙	经纪人
2020	板块 1	马来西亚、菲律宾、印度尼西亚	主溢出
	板块 2	德国、美国、中国台湾、日本、韩国、中国	双向溢出
	板块 3	英国、法国、意大利、瑞士	双向溢出
	板块 4	俄罗斯、尼泊尔	经纪人

数据来源：ADB-MRIO 数据库数据经 UCINET 软件计算所得。

板块	1	2	3	4
1	0	1	0	0
2	1	1	1	1
3	0	0	0	0
4	0	1	0	0

（a）2000 年

板块	1	2	3	4
1	0	1	0	0
2	1	1	1	1
3	0	1	0	0
4	0	0	0	0

（b）2010 年

板块	1	2	3	4
1	0	1	0	0
2	1	1	1	1
3	0	1	1	0
4	0	0	0	0

（c）2020 年

图 4-15　ICT 产品简单价值链贸易网络各年份像矩阵

数据来源：整理 UCINET 软件计算结果所得。

（三）复杂价值链贸易网络

2000 年，板块 1 为主溢出板块，主要包含印度尼西亚、泰国、巴西，该板块仅与德国、中国、美国等所在的板块 2 有超过密度均值的贸易联系，既向板块 2 发出贸易联系，同时也接收板块 2 的贸易联系；板块 2 为双向溢出板块，包括德国、中国、英国、美国等经济体，内部贸易联系较为紧密，与板块 1、板块 3 的贸易联系也比较密切；板块 4 是由瑞典、瑞士、荷兰等欧洲国家组成的主溢出板块，主要向板块 2 发出贸易联系。可以得出：板块 2 中的发达经济体位于 ICT 制造业的上游，出口中间产品到劳动力成本低廉的菲律宾等经济体进行加工，形成了板块内的价值链；同时，出口 ICT 中间产品到板块 1 的经济体进行加工，之后又将中间产品返回板块 2，形成了板块间的复杂价值链贸易联系。ICT 产品复杂价值链贸易网络的块模型分析结果如表 4-9 所示，像矩阵如图 4-16 所示。

表 4-9　ICT 产品复杂价值链贸易网络各年份块模型分析结果

年份	贸易板块	包含经济体	板块角色
2000	板块 1	印度尼西亚、泰国、巴西	主溢出
	板块 2	德国、中国、英国、美国、韩国、菲律宾、马来西亚	双向溢出
	板块 3	丹麦、波兰	经纪人
	板块 4	瑞典、瑞士、荷兰、爱尔兰	主溢出
2010	板块 1	印度尼西亚、马来西亚、巴西、泰国、菲律宾	主溢出
	板块 2	德国、美国、英国、日本、中国、韩国、瑞士	双向溢出
	板块 3	丹麦、挪威	经纪人
	板块 4	俄罗斯、葡萄牙	经纪人
2020	板块 1	巴西、俄罗斯、希腊	经纪人
	板块 2	丹麦、葡萄牙	主溢出
	板块 3	德国、英国、中国、意大利、法国、荷兰	双向溢出
	板块 4	美国、日本、韩国、菲律宾、印度、印度尼西亚、泰国	双向溢出

数据来源：ADB-MRIO 数据库数据经 UCINET 软件计算所得。

板块	1	2	3	4
1	0	1	0	0
2	1	1	1	0
3	0	0	0	0
4	0	1	0	1

（a）2000 年

板块	1	2	3	4
1	0	1	1	0
2	1	1	1	1
3	0	0	0	0
4	0	0	0	0

（b）2010 年

板块	1	2	3	4
1	0	0	0	0
2	0	0	1	0
3	1	1	1	1
4	0	0	1	1

（c）2020 年

图 4-16　ICT 产品复杂价值链贸易网络各年份像矩阵

数据来源：整理 UCINET 软件计算结果所得。

2010 年，菲律宾、马来西亚加入板块 1，形成更明显的东南亚集群，向板块 2、板块 3 均发出贸易联系，板块间的贸易联系增多。瑞士等欧洲经济体加入板块 2，与其他板块均建立了多次跨境的 ICT 中间产品出口贸易联系。板块 3 接收板块 2、板块 1 的贸易联系，且内部贸易联系较为稀疏。

2020 年，板块 1 为经纪人板块，主要由在 2010 年位于板块 1 和板块 4 的经济体组成，其中巴西可能是受国内政治和经济危机的影响，ICT 中间产品贸易参与度有所下降。板块 2 由 2010 年的板块 3 和板块 4 中的部分经济体组成，板块 3 和板块 4 中的经济体格局变化也较大，板块 3 以欧洲国家和中国为主，板块 4 以美国、日本、韩国和东南亚国家为主，这两个板块各自的内部贸易联系均较紧密，但板块 3 向所有板块都发出了贸易联系，同时接收板块 2、板块 4 的贸易联系，说明板块 3 中的经济体在 ICT 中间产品多次跨境贸易上，贸易范围更广，参与程度更深。板块 4 仅与板块 3 有贸易联系，这在一定程度上说明板块内部的复杂价值链分工更为细化。

二、数字服务业

（一）传统贸易网络

ICT 服务传统贸易网络的块模型分析结果如表 4-10 所示，像矩阵如图 4-17 所示。对比可知，相对于 ICT 产品传统贸易网络，ICT 服务传统贸易网络的板块组成经济体变化较大。具体来说，2000 年，以德国、美国、瑞士为主的经济体位于双向溢出板块，不仅板块内部形成了紧密的 ICT 最终服务贸易联系，而且与板块 1 建立了大量超过阈值的 ICT 最终服务出口贸易联系。板块 1 中的主要国家有中国、印度、爱尔兰、加拿大等，主要分布在欧洲、北美洲、亚洲地区，因此其内部贸易联系较为松散，但是其向板块 2 发出较多的 ICT 最终服务贸易联系。东南亚国家群体虽然在 ICT 产品传统贸易网络中比较活跃，但在 ICT 最终服务出口贸易网络中的影响力有所下降。

2010 年，各板块的组成经济体都有较大变化。美国、中国香港等加入主溢出板块，向板块 2、板块 3 出口 ICT 最终服务，但是这些经济体内部的贸易联系并不紧密。德国、英国依然处于双向溢出板块，该板块内部经济体之间的贸易联系较为紧密，并且向其他所有板块出口 ICT 最终服务。中国、印度等则从原来的主溢出板块加入主受益板块，这些经济体的内部联系较多，但是其发出的贸易联系要少于接收到的贸易联系，即整体上 ICT 最终服务的出口联系数小于进口。法国、意大利等转移到新的双向溢出板块，该板块对外发出的贸易联系与接收到的贸易联系都是三条，但是其中两条是单方向的，即板块3仅向板块4发出贸易联系，板块1仅接收板块4的贸易联系。

2020年，德国、美国、中国、法国等经济体则集中于双向溢出的板块1，说明这些经济体间的ICT最终服务贸易联系进一步增多，这些经济体所在的板块对ICT服务传统贸易的统治力有所加强；挪威、卢森堡这两个欧洲经济体所在的板块2为主溢出板块，主要向板块1发出贸易联系。

表4-10　ICT服务传统贸易网络各年份块模型分析结果

年份	贸易板块	包含经济体	板块角色
2000	板块1	中国、印度、韩国、日本、爱尔兰、奥地利、加拿大	主溢出
	板块2	德国、美国、瑞士、瑞典、法国、意大利、中国香港	双向溢出
	板块3	马来西亚、尼泊尔、不丹	经纪人
	板块4	印度尼西亚、巴西	经纪人
2010	板块1	美国、韩国、日本、中国香港	主溢出
	板块2	德国、英国、瑞典、荷兰、比利时	双向溢出
	板块3	中国、中国台湾、印度	主受益
	板块4	法国、意大利	双向溢出
2020	板块1	德国、美国、中国、日本、韩国、印度、比利时、法国、爱尔兰、中国香港	双向溢出
	板块2	挪威、卢森堡	主溢出
	板块3	印度尼西亚、尼泊尔、越南	经纪人
	板块4	老挝、不丹	经纪人

数据来源：ADB-MRIO数据库数据经UCINET软件计算所得。

板块	1	2	3	4
1	0	1	0	0
2	1	1	0	0
3	0	0	0	0
4	0	0	0	0

（a）2000年

板块	1	2	3	4
1	0	1	1	0
2	1	1	1	1
3	0	0	1	1
4	1	1	0	1

（b）2010年

板块	1	2	3	4
1	1	1	1	0
2	1	0	0	0
3	0	0	0	0
4	0	0	0	0

（c）2020年

图4-17　ICT服务传统贸易网络各年份像矩阵

数据来源：整理UCINET软件计算结果所得。

（二）简单价值链贸易网络

ICT 服务简单价值链贸易网络的块模型分析结果如表 4-11 所示，像矩阵如图 4-18 所示。2000 年，各板块的经济体分布具有一定的区域性特征。日本、中国、中国台湾和中国香港等经济体位于双向溢出板块，与板块 4 建立了双向的 ICT 中间服务贸易联系。板块 3 是以瑞典、丹麦等欧洲经济体为主的主溢出板块，其内部联系紧密度不高，主要是向板块 4 发出贸易联系。板块 4 则以德国、美国、英国、法国等为主，各经济体间的贸易联系较多，且与各个板块都建立了 ICT 中间服务进出口贸易联系，符合这些经济体 ICT 产业强国的特征。2010 年，ICT 中间服务贸易集中在板块 1、板块 2 各自的内部以及两板块之间。板块 1 以亚洲经济体为主，板块 2 以欧美经济体为主。2020 年，中国、印度开始加入以德国、美国为主的主受益板块，说明中国、印度两国经一次跨境的 ICT 中间服务贸易联系有所增多，且与 ICT 中间服务出口能力较强的经济体的贸易联系进一步密切，该板块接收到的贸易联系主要来自板块 1 和板块 3，板块 1 的经济体包括中国台湾、新加坡、韩国等，板块 3 包括卢森堡和希腊。

表 4-11 ICT 服务简单价值链贸易网络各年份块模型分析结果

年份	贸易板块	包含经济体	板块角色
2000	板块 1	中国台湾、中国香港、日本、中国	双向溢出
	板块 2	印度、马来西亚、菲律宾、韩国、爱尔兰、新加坡	主溢出
	板块 3	瑞典、丹麦、瑞典、奥地利	主溢出
	板块 4	德国、美国、英国、法国、比利时、荷兰	双向溢出
2010	板块 1	中国台湾、日本、中国、印度、韩国、中国香港、马来西亚、新加坡	双向溢出
	板块 2	德国、美国、英国、法国、瑞士、比利时、西班牙	双向溢出
	板块 3	尼泊尔、柬埔寨	经纪人
	板块 4	斯洛伐克	经纪人
2020	板块 1	中国台湾、新加坡、泰国、韩国、中国香港	主溢出
	板块 2	德国、美国、英国、中国、日本、印度、荷兰、西班牙、爱尔兰	主受益
	板块 3	卢森堡、希腊	主溢出
	板块 4	老挝、不丹	经纪人

数据来源：ADB-MRIO 数据库数据经 UCINET 软件计算所得。

板块	1	2	3	4
1	1	0	0	1
2	0	0	0	1
3	0	0	0	1
4	1	1	1	1

板块	1	2	3	4
1	1	1	0	0
2	1	1	0	0
3	0	0	0	0
4	0	0	0	0

板块	1	2	3	4
1	1	1	0	0
2	1	1	0	0
3	0	1	0	0
4	0	0	0	0

（a）2000 年　　　　　（b）2010 年　　　　　（c）2020 年

图 4-18　ICT 服务简单价值链贸易网络各年份像矩阵

数据来源：整理 UCINET 软件计算结果所得。

（三）复杂价值链贸易网络

2000 年，板块 1 为主溢出板块，板块内的经济体彼此间贸易联系并不显著，主要是向德国、美国等所在的板块 4 发出 ICT 中间服务贸易联系。板块 2 为主受益板块，其外部贸易联系较少，而内部贸易联系比较紧密，仅接收板块 4 的贸易联系，说明该板块内部的经济体整体上与其他板块经多次跨境的 ICT 中间服务出口贸易联系较少，出口能力较弱，这种出口贸易联系至少是低于网络密度均值的，同时也说明板块 4 出口到板块 2 的 ICT 中间服务经加工后大部分又再出口到了板块内部的其他经济体。板块 4 与板块 1、板块 3 存在双向的贸易联系，而板块 1、板块 3 与除板块 4 外的其他板块并不存在贸易联系，说明板块 4 对这两个板块的 ICT 中间服务出口，经板块内部经济体加工后，又以中间服务的形式返回板块 4。

同 ICT 服务简单价值链贸易网络的趋势一样，复杂价值链贸易网络的板块在 2010 年也表现出了贸易集中趋势。ICT 中间服务由两板块分别出口，经加工后大部分中间服务又被出口到原板块。2020 年，印度、中国与德国、美国等发达经济体同处于双向溢出板块，说明中国和印度与这些发达经济体的贸易联系更加紧密，韩国、新加坡等则从 2010 年的双向溢出板块转为主受益板块，说明该板块发出的超过阈值的中间服务贸易联系少于接收到的贸易联系。从 2020 年的像矩阵来看，板块 2 接收到板块 1、板块 4 的贸易联系，但仅向板块 1 发出贸易联系，说明板块 2 的出口贸易伙伴集中在板块 1 之中。ICT 服务复杂价值链贸易网络的块模型分析结果如表 4-12 所示，像矩阵如图 4-19 所示。

表 4-12　ICT 服务复杂价值链贸易网络各年份块模型分析结果

年份	贸易板块	包含经济体	板块角色
2000	板块 1	印度、爱尔兰、菲律宾、俄罗斯	主溢出
	板块 2	日本、韩国、中国、中国台湾	主受益
	板块 3	瑞典、丹麦	双向溢出
	板块 4	美国、英国、德国、意大利	双向溢出
2010	板块 1	印度、中国、中国台湾、韩国、马来西亚、中国香港	双向溢出
	板块 2	德国、美国、比利时、荷兰、意大利、卢森堡、新加坡	双向溢出
	板块 3	尼泊尔、柬埔寨	经纪人
	板块 4	老挝、不丹	经纪人
2020	板块 1	印度、中国、瑞典、德国、美国、比利时、卢森堡、荷兰	双向溢出
	板块 2	日本、韩国、泰国、新加坡、中国香港	主受益
	板块 3	中国台湾、马来西亚	主溢出
	板块 4	柬埔寨、尼泊尔、不丹	主溢出

数据来源：ADB-MRIO 数据库数据经 UCINET 软件计算所得。

板块	1	2	3	4
1	0	0	0	1
2	0	1	0	0
3	0	0	1	1
4	1	1	1	1

（a）2000 年

板块	1	2	3	4
1	1	1	0	0
2	1	1	0	0
3	0	0	0	0
4	0	0	0	0

（b）2010 年

板块	1	2	3	4
1	1	1	1	0
2	1	1	0	0
3	1	0	0	0
4	0	1	0	0

（c）2020 年

图 4-19　ICT 服务复杂价值链贸易网络各年份像矩阵

数据来源：整理 UCINET 软件计算结果所得。

第三节　个体中心性特征

一、数字制造业

（一）传统贸易网络

1. 点度中心度

2000 年与 2020 年点度中心度前十名的经济体分布整体变化不大，其中德国、美国、中国、英国、日本、韩国、法国在表 4-13 所示年份中始终居于前十名，占据 ICT 产品传统贸易网络的中心地位。中国从 2000 年的第五名跃居

2020 年的第一名，并在之后的各年份中保持首位；相应的，点度中心度数值由 2000 年的 33.87 大幅增长至 2020 年的 75.81，且遥遥领先于位居第二的德国。这意味着中国在 2000 年后，建立了更多超过阈值的 ICT 最终产品贸易联系，ICT 最终产品贸易伙伴分布较为广泛，且其在贸易网络中的中心地位比较稳定，其他经济体对中国的 ICT 最终产品贸易具有较高的依赖性。

表 4-13 ICT 产品传统贸易网络中心性分析结果（前十名）

年份	点度中心度		点入度		点出度		接近中心度		中介中心度	
2000	德国	50.00	德国	24	德国	29	德国	3.8319	德国	11.44
	美国	43.55	美国	22	日本	24	美国	3.8224	美国	3.83
	英国	40.32	英国	21	美国	22	英国	3.8177	日本	3.71
	日本	40.32	法国	18	英国	19	日本	3.8177	英国	2.59
	中国	33.87	日本	15	中国	18	中国	3.8084	法国	1.61
	法国	32.26	意大利	13	法国	15	法国	3.8060	中国	1.59
	韩国	24.19	中国	11	韩国	14	韩国	3.7944	瑞典	0.47
	瑞典	22.58	西班牙	9	瑞典	12	瑞典	3.7920	韩国	0.28
	意大利	20.97	澳大利亚	8	中国台湾	10	意大利	3.7897	西班牙	0.25
	西班牙	17.74	加拿大	8	新加坡	10	西班牙	3.7851	意大利	0.09
2020	中国	75.81	美国	31	中国	47	中国	6.6595	中国	24.27
	德国	62.90	德国	30	德国	36	德国	6.6028	德国	10.08
	美国	56.45	中国	25	美国	34	美国	6.5748	美国	4.87
	日本	40.32	荷兰	22	日本	23	日本	6.5058	日本	1.30
	荷兰	37.10	法国	16	瑞士	19	荷兰	6.4921	荷兰	1.26
	瑞士	32.26	日本	16	英国	17	瑞士	6.4718	瑞士	0.56
	英国	30.65	英国	13	韩国	16	英国	6.4651	英国	0.49
	韩国	29.03	意大利	12	中国台湾	15	韩国	6.4583	韩国	0.39
	中国台湾	27.42	加拿大	11	新加坡	14	中国台湾	6.4516	意大利	0.30
	法国	25.81	瑞士	11	爱尔兰	12	法国	6.4449	马来西亚	0.27

数据来源：ADB-MRIO 数据库数据经 UCINET 软件计算所得。

注：由于表格内容较多，此处只列出 2000 年和 2020 年的数据，中间数据省略，后同。

2. 点入度

德国、美国、中国、日本、法国、英国、意大利一直位于前十名行列，德国虽然近年来被美国赶超，但两者的差距较小，说明这两个经济体超过阈值的进口贸易联系较多，其国内市场对于 ICT 最终产品有较大的需求。2000—2007 年，中国的位次变化不大，但超过阈值的进口贸易伙伴数量有所增加。受金融危机和 2012 年欧债危机的影响，2013 年点入度前十名的格局和整体规模都有较大变化，除德国外的欧美国家进口贸易伙伴数量下滑明显，西班牙掉出前十名行列。中国的进口贸易伙伴数量保持增长态势，跻身前三名。2020 年，中国与德国、美国的差距进一步缩小，进口来源趋向多元化。

3. 点出度

中国、德国、美国、日本、英国、韩国、中国台湾一直处于前十名，与点度中心度格局不同的是，中国台湾地区在 ICT 最终产品出口贸易网络中成为核心力量。2000—2007 年是中国 ICT 最终产品出口贸易伙伴数量的强势增长阶段，虽然整体涨势减弱，但仍然在 ICT 最终产品出口网络中居于绝对中心地位，且其核心程度进一步加强。整体来看，进入前十名的其他经济体点出度数值要大于点入度数值，即其建立的超过阈值的 ICT 最终产品出口贸易联系大于进口贸易联系，说明这些经济体更加关注自身的 ICT 最终产品的供给能力，核心程度呈上升趋势。

4. 接近中心度

从选取的样本年份来看，前十名的接近中心度数值呈逐年增长趋势，且内部区分度较小。具体来看，德国、美国、中国、日本、韩国、英国、法国始终位于前十名之列。中国自 2007 年后常年居于首位，意味着中国更加容易与其他经济体建立 ICT 最终产品的贸易联系，居于网络中心位置。

5. 中介中心度

德国的中介中心度在 2000 年居第一位，显示出绝对的中间联络人作用，在随后的年份中，中国后来居上，并且逐渐拉开与德国的距离，中国与德国长期居于中介中心度的第一、第二位，说明中国和德国在 ICT 最终产品贸易网络中发挥关键的桥梁和纽带作用，既利于自身获取相关信息和资源，对整个贸易网络的控制能力也进一步加强。同时，前十位的其他经济体依然以美国、日本等发达经济体为主，说明发达经济体在 ICT 最终产品贸易中的控制能力整体强于发展中经济体。

(二) 简单价值链贸易网络

1. 点度中心度

在选取的 2000 年和 2020 年样本中，排名前十的经济体变化不大，且大部分都是发达经济体，说明 ICT 产品简单价值链贸易网络的整体发展格局比较稳定，且由发达经济体主导。从具体的数值来看，整体呈上升趋势，这从贸易联系的角度说明了各经济体 ICT 产品简单价值链贸易的规模在不断扩张，全球化趋势在不断加强。从 2007 年开始，呈现德国、中国、美国"三足鼎立"的格局，中国在 2020 年赶超德国，居于首位，成为 ICT 中间产品出口贸易联系数最多的经济体。值得注意的是，相比于 ICT 产品传统贸易网络，中国台湾地区在简单价值链贸易网络中的重要性凸显，这或许得益于其有台积电、联发科、广达等世界著名 ICT 企业，有能力提供较多的 ICT 零部件和半成品给其他经济体并被其加工为最终产品后用于满足自身消费，如表 4-14 所示。

表 4-14 ICT 产品简单价值链贸易网络中心性分析结果（前十名）

年份	点度中心度		点入度		点出度		接近中心度		中介中心度	
2000	德国	50.00	美国	21	德国	29	德国	3.6927	德国	12.54
	日本	41.94	德国	20	日本	25	日本	3.6817	日本	5.20
	美国	41.94	英国	18	美国	23	美国	3.6817	美国	3.91
	英国	37.10	法国	16	英国	16	英国	3.6752	英国	2.27
	法国	29.03	日本	13	法国	15	法国	3.6643	法国	1.14
	中国台湾	22.58	中国	12	中国台湾	12	中国台湾	3.6557	中国台湾	0.43
	中国	20.97	意大利	9	韩国	11	中国	3.6535	瑞典	0.38
	韩国	19.35	加拿大	8	新加坡	11	韩国	3.6514	荷兰	0.35
	瑞典	19.35	西班牙	8	瑞典	10	瑞典	3.6514	新加坡	0.35
	意大利	17.74	韩国	8	中国	9	意大利	3.6492	中国	0.22
2020	中国	66.13	美国	29	中国	40	中国	4.9919	中国	11.86
	德国	59.68	中国	28	德国	33	德国	4.9759	德国	8.45
	美国	56.45	德国	27	美国	30	美国	4.9679	美国	4.71
	英国	41.94	英国	24	韩国	23	英国	4.9324	英国	1.64
	韩国	38.71	法国	21	日本	21	韩国	4.9245	韩国	1.37
	法国	37.10	澳大利亚	14	中国台湾	21	法国	4.9206	法国	1.06
	日本	37.10	意大利	13	马来西亚	14	日本	4.9206	日本	0.97
	中国台湾	35.48	日本	13	新加坡	14	中国台湾	4.9167	中国台湾	0.96
	意大利	24.19	韩国	12	法国	13	意大利	4.8896	印度	0.42
	澳大利亚	22.58	荷兰	12	英国	11	澳大利亚	4.8857	意大利	0.30

数据来源：ADB-MRIO 数据库数据经 UCINET 软件计算所得。

2. 点入度

排名靠前的经济体格局基本稳定，美国一直居于首位，德国紧随其后，说明美国和德国在仅跨境一次的 ICT 中间产品的贸易量或者多元化产品上，国内需求相对其他经济体较大。中国的点入度从 2000 年的 12 增长至 2020 年的 28，并且超过德国居于第二位，进口规模达到阈值的来源经济体数量逐渐增多，降低了对供应路径的依赖。但总体上看，位于前列经济体的点入度数值要小于传统贸易网络，说明其对于 ICT 中间产品的需求要小于最终产品。除中国外，普遍都是发达经济体，其 ICT 产业发展具有较大优势，多从事 ICT 核心零部件的生产，因此其可能是中间产品的主要供给经济体，对中间产品的需求比最终产品要少。

3. 点出度

点出度整体数值呈增长趋势，说明有更多的经济体参与 ICT 中间产品的出口贸易，其中德国、美国、日本、韩国、法国、英国、中国、中国台湾在选取的年份中始终位列前十。对比点入度来看，点出度的数值普遍小于点入度，这也验证了上述猜测，前十名经济体对外建立的超过阈值的中间产品出口贸易联系小于其他经济体向这十个经济体出口的贸易联系。2000 年，中国的 ICT 中间产品出口表现并不理想，仅有 9 个直接出口贸易联系经济体，但 2007 年已经大幅增长至 31 个，仅少于德国。结合前述中国在 ICT 传统贸易网络中的点出度变化情况，可以得出：一方面，中国加入 WTO 后，凭借劳动力低成本的优势参与到 ICT 最终产品的生产组装环节并成为核心国家，在这一过程中，通过在干中学的方式，获取了知识溢出，将劳动力低成本优势转化为熟练劳动力与技术劳动力优势，已经能够承接 ICT 零部件与半成品等中间产品的生产；另一方面，中国台湾地区为了实现产业升级，将一部分 ICT 中间产品的生产环节转移到中国大陆，也加速了大陆地区直接增加值出口的攀升。2020 年中国超越德国，成为 ICT 产品简单价值链贸易网络的绝对核心国，点出度达到 40，覆盖了样本 62 个经济体中的半数以上，说明中国在 ICT 简单价值链贸易中的比较优势更加凸显。

4. 接近中心度

接近中心度整体的数值变化不大，内部区分度很小，逐年的涨幅也小于传统贸易网络。这意味着相对于传统贸易网络而言，经济体对外建立 ICT 中间产品出口贸易联系要经过较长的距离，说明较少的经济体控制着 ICT 中间产品的较多出口贸易联系，这与上述分析相符。相比于传统贸易网络的接近中心度在 2007 年就居于首位，中国在 ICT 产品简单价值链贸易网络中到 2020 年才超过德国位居第一，说明随着零部件与半成品出口的不断增加，中国在 ICT 产品简单价值链贸易网络中的绝对核心地位逐渐凸显。

5. 中介中心度

除中国呈持续大幅度增长态势外，前十名中的其他经济体仅是小幅度增长，甚至呈现下降趋势，整体的数值也要小于传统贸易网络，这也进一步说明中国在简单价值链贸易网络中的控制力在不断增强。

（三）复杂价值链贸易网络

1. 点度中心度

如表 4-15 所示，始终位于前十名的依然是德国、美国、日本、英国、法国、中国、中国台湾、韩国，说明这些经济体超过阈值的多次跨境的中间产品贸易联系数量一直处于领先地位，ICT 产品复杂价值链网络由这些经济体主导。2000—2007 年，点度中心度整体增幅较大，说明这一阶段达到阈值的贸易对象数量增加，全球化程度不断加深；2007—2013 年，受到金融危机和欧债危机的影响，美国、法国、英国、意大利的点度中心度均呈下降趋势；2013—2020 年，点度中心度整体小幅度上升，参与 ICT 产品复杂价值链贸易的经济体数量增多，但是核心经济体格局基本稳定。与 ICT 产品传统贸易网络的前十名经济体对比来看，该网络前十名经济体的点度中心度数值较小，说明前十名经济体对外建立超过阈值的中间产品多次跨境出口贸易联系数量要小于最终产品贸易。德国、美国、日本、韩国等经济体拥有顶尖的 ICT 企业，如美国的高通、德州仪器，韩国的三星、海力士，这些经济体凭借其技术优势掌握 ICT 关键零部件生产等高附加值环节，因此在复杂价值链贸易网络中也占据核心地位。

2. 点入度、点出度

前十名经济体与传统贸易网络的格局相差不大，点出度数值普遍大于点入度数值，在 ICT 产品复杂价值链贸易中，中间产品需要被进口国（地区）进行加工后再出口到第三经济体或者返回本国（地区）市场消费掉，这些中间产品的技术含量往往比较高，前十名经济体的技术能力较强，有能力出口这类中间产品，而其他经济体则不具备高技术含量中间产品的出口能力，因此体现为前十名经济体中间产品出口贸易联系多，而其他经济体出口贸易联系少的特征。中国的排名持续上升，说明超过阈值的中间产品出口贸易联系数持续增加，但点入度的数值远小于点出度，说明中国 ICT 中间产品的进口来源为少数经济体,对供应路径的依赖性较大。

3. 接近中心度

2020 年,ICT 产品复杂价值链贸易网络的接近中心度高于简单价值链贸易网络、低于传统贸易网络,说明各经济体之间更加容易建立 ICT 最终产品的进出口联系。同时,复杂价值链更多涉及全球多次跨境生产,与简单价值链只涉及一次跨境相比,不同经济体之间的联系相对更加紧密。但 2013 年与2020 年中国的接近中心度稳居第一,说明中国在复杂价值链贸易网络中的核心地位逐渐稳固。

4. 中介中心度

中国在 2013 年位居第二,已经和德国的中介中心度非常接近,2020 年超过德国,位居第一,且数值远高于德国。一方面,这说明更多经济体选择中国作为中间产品出口中介国,中国在该贸易网络中的控制能力持续增强;另一方面,由于全球新冠疫情的影响与地缘政治紧张局势的不断升级,复杂价值链脱钩风险进一步加剧,但随着中国国内生产活动的率先恢复,其已成为各经济体贸易对象的"安全"选择,为复杂价值链的再挂钩作出了重大贡献。

表 4-15　ICT 产品复杂价值链贸易网络中心性分析结果（前十名）

年份	点度中心度		点入度		点出度		接近中心度		中介中心度	
2000	德国	40.32	德国	21	德国	25	德国	3.1156	德国	5.98
	美国	38.71	法国	16	美国	24	美国	3.1140	美国	3.70
	日本	37.10	英国	16	日本	23	日本	3.1124	日本	2.64
	英国	33.87	马来西亚	16	法国	18	英国	3.1093	中国	1.81
	法国	30.64	美国	14	英国	17	法国	3.1062	英国	1.53
	马来西亚	27.42	新加坡	14	中国	15	马来西亚	3.1031	马来西亚	1.24
	中国	24.19	中国台湾	11	韩国	13	中国	3.1000	法国	0.75
	新加坡	24.19	韩国	11	中国台湾	13	新加坡	3.1000	新加坡	0.56
	韩国	22.58	日本	10	新加坡	11	韩国	3.0985	匈牙利	0.22
	中国台湾	20.97	中国	9	马来西亚	10	中国台湾	3.0969	瑞典	0.20

续表

年份	点度中心度		点入度		点出度		接近中心度		中介中心度	
2020	中国	67.74	德国	30	中国	42	中国	5.2542	中国	17.63
	德国	54.84	中国	22	德国	33	德国	5.2189	德国	8.48
	美国	51.61	法国	21	美国	32	美国	5.2101	美国	4.06
	日本	40.32	美国	18	日本	24	日本	5.1796	日本	1.49
	中国台湾	38.71	英国	17	中国台湾	22	中国台湾	5.1753	中国台湾	0.87
	法国	37.10	荷兰	17	韩国	21	法国	5.1710	法国	0.83
	韩国	35.48	墨西哥	16	意大利	19	韩国	5.1667	韩国	0.77
	英国	33.87	匈牙利	15	法国	15	英国	5.1624	英国	0.51
	意大利	30.65	捷克	13	新加坡	14	意大利	5.1538	新加坡	0.47
	荷兰	30.65	比利时	12	英国	13	荷兰	5.1538	意大利	0.40

数据来源：ADB-MRIO 数据库数据经 UCINET 软件计算所得。

（四）不同网络拓扑结构图分析

本书选取 2000 年和 2020 年两个年份，以点度中心度为节点属性值，分别输出 ICT 产品传统贸易、简单价值链贸易、复杂价值链贸易网络拓扑结构图。图中的方形节点代表进行 ICT 产品贸易的经济体，节点的大小对应点度中心度的数值大小，点度中心度越大则节点越大。

1. 传统贸易网络

与 2000 年相比，2020 年 ICT 产品传统贸易网络的节点和联系边数均明显增多，说明 ICT 最终产品的参与经济体数量和超过阈值的出口贸易联系增加，前十名经济体格局发生改变，中国超过德国、美国成为核心经济体，如图4-20 所示。

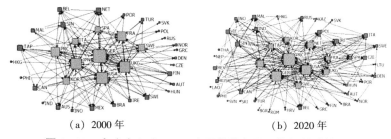

（a）2000 年　　　　　　（b）2020 年

图 4-20　点度中心度—ICT 产品传统贸易网络拓扑结构图

2. 简单价值链贸易网络

与 2000 年相比，2020 年 ICT 产品简单价值链贸易网络的节点数和连接边数明显增多，说明参与经一次跨境的 ICT 中间产品贸易的经济体数量和超过阈值的出口贸易联系增多，贸易规模扩大，前十名经济体由德国、美国、日本领先转变为中国、德国、美国领先的格局，如图 4-21 所示。

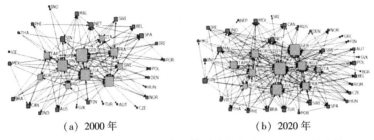

| (a) 2000 年 | (b) 2020 年 |

图 4-21　点度中心度—ICT 产品简单价值链贸易网络拓扑结构图

3. 复杂价值链贸易网络

与 2000 年相比，2020 年 ICT 产品复杂价值链贸易网络的节点数和连接边数大幅度增加，网络更加稠密，说明参与经多次跨境的 ICT 中间产品贸易的经济体数量和超过阈值的出口贸易联系增多，且中国占据了绝对核心位置，如图 4-22 所示。

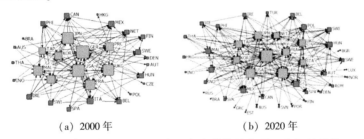

| (a) 2000 年 | (b) 2020 年 |

图 4-22　点度中心度—ICT 产品复杂价值链贸易网络拓扑结构图

二、数字服务业

（一）传统贸易网络

1. 点度中心度

如表 4-16 所示，2000—2020 年，ICT 服务传统贸易网络的点度中心度数值整体呈上升趋势，说明参与 ICT 服务传统贸易的经济体数量增多。2000—2013 年，核心经济体主要是美国、英国、德国等，美国始终领先，这得益于其 ICT 服务的绝对优势，在 ICT 服务业的软件服务、互联网服务等细分领域拥有超大型跨国 ICT 企业，包括苹果、微软、亚马逊、谷歌、Facebook 等。中国在 2007 年进入前十名，排名和具体数值同步上升，2020 年仅次于英国、德国、美国居于第四位，移动互联网、大数据、云计算等新一代信息通信技术加速应用，衍生出各种新模式、新业态，共同促进中国 ICT 服务技术升级。英国始终保持增长态势，技术积累较快，在 2020 年登上榜首，成为该网络的核心经济体。爱尔兰凭借其地理位置和税收政策优势吸引了许多互联网企业将欧洲总部设立在此，能够对外建立更多超过阈值的 ICT 最终服务贸易联系，因此在 2020 年跻身前十。同时，可能是受到欧债危机的负面影响，之前年份排名靠前的意大利已经掉出前十名。

表 4-16　ICT 服务传统贸易网络中心性分析结果（前十名）

年份	点度中心度		点入度		点出度		接近中心度		中介中心度	
2000	美国	51.61	英国	19	美国	32	美国	4.9560	美国	10.91
	英国	33.87	德国	15	德国	16	英国	4.9089	英国	2.26
	意大利	29.03	意大利	15	英国	16	意大利	4.9012	加拿大	2.25
	德国	27.42	中国香港	11	意大利	14	德国	4.8934	奥地利	2.24
	中国香港	20.97	墨西哥	10	比利时	9	中国香港	4.8819	意大利	1.90
	比利时	17.74	法国	9	西班牙	9	比利时	4.8666	德国	1.32
	法国	16.13	比利时	8	荷兰	9	法国	4.8666	中国香港	0.93
	墨西哥	16.13	荷兰	8	奥地利	7	墨西哥	4.8666	墨西哥	0.61
	荷兰	16.13	西班牙	7	法国	7	荷兰	4.8627	日本	0.32
	西班牙	14.52	瑞典	7	加拿大	6	奥地利	4.8589	瑞典	0.23
2020	英国	64.52	英国	34	德国	34	英国	15.9383	英国	9.67
	德国	62.90	德国	31	美国	34	德国	15.8974	德国	7.55
	美国	54.84	马来西亚	28	英国	32	美国	15.6962	美国	5.99
	中国	51.61	中国	25	印度	30	中国	15.6171	印度	5.78
	印度	50.00	荷兰	23	爱尔兰	29	印度	15.5779	中国	4.10
	爱尔兰	46.77	法国	19	瑞典	25	爱尔兰	15.5000	荷兰	2.13
	荷兰	45.16	瑞典	18	荷兰	23	荷兰	15.4613	爱尔兰	1.72
	马来西亚	45.16	比利时	17	中国	22	马来西亚	15.4613	瑞典	1.71
	瑞典	41.94	俄罗斯	17	法国	21	瑞典	15.3846	俄罗斯	1.65
	法国	38.71	韩国	16	瑞士	16	法国	15.3086	马来西亚	1.62

数据来源：ADB-MRIO 数据库数据经 UCINET 软件计算所得。

2. 点入度、点出度

与 2000 年相比，2020 年前十名经济体的 ICT 服务传统贸易网络的点入度和点出度数值均呈上升趋势，且点出度基本上大于点入度。前十名经济体以发达国家（地区）为主，其 ICT 服务业具有竞争优势，因此其建立的 ICT 最终服务对外出口贸易联系要大于向其他经济体进口的贸易联系。其中，美国的这一表现非常突出，其点出度始终居于首位，但点入度未进入前十，意味着美国是完全的 ICT 最终服务输出国，在 ICT 服务传统贸易网络中处于绝对核心位置。与排名靠前的其他经济体不同的是，中国在 2007 年进入点入度的前十名，在之后的 2013 年、2020 年，也表现为点入度大于点出度，即中国建立的超过阈值的进口贸易联系超过其对外出口贸易联系，表明中国国内的 ICT 最终服务需求主要通过进口得到满足，ICT 最终服务的出口竞争力不强。

3. 接近中心度

2000—2020 年，前十名经济体的接近中心度数值整体呈逐年上升趋势，尤其是在 2007—2020 年，其增幅较大，但内部区分度较小，说明各经济体间都能通过比较短的距离与其他经济体进行 ICT 最终服务贸易，处于 ICT 服务传统贸易网络的核心位置。

4. 中介中心度

2000—2020 年，前十名经济体的中心度数值整体波动上升，增幅微小。2000 年，美国就成为贸易网络中的绝对中间联络人，并长期居于首位，直到2020 年下滑至第三名，且中介中心度值大幅降低，可能是受到新冠疫情的影响，其对 ICT 最终服务贸易网络的控制能力有所削弱。中国在 2000 年还在前十名之外，2007 年排名第八，2020 年排名第五，位次不断上升，中介中心度数值也持续增长，说明其作为其他经济体 ICT 最终服务中介的频率提升，对贸易网络中信息与资源的控制能力增强。

（二）简单价值链贸易网络

1. 点度中心度

如表 4-17 所示，2000—2020 年，ICT 服务简单价值链贸易网络中前十名的经济体格局和点度中心度数值变化趋势与传统贸易网络基本一致。2000—2007 年，ICT 服务简单价值链贸易网络的点度中心度数值整体上低于传统贸易网络，即前十名经济体对外建立的经一次跨境加工就被消费的 ICT 中间服务出口贸易联系多于 ICT 最终服务出口贸易联系。2013—2020 年，两者已经相差不大，说明前十名经济体建立的中间服务出口联系增多，简单价值链贸易规模不断扩大。

表 4-17　ICT 服务简单价值链贸易网络中心性分析结果（前十名）

年份	点度中心度		点入度		点出度		接近中心度		中介中心度	
2000	美国	56.45	英国	21	美国	33	美国	4.5255	美国	12.05
	英国	37.10	德国	15	英国	16	英国	4.4863	英国	2.77
	意大利	29.03	意大利	14	德国	13	意大利	4.4701	意大利	1.42
	德国	25.81	墨西哥	10	意大利	13	德国	4.4636	德国	0.97
	西班牙	17.74	日本	9	西班牙	10	西班牙	4.4476	墨西哥	0.65
	日本	17.74	西班牙	8	荷兰	9	日本	4.4476	日本	0.54
	墨西哥	17.74	法国	8	比利时	8	墨西哥	4.4476	中国香港	0.49
	中国香港	17.74	荷兰	8	中国香港	7	中国香港	4.4476	西班牙	0.17
	比利时	14.52	瑞典	7	法国	6	比利时	4.4413	中国台湾	0.16
	荷兰	14.52	美国	7	加拿大	5	荷兰	4.4413	印度	0.13
2020	德国	62.90	英国	33	美国	37	德国	13.7472	印度	9.34
	英国	61.29	中国	30	英国	34	英国	13.7168	德国	9.16
	美国	59.68	德国	30	德国	32	美国	13.6865	英国	7.41
	中国	54.84	马来西亚	22	印度	32	中国	13.5965	美国	5.22
	印度	54.84	印度	21	爱尔兰	30	印度	13.5965	中国	2.85
	爱尔兰	48.39	美国	20	荷兰	25	爱尔兰	13.4783	爱尔兰	1.73
	荷兰	43.55	法国	19	中国	24	荷兰	13.3909	荷兰	1.22
	法国	38.71	瑞士	17	瑞典	22	法国	13.3047	法国	0.87
	瑞典	37.10	新加坡	17	法国	19	瑞典	13.2762	马来西亚	0.68
	马来西亚	37.10	韩国	15	瑞士	17	马来西亚	13.2762	捷克	0.58

数据来源：ADB-MRIO 数据库数据经 UCINET 软件计算所得。

2. 点入度、点出度

2000—2020 年，ICT 服务简单价值链贸易网络中前十名的经济体分布和点入度、点出度数值变化趋势与 ICT 服务传统贸易网络较一致，点出度数值仍基本上大于点入度，表明这些经济体建立超过阈值的 ICT 中间服务出口贸易联系数量大于进口贸易，其他经济体的出口能力较弱，且国内的需求基于这些经济体出口的中间服务再加工能够得到满足。中国虽然排名靠前，但仍然表现为点入度大多大于点出度，需求大于供给，对国际市场的依赖程度比较高，ICT 中间服务的出口竞争力与同在前十名的发达经济体相比存在一定的差距。

3. 接近中心度

2000—2013 年，接近中心度整体上升趋势明显，2013—2020 年较平稳，但 2020 年前十名的格局有所改变。印度、爱尔兰进入前十名，受新冠疫情影响，全球线上服务尤其是 ICT 服务需求激增，印度承接了更多的软件外包服务。互联网类外资的流入，促进了爱尔兰建立更多的 ICT 中间服务出口贸易联系，其与其他经济体之间的最短距离之和减小，因此其接近中心度上升。

4. 中介中心度

前十名经济体 ICT 服务简单价值链贸易网络的中介中心度数值总体上大于传统贸易网络，内部区分明显，体现为 2000—2013 年均是以美国为绝对中间联络人，贸易网络中的其他经济体受美国牵制，对其依赖程度高。美国在 2020 年位次下滑较为明显，而印度则上升至第一位，成为更多经济体 ICT 中间服务出口的中介国。

(三) 复杂价值链贸易网络

1. 点度中心度

如表 4-18 所示，2020 年，前十名依然表现为以英国、德国、美国为首，其他经济体随后的格局。与另外两个分网络对比来看，复杂价值链贸易网络的点度中心度数值最小，但到 2020 年三者数值近乎持平，充分说明 ICT 服务全球价值链延展与深化的趋势在不断加强。ICT 服务技术通过提供各种生产性服务支持，如云计算、人工智能服务等，作为中间投入，伴随着制造产品的全球生产活动深度参与到全球价值链中，从而实现间接国内增加值出口。中国在 2013 年进入前十名，2020 年排名上升至第八位，但点度中心度数值与英国、德国、美国等位次靠前国家的差距仍然较大，表明中国 ICT 服务复杂价值链贸易的竞争力相对不足。

2. 接近中心度

2000—2020 年，接近中心度数值整体呈现稳定增长态势，英国、美国、德国保持领先地位，中国的接近中心度虽然一直在提高，但是相对于其他国家依然处于劣势地位，与其他国家的 ICT 中间服务最短贸易距离较大，因此排名较靠后甚至无法进入前十名。

3. 中介中心度

2000—2013 年，美国始终居于首位，其他经济体与之差距较大，说明美国的 ICT 服务业具有先发优势。基于此，美国加速在全球制定行业技术标准和贸易准则，以维持其垄断地位。英国在 2020 年超过美国，成为 ICT 服务复杂价值链贸易网络的核心经济体，对网络的整体控制力提高，这得益于英国的数字经济战略和其数字服务贸易自由化程度的不断提高。

表 4-18　ICT 服务复杂价值链贸易网络中心性分析结果（前十名）

年份	点度中心度		点入度		点出度		接近中心度		中介中心度	
	美国	45.16	英国	13	美国	28	美国	4.1361	美国	7.25
	德国	24.19	德国	12	德国	13	德国	4.1005	意大利	0.84
	英国	22.58	意大利	10	英国	12	英国	4.0978	德国	0.83
	意大利	22.58	比利时	8	意大利	12	意大利	4.0978	英国	0.65
	西班牙	16.13	荷兰	8	西班牙	9	西班牙	4.0870	中国香港	0.57
2000	中国香港	16.13	中国香港	8	比利时	8	中国香港	4.0870	西班牙	0.37
	比利时	14.52	西班牙	7	荷兰	7	比利时	4.0843	马来西亚	0.22
	荷兰	12.90	法国	7	瑞士	6	荷兰	4.0816	新加坡	0.16
	瑞典	12.90	瑞典	7	法国	6	瑞典	4.0816	瑞典	0.13
	瑞士	11.29	丹麦	6	奥地利	4	瑞士	4.0789	比利时	0.10
	英国	61.29	德国	31	英国	35	英国	10.8014	英国	7.72
	德国	58.06	英国	29	美国	34	德国	10.7639	德国	6.76
	美国	54.84	新加坡	29	德国	30	美国	10.7266	美国	6.70
	爱尔兰	51.61	卢森堡	23	爱尔兰	29	爱尔兰	10.6897	印度	5.06
2020	新加坡	48.39	荷兰	22	印度	27	新加坡	10.6529	新加坡	2.58
	印度	46.77	马来西亚	19	荷兰	23	印度	10.6346	爱尔兰	2.35
	荷兰	43.55	法国	18	瑞典	23	荷兰	10.5983	中国	1.80
	中国	41.94	爱尔兰	18	中国	21	中国	10.5802	荷兰	1.58
	瑞典	41.94	瑞士	17	法国	17	瑞典	10.5802	瑞典	1.46
	卢森堡	37.10	中国	17	意大利	17	卢森堡	10.5263	卢森堡	1.04

数据来源：ADB-MRIO 数据库数据经 UCINET 软件计算所得。

（四）不同类型网络拓扑结构图分析

本部分选取 2000 年、2020 年两个年份，以点度中心度为节点属性值，输出 ICT 服务贸易网络拓扑结构图。图中的方形节点代表进行贸易的经济体，节点的大小对应点度中心度的数值大小，点度中心度值越大则节点越大。

1. 传统贸易网络

2000—2020 年，ICT 服务传统贸易网络的节点数和连接边数均明显增加，网络更加稠密，说明参与 ICT 最终服务贸易的经济体数量和经济体间超过阈值的贸易联系数增多，贸易规模扩大，英国超过美国成为绝对核心经济体，如图 4-23 所示。

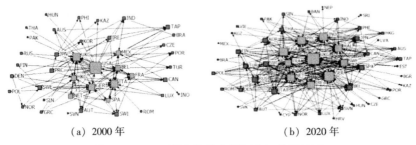

(a) 2000 年   (b) 2020 年

图 4-23　ICT 服务传统贸易网络拓扑结构图

2. 简单价值链贸易网络

2000—2020 年，ICT 服务简单价值链贸易网络的节点数和连接边数均大幅度增加，说明更多经济体参与经一次跨境的 ICT 中间服务贸易，并且建立了更多超过阈值的中间服务贸易联系；与 2000 年相比，前十名经济体的节点大小在 2020 年更加均匀，说明前十名经济体的格局由美国大幅领先转变为德国、美国、英国、中国多经济体主导，如图 4-24 所示。

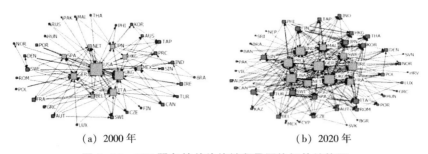

(a) 2000 年   (b) 2020 年

图 4-24　ICT 服务简单价值链贸易网络拓扑结构图

3. 复杂价值链贸易网络

与 2000 年相比，2020 年 ICT 服务复杂价值链贸易网络的节点数和连接边数均大幅度增加，且前十名经济体的节点大小较为均匀，说明有更多的经济体参与到经多次跨境的 ICT 中间服务贸易中且彼此间建立了更多超过阈值的贸易联系；同时，前十名经济体分布逐渐转变为欧美与亚洲多国（地区）主导而非美国遥遥领先的格局，如图4-25所示。

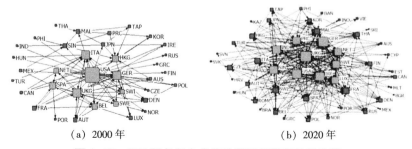

（a）2000年　　　　　　　　　　（b）2020年

图4-25　ICT服务复杂价值链贸易网络拓扑结构图

本章采用国际电信联盟、世界银行、联合国贸易和发展会议（UNCTAD）、联合国经济和社会事务部（UNDESA）等多个数据库数据，综合数字基础设施、数字服务贸易进出口量、进出口份额与电子政务发展指数等多项指标，衡量东盟数字化发展进程。

第一节　数字化指标体系构建

考虑到数据完整性与方法的可操作性，本书采用因子分析法构建东盟主要六国 2005—2020 年数字化发展水平指标体系。通过 STATA 16 软件对东盟主要六国数字基础设施、数字服务贸易以及电子政务发展指数 3 个一级指标的 7 个二级指标进行提取，将特征值大于 1、累计方差贡献率超过 70% 的主成分提取出来并计算主成分得分和综合得分，最终用东盟主要国家的综合得分来衡量东盟各国总体数字化发展水平。数字化发展水平指标体系如表 5-1 所示。

表 5-1　数字化发展水平指标体系

一级指标	二级指标	变量描述
数字基础设施	互联网普及率	一国互联网使用人数在总人口中的占比
	加密服务器数量	公开授信的 TLS/SSL 证书的数量
数字服务贸易	数字服务贸易进口份额	数字服务贸易进口占总进口比重
	数字服务贸易出口份额	数字服务贸易出口占总出口比重

一级指标	二级指标	变量描述
电子政务	在线服务指数（OSI）	联合国在线服务调查表进行定量调查的点数得分
	人力资本指数（HCI）	成人识字率、预期受教育年限、平均受教育年限以及初等、中等和高等教育综合毛入学率的加权平均综合指数
	通信基础设施指数（TII）	每百名居民的移动电话、无线宽带、固定宽带用户数的算术平均综合指数

一、数字基础设施

数字基础设施是由新一代信息技术以及由此催生的科技革命和产业革命而生，主流观点认为，数字基础设施是围绕数据的传输、存储、计算、处理等若干环节，形成的一种新型的基础设施体系，有狭义和广义之分。狭义的数字基础设施指基于新一代信息技术形成的基础设施，广义的数字基础设施还包括传统基础设施通过信息化改造之后形成的基础设施。本书采用 ITU 数据库中 2005—2020 年东盟及全球平均互联网使用比例数据以及 2010—2020 年东盟国家加密服务器使用数量数据，对东盟国家数字基础设施发展水平进行衡量。

互联网使用比例反映的是一国互联网使用人数在总人口中的占比，可从侧面反映出一国数字基础设施发展状况与互联互通程度；加密服务器数量用 Netcraft 公司安全服务调查中公开授信的 TLS/SSL 证书的数量来衡量，其反映一国在数字基础设施建设方面的质量及竞争力情况。

二、数字服务贸易

随着数字技术的不断发展，数字贸易引发全球广泛关注。中国信息通信研究院发布的《数字贸易发展与合作报告（2021）》指出，数字贸易包括两方面内容：一是以货物贸易为主的跨境电商及供应链数字化，二是数字服务贸易。根据 UNCTAD 在 2015 年出版的《ICT 服务贸易和 ICT 赋能服务贸易》，服务贸易细分领域有六类涉及可数字交付的服务贸易，即数字服务贸易，分别为保险和养老金服务、知识产权服务、金融服务、ICT 服务（电信、计算机和信息服务）、个人文娱服务（个人、文化和娱乐服务）以及其他商业服务（包括但不限于研发、会计、法律、广告、管理咨询、公共关系等服务贸易）。

考虑到数据完整性与可得性，本书采用 UNCTAD 数据库中 2005—2020 年东盟主要六国分行业数字服务贸易进出口数据以及数字服务贸易占比数据，对东盟数字服务贸易发展水平进行衡量。

三、电子政务

联合国经济和社会事务部发布的《2020 联合国电子政务调查报告》指出：电子政务发展指数（EGDI）用来跟踪并评估国家级电子政务发展情况，是一个衡量国家行政部门使用信息和通信技术为公众提供服务的意愿与能力的综合性指标，是基于三个标准化指数加权平均数的综合指数。第一，基于国际电信联盟（ITU）提供的通信基础设施指数（TII），包括每百名居民的移动电话、无线宽带、固定宽带用户数的算术平均综合指数，上述指标中的每一项均通过 Z-score 程序进行标准化，以得出每个指标的 Z-score 数值；第二，联合国教科文组织（UNESCO）提供的人力资本指数（HCI）；第三，由 UN-DESA 执行，由独立在线服务调查（OSQ）问卷收集数据的在线服务指数（OSI）。该调查问卷评估了与在线服务有关的一些特征，其中包括整体政府举措、政府数据开放、电子参与、多种渠道提供服务、移动服务、服务的利用情况和存在的数字鸿沟，以及通过使用通信技术建立的创新伙伴关系。EGDI指标有助于政府官员、决策者、研究人员更深入地了解在一个国家利用电子政务提供公共服务的相对地位。EGDI 取值在 0 和 1 之间，取值越大，说明一国电子政务发展水平越高。本书采用联合国经济和社会事务部数据库中2005—2020 年东盟十国的 EGDI 数据对东盟国家电子政务发展水平进行衡量。

第二节　分指标数字化

一、数字基础设施

（一）互联网使用比例

2005 年，文莱、马来西亚、新加坡三国互联网使用比例均超过 35%，其中新加坡达到了 61%，在东盟国家中处于领先地位；越南、泰国的该比例为10%～16%，在东盟国家中处于中等水平；印度尼西亚、菲律宾的该比例不到10%，而柬埔寨、老挝、缅甸三国的该比例不足 1%。2020 年，文莱、新加坡、马来西亚、泰国的互联网使用比例均已超过 75%，其中文莱的互联网使用比例达到 95%；柬埔寨、印度尼西亚、菲律宾、越南的这一比例为 40% ~ 75%，处于中等水平；截至 2020 年，缅甸在东盟十国中互联网使用比例最低，仅为 24.05%。

互联网使用比例与经济发展水平密切相关，东盟十国中，新加坡是唯一一个发达国家，其经济发展水平远在其他东盟国家之上，互联网使用比例在东盟内部始终处于前列；文莱、马来西亚、泰国紧随其后，印度尼西亚、越南、菲律宾处于中等水平；老挝、柬埔寨、缅甸经济发展水平较低，在东盟内部处于弱势地位，互联网使用比例也相对较低。

与世界平均水平进行对比可以发现，2005—2020 年新加坡的互联网使用比例一直处于高位，远超同一时期世界平均水平。截至 2020 年，泰国（77.84%）、越南（70.29%）、马来西亚（89.56%）及文莱（95.32%）等东盟国家的互联网使用比例均超过世界平均水平（59.00%），至此，东盟十国中已有五个国家超过这一平均水平；印度尼西亚（53.73%）、菲律宾（43.05%）以及柬埔寨（41.06%）三国接近世界平均水平；其余国家与世界平均水平相差较远，互联网使用比例仍然较低。

总之，东盟十国在 2005—2020 年互联网使用比例均呈现增长态势，说明随着信息技术的不断发展，东盟各国的数字基础设施建设也在稳步推进，互联网使用人数逐年增加，各国互联互通程度逐渐加深。东盟十国 2005—2020 年互联网使用比例如表 5-2 所示。

表 5-2　东盟十国 2005—2020 年互联网使用比例　　　单位:%

年份	柬埔寨	印度尼西亚	老挝	马来西亚	缅甸	菲律宾	新加坡	泰国	越南	文莱	世界平均水平
2005	0.32	3.60	0.85	48.63	0.07	5.40	61.00	15.03	12.74	36.47	17.00
2006	0.47	4.76	1.17	51.64	0.18	5.74	59.00	17.16	17.25	42.19	18.00
2007	0.49	5.79	1.64	55.70	0.22	5.97	69.90	20.03	20.76	44.68	21.00
2008	0.51	7.92	3.55	55.80	0.22	6.22	69.00	18.20	23.92	46.00	23.00
2009	0.53	6.92	6.00	55.90	0.22	9.00	69.00	20.10	26.55	49.00	26.00
2010	1.26	10.92	7.00	56.30	0.25	25.00	71.00	22.40	30.65	53.00	29.00
2011	3.10	12.28	9.00	61.00	0.98	29.00	71.00	23.67	35.07	56.00	32.00
2012	4.94	14.52	10.75	65.80	4.00	36.24	72.00	26.46	36.80	60.27	35.00

续表

年份	柬埔寨	印度尼西亚	老挝	马来西亚	缅甸	菲律宾	新加坡	泰国	越南	文莱	世界平均水平
2013	6.80	14.94	12.50	57.06	8.00	48.10	80.90	28.94	38.50	64.50	37.00
2014	14.00	17.14	14.26	63.67	11.52	49.60	79.03	34.89	41.00	68.77	39.00
2015	26.43	22.06	18.20	71.06	21.73	36.00	79.01	39.32	45.00	71.20	41.00
2016	32.40	25.45	21.87	78.79	25.07	55.50	84.45	47.50	53.00	90.00	44.00
2017	32.90	32.34	25.51	80.14	23.62	60.05	84.45	52.89	58.14	94.87	46.00
2018	40.55	39.90	26.36	81.20	23.69	53.26	88.17	56.82	69.85	95.00	49.00
2019	41.05	47.69	26.34	84.19	23.97	43.03	88.95	66.65	68.70	95.00	51.00
2020	41.06	53.73	26.37	89.56	24.05	43.05	75.88	77.84	70.29	95.32	59.00

数据来源：根据 ITU 数据库数据整理。

横向对比来看，东盟内部各国互联网使用比例存在一定差距，虽然这种内部差距随着各国经济与数字化的不断发展有所缩小，但其仍然存在。

（二）加密服务器数量

2015 年前，东盟十国加密服务器数量均较少，经济发展水平较高的新加坡在 2015 年加密服务器数量也仅为 3.3 万台左右，其余九国均低于 3 万台；2015 年后，新加坡加密服务器数量激增，2020 年已达 149 万台，这一方面说明新加坡数字基础设施在不断完善，另一方面也反映出新加坡对数据保护的意识在增强。

文莱和马来西亚在 2016 年后加密服务器数量增长明显，2020 年两国加密服务器数量均为 20 万台左右，远超东盟其余七国，但与新加坡之间的差距悬殊，说明文莱和马来西亚在数字基础设施建设方面发展较快，但发展水平仍低于新加坡。其余国家加密服务器数量与上述三国相比较少，增长速度较慢。东盟区域加密服务器数量大部分为新加坡、文莱和马来西亚三国所贡献，如图 5-1 所示。

此外，本书将东盟各国拥有的加密服务器数量进行加总得到东盟国家总体加密服务器的数量，并将其与中国和世界主要发达国家加密服务器数量进行对比。2010—2015 年，东盟及世界主要国家使用加密服务器的数量较少，这一时期，美国的加密服务器数量处于领先地位，这是由于美国的科技发展水平较高，对于数据的保护意识极强，因此其加密服务器的数量最多，如图 5-2 所示。

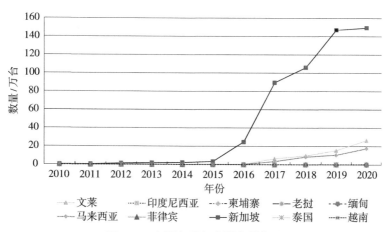

图 5-1　东盟各国加密服务器数量

数据来源：根据 ITU 数据库数据整理。

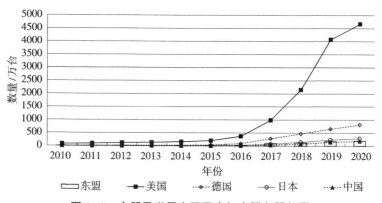

图 5-2　东盟及世界主要国家加密服务器数量

数据来源：根据 ITU 数据库数据整理。

2016—2020 年，美国的加密服务器数量呈几何级数增长之势，虽然德国、日本也增长较快，但是美国仍占据绝对优势，反映出美国有强大的数字技术作为支撑，数字基础设施发展势头强劲；中国和东盟十国的总量相近，数字基础设施发展迅速。

综上所述，东盟各国加密服务器数量均在增长，数据保护意识逐步增强，数字基础设施不断完善，但东盟内部差距较大，新加坡数字基础设施发展明显优于其余东盟国家。此外，虽然东盟总体加密服务器数量在增长，但是与世界主要国家的差距悬殊，这也从侧面反映出其在数字基础设施领域发展空间巨大。

二、数字服务贸易

(一) 数字服务贸易进口总量及份额

本部分数字服务贸易进口总量为各国数字服务贸易各分行业进口数据加总所得。2005—2020 年，东盟国家总体数字服务贸易进口量增长趋势与新加坡几乎保持一致，说明东盟早期总体数字服务贸易进口量大部分为新加坡所贡献，新加坡经济发展水平较高，数字服务贸易发展起步较早，如图 5-3 所示。

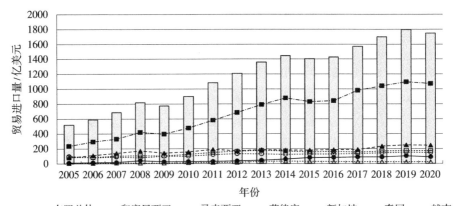

图 5-3 2005—2020 年东盟数字服务贸易进口量

数据来源：根据 ITU 数据库数据整理。

东盟主要六国中，数字服务贸易进口量增长最多的国家是新加坡，增长近 840 亿美元；其次是泰国、马来西亚、菲律宾，增长量分别约为 163 亿美元、85 亿美元、78 亿美元；印度尼西亚和越南增长量较小，分别为 47 亿美元、20 亿美元。东盟经济发展水平靠前的国家存在较大市场潜力，为全球数字服务贸易发展作出了贡献，也为世界经济逆势增长注入源源不断的新动能。

从东盟主要国家数字服务贸易进口在总服务贸易进口中所占份额来看，2005—2020 年，大部分国家平稳增长，其中增长最多的国家为菲律宾，增长了 30%，其次是泰国，增长比例为 22%，马来西亚和新加坡均增长了 19%，印度尼西亚增长幅度较小，仅为 15%，越南呈下降态势。截至 2020 年，新加坡数字服务贸易所占份额最高，达到了 62%，最低的国家为越南，仅为 13%，其余国家均保持在 50% 左右，如图 5-4 所示。

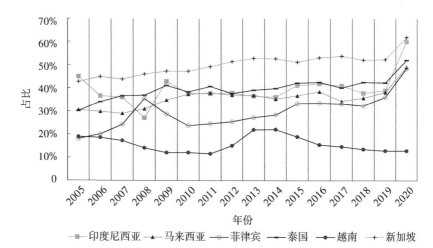

图 5-4　2005—2020 年东盟主要六国数字服务贸易进口量占比

数据来源：根据 UNCTAD 数据库数据整理。

总之，虽然东盟国家总体数字服务贸易进口量和份额均呈增长趋势，但巨大的内部差距仍然存在，经济发展水平落后国家的市场需求较小，导致数字服务贸易进口量和所占份额也相对较少。

（二）数字服务贸易出口总量及份额

本部分刻画的数字服务贸易出口总量为各国数字服务贸易分行业出口数据加总所得。东盟总体出口规模呈线性增长趋势，2005—2020 年，东盟数字服务贸易出口规模增长将近 1430 亿美元，2020 年出口规模接近 1800 亿美元。新加坡出口量居东盟国家首位，2005—2020 年增长了 1065 亿美元，为东盟总体数字服务贸易出口增长贡献了近 2/3，可能是因为新加坡金融、通信以及信息技术等数字服务行业高度发达。早在 2007 年，包括电信、保险、金融、信息技术等在内的商业服务出口已经占据新加坡服务贸易出口总额的一半以上，而其余东盟国家的这一比例均较低，随着数字技术不断发展，上述商业服务部门采用数字交付的比例也大幅度增长，导致新加坡数字服务贸易出口量随之增长。此外，在东盟国家中，菲律宾出口量排名第二，2005—2020 年增长近 183 亿美元，可能是由于菲律宾 ICT 产业比较发达。

与新加坡和菲律宾相比，东盟其他国家的数字服务贸易出口增长规模相对较小，2005—2020 年，泰国、马来西亚、印度尼西亚、越南分别增长约 84 亿美元、56 亿美元、22 亿美元和 10 亿美元，说明东盟大部分国家数字服务贸易竞争力仍然较弱，数字服务产业发展迟缓，数字服务贸易出口规模有待提升，如图 5-5 所示。

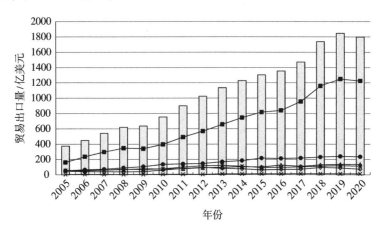

图 5-5　2005—2020 年东盟国家数字服务贸易出口量

数据来源：根据 UNCTAD 数据库数据整理。

2005—2020 年，新加坡数字服务贸易出口量占比持续增加，其余国家 2020 年前变化趋势一直较平稳，2020 年增长明显，这可能是由于东盟数字化水平不断提升，带动了数字服务贸易出口量增加。值得注意的是，菲律宾数字服务贸易出口份额在东盟国家中一直处于高位，如图 5-6 所示。

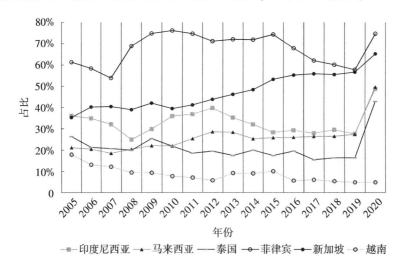

图 5-6　2005—2020 年东盟六国数字服务贸易出口量占比

数据来源：根据 UNCTAD 数据库数据整理。

综上所述，虽然东盟总体数字服务贸易出口规模不断增长，但数字服务贸易出口量大部分为新加坡所贡献，反映出其他国家数字服务贸易竞争力明显弱于新加坡。除新加坡数字服务贸易出口份额明显增长外，其余国家该份额发展较为平稳，2020 年出现大幅度增长。

（三）分行业数字服务贸易分析

1. 分行业数字服务贸易进口总量

其他商业服务、知识产权服务在东盟数字服务贸易进口中占据主导地位。

2005—2020 年，除个人文娱类别的服务贸易进口量微弱下降外，东盟各国其余数字服务贸易细分行业进口量均在增长，其他商业服务进口增长量最大，接近 681 亿美元，这从侧面反映出东盟国家研发、会计、法律、广告、管理咨询以及公共关系等服务贸易的蓬勃发展态势，也可以看出随着数字技术的发展，东盟国家其他商业服务市场发展前景广阔、需求十分旺盛。

ICT 服务进口增长量位居第二，为 238.76 亿美元，知识产权服务进口增长量排在第三位，2005—2020 年增长了 127.54 亿美元，说明东盟国家在知识产权服务以及 ICT 服务方面需求同样旺盛；金融服务、保险与养老金服务进口增长量十分接近，2005—2020 年分别增长了 97.29 亿美元、90.50 亿美元；个人文娱服务进口量呈现波动下降趋势，2020 年与 2005 年相比，减少了近 7.40 亿美元，如图 5-7 所示。

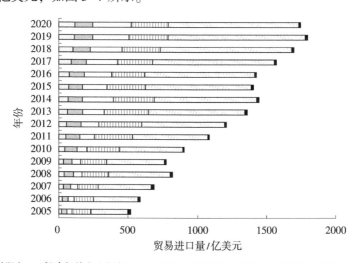

图 5-7 2005—2020 年东盟分行业数字服务贸易进口量

数据来源：根据 UNCTAD 数据库数据整理。

2. 分行业数字服务贸易出口总量

2005—2020 年，六个类别服务出口量均在增长，其他商业服务、金融服务和 ICT 服务是东盟数字服务贸易出口量增长的关键动力。

ICT 服务出口增长量位居第三，为 222.91 亿美元，2020 东盟国家 ICT 服务出口量已经达到 265.72 亿美元，地位仅次于其他商业服务和金融服务出口量；个人文娱服务和保险与养老金服务出口量相对较小，其中保险与养老金服务出口量增长了 64.90 亿美元，而个人文娱服务出口量增长仅为 0.41 亿美元，增长量在数字服务贸易六大类别中最低，如图 5-8 所示。

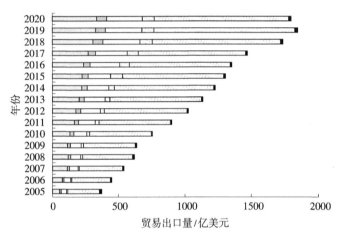

□金融服务　□保险与养老金服务　□ICT服务　□知识产权服务　□其他商业服务　■个人文娱服务

图 5-8　2005—2020 年东盟分行业数字服务贸易出口量

数据来源：根据 UNCTAD 数据库数据整理。

3. 分行业数字服务贸易净出口量

金融服务净出口量显著为正，即东盟国家金融服务出口量一直高于其进口量，而且随着金融服务净出口量逐渐攀升，其他五个行业与金融服务净出口量的差距逐渐拉大，这可能是因为新加坡作为国际性金融中心的辐射作用较强，从而带动东盟总体金融服务净出口量攀升。

ICT 服务净出口量大部分年份也为正，究其原因，可能是东盟国家在 ICT 产业发展方面有长远的规划，ICT 产业发展方向更加明确。

其他商业服务和个人文娱服务进口量略高于出口量，2018—2020 年净出口量变为正值，这反映出东盟国家上述两个行业在逐渐崛起；保险与养老金服务变化较为平稳，进口量始终略高于出口量，说明东盟国家保险服务行业仍有较大发展空间。知识产权服务进口量远高于出口量，2020 年东盟知识产权服务逆差高达 176.8 亿美元，这可能是由于大部分东盟国家技术水平较低，知识产权服务相对落后，如图 5-9 所示。

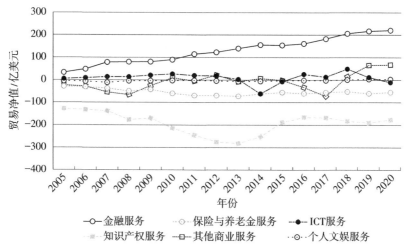

图 5-9 2005—2020 年东盟分行业数字服务贸易净值

数据来源：根据 UNCTAD 数据库数据整理。

三、电子政务

（一）电子政务发展指数

首先，从东盟各国总体的电子政务发展指数来看，2003—2020 年均有所提升。其中，泰国和越南增长最多，均在 0.30 以上；其次是柬埔寨、文莱、印度尼西亚及马来西亚，均为 0.20～0.30；最后是缅甸、老挝、菲律宾三个国家，均在 0.20 以下，新加坡由于其本身经济发展水平较高，电子政务发展指数一直处于高位，但增长量较小，只有 0.17。

2003—2020 年，东盟十国中，新加坡电子政务发展指数一直处于领先地位，远高于其他东盟国家，各年均在 0.70 以上，截至 2020 年，其电子政务发展指数已经达到 0.92。马来西亚、菲律宾、泰国、越南、文莱以及印度尼西亚的电子政务发展指数均处于中间位置，在 2003—2020 年均为 0.30～0.80，呈现出稳步增长的态势。老挝、柬埔寨以及缅甸三个国家的电子政务发展指数一直处于低位，均为 0.20～0.50，可能是因为这三个国家在东盟内部经济发展水平较低，各项指标远低于东盟其他国家。值得注意的是，2016 年至今，除新加坡和老挝的该项指数无明显增长外，其他国家均呈现强劲增长势头，可能是由于 2016 年至今，东盟国家纷纷提出"工业 4.0 战略"，智能制造和互联网技术发展迅速，智慧城市建设稳步推进，带动其电子政务发展指数持续攀升，如图 5-10 所示。

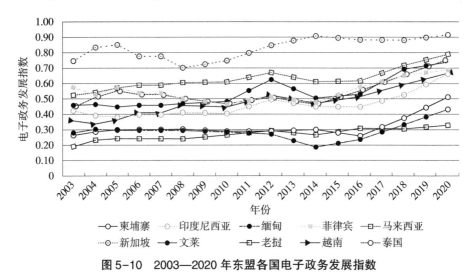

图 5-10　2003—2020 年东盟各国电子政务发展指数

数据来源：根据 UNDESA 数据库数据整理。

综上所述，东盟各国电子政务发展指数总体呈增长态势，2014 年后发展速度加快，新加坡电子政务发展遥遥领先，但其他国家与新加坡的差距正在逐渐缩小。

（二）东盟国家与全球平均 EGDI 的比较分析

首先，从 2016—2020 年的数据来看，东盟国家电子政务发展水平持续提升，其中柬埔寨、文莱、印度尼西亚、缅甸该指数增长都在 0.20 以上，涨幅较大，增长幅度最大的为柬埔寨，达到了 0.25；新加坡增长了 0.03，可能是由于其电子政务发展水平一直处在高位，发展已高度成熟，因此涨幅较小；老挝仅增长了 0.02，其 2020 年电子政务发展指数在东盟十国中处于落后地位。

其次，从 2016—2020 年东盟国家与全球平均水平的对比情况来看，2016 年全球平均水平为 0.50，东盟十国中有六个国家均超过平均水平；2018 年的数据与 2016 年大致相同，但是到了 2020 年，电子政务发展指数的全球平均水平为 0.60，而东盟国家有了较大跃升，印度尼西亚已经达到 0.66，至此，东盟十国中已有七国高于平均水平，如图5-11所示。

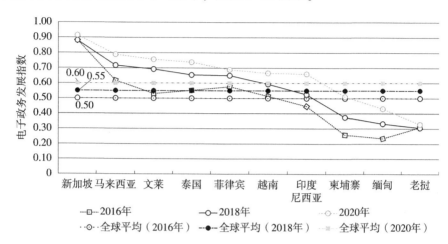

图 5-11　2016—2020 年东盟国家 EGDI

数据来源：根据 UNDESA 数据库数据整理。

（三）电子政务排名

本书根据 UNDESA 数据库提供的数据，共挑选 10 年的东盟各国电子政务排名数据。比较后发现，新加坡除 2008 年由于亚洲金融危机排名短暂下滑，掉落至第 23 名外，其余年份在全球的排名均远超其他东盟国家，一直处于全球领先地位，与其经济发达程度和数字化发展程度密不可分。其次是菲律宾、马来西亚、文莱、泰国、印度尼西亚和越南，在全球排名中均处于前 100 名左右；缅甸、柬埔寨、老挝三国的排名则较为靠后，如表 5-3 所示。

表 5-3　2003—2020 年东盟各国电子政务排名

年份	2003	2004	2005	2008	2010	2012	2014	2016	2018	2020
新加坡	12	8	7	23	11	10	3	4	7	11
菲律宾	33	47	41	66	78	88	95	71	75	77
马来西亚	43	42	43	34	32	40	52	60	48	47
文莱	55	63	73	87	68	54	86	83	59	60
泰国	56	50	46	64	76	92	102	77	73	57
印度尼西亚	70	85	96	106	109	97	106	116	107	88
越南	97	112	105	91	90	83	99	89	88	86

续表

年份	2003	2004	2005	2008	2010	2012	2014	2016	2018	2020
缅甸	126	123	129	144	141	160	175	169	157	146
柬埔寨	134	129	128	139	140	155	139	158	145	124
老挝	149	144	147	156	151	153	152	148	162	167

此外，本书将 2018 年和 2020 年的数据挑选出来进行比较。2018—2020年东盟各国电子政务排名与电子政务发展指数并非同步发展，虽然东盟各国电子政务发展指数均呈增加态势，但是部分国家的排名有所下降，可能是由于近年来数字经济发展为各国所重视，全球范围内掀起数字化发展的潮流，排名靠前的部分国家之间竞争较为激烈，新兴经济体也在数字经济浪潮中谋发展，因此虽然东盟各国电子政务发展指数在提升，但是提升幅度较小，出现了排名不升反降的情况，如表 5-4 所示。

表5-4　2018 年与 2020 年东盟各国电子政务排名升降情况

年份	2018	2020	排名升降情况
新加坡	7	11	−4
马来西亚	48	47	+1
文莱	59	60	−1
泰国	73	57	+16
菲律宾	75	77	−2
越南	88	86	+2
印度尼西亚	107	88	+19
柬埔寨	145	124	+21
缅甸	157	146	+11
老挝	162	167	−5

数据来源：根据 UNDESA 数据库数据整理。

综上所述，东盟各国互联网使用比例稳步提升，其中一半国家已超世界平均水平，互联互通程度逐步加深；加密服务器数量总体增长，但仍有较大发展空间。东盟总体数字服务贸易进出口量逐年增长，大部分国家数字服务贸易进口份额已接近 40%，出口份额较为平稳。电子政务发展指数总体呈增长态势，2014 年后发展速度加快，电信基础设施和在线政务服务水平明显提升。

第三节　总体数字化

东盟主要六国数字化发展水平总体呈上升趋势，但内部数字化水平差距仍然存在。可以看到，新加坡数字化发展水平在东盟主要六国中最高，遥遥领先于其他东盟国家，可能与其数字化起步较早有关，如图5-12所示。

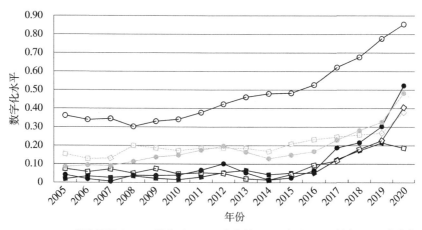

图5-12　2005—2020年东盟主要国家总体数字化水平

数据来源：根据STATA 16软件整理所得。

新加坡早在2006年就提出了"智慧城市2015"计划，该计划希冀通过大力发展ICT产业，带动新加坡智慧城市建设，2006年后新加坡数字化水平迅速攀升，2014年已达到0.4822，并超额完成各项计划指标。同年，新加坡制定了全球首个智慧国家发展蓝图"智慧国2025"（iN2025），2014年后新加坡数字化水平实现跃升，2020年已经达到0.8543。

印度尼西亚在2016年前数字化水平极低，2015年数字化水平在东盟主要六国中最低，2018年印度尼西亚政府确定实施"工业4.0战略"，并进一步提出"工业4.0"路线图，确定五大重点优先发展产业；随后，印度尼西亚数字化水平稳步提升，2020年达到了0.5228，仅次于新加坡。马来西亚作为亚洲发展速度最快的国家之一，其数字化水平发展同样引人瞩目。早在1996年，马来西亚政府已经提出要建设"多媒体超级走廊"，并且为解决智慧城市发展问题，大力推进"伊斯干达开发计划""城市大脑"计划等，还从中国引进先进电子通信技术和投资，助推其数字化水平提升。2014 年后马来西亚数字化水平发展速度加快，2020 年已达到 0.4824，在东盟位居第三。

泰国在 2016 年前数字化发展水平较低，始终低于 0.1，2016 年制定"泰国 4.0"计划，聚焦十大产业部门，并将生产要素向核心技术、数字经济、基础设施、数字人才等方面倾斜，2016 年后泰国数字化水平快速增长，2020 年已达到 0.4054。菲律宾数字化发展水平较高，2016 年前一直保持在 0.2 左右，但近年来发展速度并不快，2019 年数字化水平在东盟仅排在第四位，为 0.2674。越南在 2016 年前数字化水平始终低于 0.1，2016 年后数字化水平有所发展，2019 年越南政府才主动提出迈向"工业 4.0"时代愿景，同年数字化水平为 0.2155，但数字化发展水平仍在东盟主要六国中最低，这与其数字化起步较晚和经济发展水平不高有关。

综上所述，东盟主要国家数字化发展水平均有所提升，2016 年后数字化发展明显加快，与各国制定各项数字化发展计划密切相关，但东盟内部数字化发展水平差距巨大，新加坡数字化水平远高于东盟其余国家。

第六章

东盟价值链数字化

价值链数字化测度方法有两种：①直接消耗法，只是直接测度产出中直接消耗的数字产业投入占比，既未考虑间接消耗，也不能识别数字产业与其他产业对各产业投入的相对重要性；②直接依赖度法，使用直接消耗的数字产业投入与消耗全部中间投入之比，体现数字产业相对于其他中间投入的重要性，但其未考虑各产业对中间投入的间接消耗。因各产业中源于数字产业的投入，不一定所有增加值都源于数字产业，故以上两个指标都不能识别各产业对数字产业增加值的有效消耗（黄玉霞和谢建国，2019），因价值链智能化为数字化的高级阶段，分别基于直接消耗系数，计算总产出和中间投入中源于数字产业、数字产业和高端制造业中的直接投入占比；基于完全消耗系数，计算总产出和中间投入中源于数字产业、数字产业和高端制造业中的增加值占比，得到东盟国家产出和中间投入数字化与智能化水平，综合衡量价值链数字化水平。

第一节 产出数字化

一、直接消耗系数

（一）新加坡

新加坡直接消耗系数下产出数字化水平如图 6-1 所示。从国家层面来看，新加坡参与全球价值链（GVC）数字化程度在 2008—2011 年逐渐上升，在 2011—2019 年波动下降，2019 年又有些许上升。五部门中，中高技术制造业和商业服务业数字化程度较高，低技术制造业和基础产业数字化水平较低。其中，中高技术制造业在 2000—2015 年呈下降趋势，2015 年后波动上升；商业服务业及个人与公共服务业在 2010 年有所上升，2017 年下降，其余年份均保持平稳；而基础产业和低技术制造业参与 GVC 数字化程度整体也保持在较低水平。

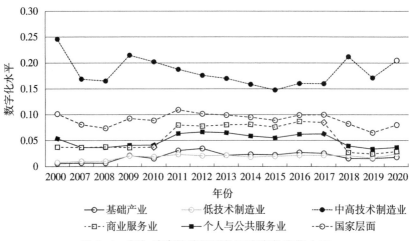

图6-1 新加坡直接消耗系数下产出数字化水平

（二）马来西亚

马来西亚直接消耗系数下产出数字化水平如图 6-2 所示。从国家层面来看，马来西亚的数字化水平呈波动下降的趋势，但是波动幅度较小。从五部门层面来看，中高技术制造业和个人与公共服务业数字化水平较高，低技术制造业和基础产业数字化水平较低。其中，中高技术制造业的数字化水平呈波动下降趋势且变化幅度大，在 2000—2008 年迅速下降，2008 年以后波动下降。商业服务业的数字化水平呈 "U" 形变化趋势，变化幅度较小。基础产业、低技术制造业和个人与公共服务业呈先上升后下降趋势，变化幅度较小。

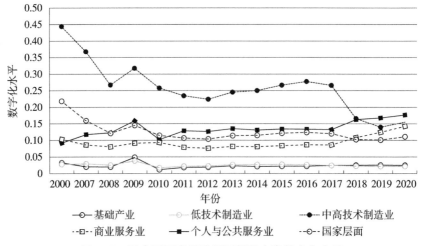

图6-2 马来西亚直接消耗系数下产出数字化水平

（三）泰国

图 6-3 所示为直接消耗系数下泰国五部门和国家层面的产出数字化水平，从具体数值来看，个人与公共服务业的价值链数字化水平最高，其次为商业服务业，且两者的价值链数字化水平均高于国家层面，其余各部门的价值链数字化水平均低于国家层面。

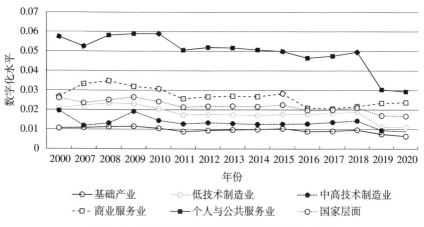

图 6-3 泰国直接消耗系数下产出数字化水平

从变动趋势上看，个人与公共服务业数字化水平总体呈下降趋势。商业服务业在 2000—2011 年呈倒 "U" 形变动趋势，在 2011—2015 年轻微上升，在 2015 年之后呈 "U" 形变动趋势。国家层面在 2000—2011 年呈倒 "N" 形变动趋势，在 2011—2015 年变动较为平缓，在 2015 年之后总体呈下降趋势。低技术制造业在 2000—2011 年呈倒 "U" 形变动趋势，在 2011—2018 年变动较为平缓，在 2018 年之后下降。中高技术制造业数字化水平较低，在 2000—2009 年呈 "U" 形变动趋势，在 2009 年之后总体呈下降趋势。基础产业数字化水平最低，且总体也呈下降趋势。

（四）印度尼西亚

图 6-4 所示为直接消耗系数下印度尼西亚五部门和国家层面产出数字化水平。从具体数值来看，印度尼西亚中高技术制造业的数字化水平最高，其次为商业服务业、个人与公共服务业和低技术制造业，基础产业的数字化水平最低。从变化趋势看，中高技术制造业在 2007—2017 年变化幅度相对较大且呈波动上升趋势，在 2017—2020 年呈下降趋势。商业服务业、个人与公共

服务业、基础产业以及国家层面数字化水平在2007—2018年变化较为平稳，而低技术制造业数字化水平总体呈上升趋势。2018—2020年，除中高技术制造业外，其余四个部门以及国家层面数字化水平均呈较大幅度上升趋势。

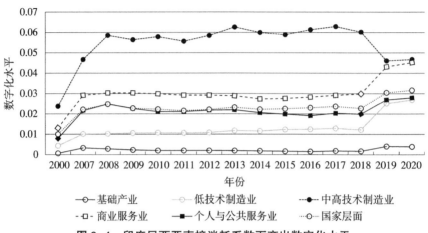

图6-4　印度尼西亚直接消耗系数下产出数字化水平

（五）菲律宾

图6-5所示为直接消耗系数下菲律宾五部门和国家层面产出数字化水平。中高技术制造业数字化水平最高，在2000—2007年快速上升后，在2008—2020年整体呈现波动下降趋势。基础产业和低技术制造业数字化水平较低，且无明显增长趋势，其他部门数字化水平变化趋势均相对平稳，国家层面数字化水平在2007—2020年整体呈缓慢下降趋势。

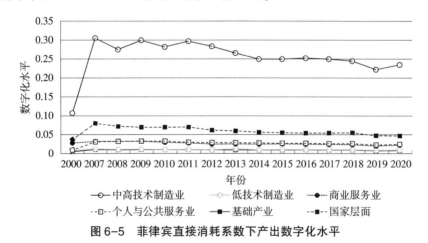

图6-5　菲律宾直接消耗系数下产出数字化水平

（六）越南

图 6-6 所示为直接消耗系数下越南五部门和国家层面产出数字化水平。其中，中高技术制造业数字化水平最高，但呈逐年大幅波动下降趋势。其次为商业服务业，在 2000—2009 年呈上升趋势，2009—2020 年保持平稳。个人与公共服务业数字化水平逐年下降，但下降幅度逐渐减弱。低技术制造业和基础产业数字化水平最低，在 2000—2007 年逐年下降，2007—2020 年保持平稳。国家层面在 2000—2012 年逐年下降，2012—2020 年保持平稳态势。

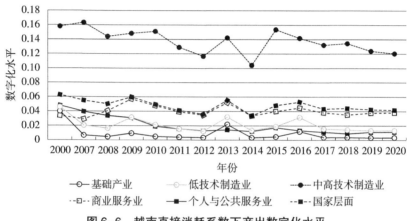

图 6-6　越南直接消耗系数下产出数字化水平

二、完全有效消耗系数

（一）新加坡

图 6-7 所示为完全有效消耗系数下新加坡五部门和国家层面产出数字化水平。中高技术制造业数字化水平最高，基础产业最低。中高技术制造业整体趋势呈"U"形，2015 年为拐点，基础产业和低技术制造业数字化水平在 2000—2017 年整体呈上升趋势，2017 年后略微下降。

商业服务业、个人与公共服务业及国家层面数字化水平在 2007—2017 年整体呈上升趋势，2017 年后以较大幅度下降后又有所回升。

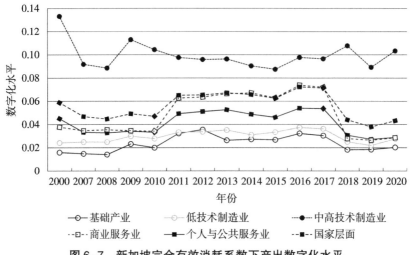

图 6-7　新加坡完全有效消耗系数下产出数字化水平

（二）马来西亚

图 6-8 所示为完全有效消耗系数下马来西亚五部门和国家层面产出数字化水平。从国家层面看，马来西亚的数字化水平呈先下降后上升趋势。从五部门层面看，中高技术制造业的数字化水平最高，但呈大幅波动下降趋势，特别是 2009 年前后波动幅度更大。基础产业与低技术制造业数值最小且变化趋势相似，都呈先下降后上升趋势，但是变化幅度较小。个人与公共服务业数值较大，且呈波动上升趋势。商业服务业的数字化水平较低，且呈"U"形变化趋势，变化幅度较小。

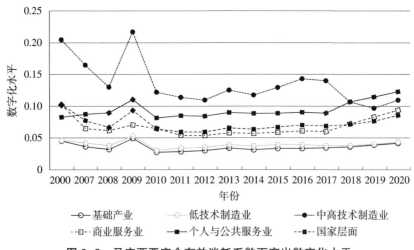

图 6-8　马来西亚完全有效消耗系数下产出数字化水平

（三）泰国

图 6-9 所示为完全有效消耗系数下泰国五部门和国家层面产出数字化水平。个人与公共服务业、商业服务业总体上呈下降趋势。基础产业在 2000—2011 年呈倒"U"形变动趋势，在 2011—2015 年上升，在 2015 年之后总体上呈下降趋势。低技术制造业在 2000—2011 年呈倒"V"形变动趋势，在 2011—2014 年变动较为平缓，在 2014—2019 年呈倒"U"形变动趋势，在 2019 年之后轻微上升。国家层面在 2000—2011 年呈倒"V"形变动趋势，在 2011—2014 年呈倒"U"形变动趋势，在 2014—2016 年呈倒"V"形变动趋势，在 2016 年之后变动较为平缓。中高技术制造业在 2000—2009 年呈"U"形变动趋势，在 2009—2011 年大幅度下降，在 2011—2014 年呈倒"U"形变动趋势，在 2014—2016 年呈倒"V"形变动趋势，在 2016—2019 年呈倒"U"形变动趋势，在 2019 年之后轻微上升。

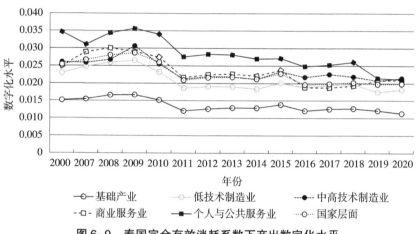

图 6-9　泰国完全有效消耗系数下产出数字化水平

（四）印度尼西亚

图 6-10 所示为完全有效消耗系数下印度尼西亚五部门和国家层面的产出数字化水平。从数值来看，中高技术制造业和商业服务业数字化水平最高，其次为个人与公共服务业和低技术制造业，基础产业的数字化水平最低。从变化趋势来看，2007—2017 年中高技术制造业数字化水平呈大幅波动上升趋势，在 2017—2020 年呈下降趋势。商业服务业、个人与公共服务业、国家层面以及低技术制造业和基础产业数字化水平在 2007—2018 年变化较为平稳，但在 2018—2020 年四个部门以及国家层面数字化水平均呈较大幅度上升趋势。

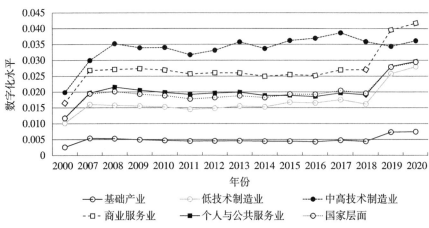

图6-10 印度尼西亚完全有效消耗系数下产出数字化水平

（五）菲律宾

图6-11所示为完全有效消耗系数下菲律宾五部门和国家层面的产出数字化水平。中高技术制造业遥遥领先于国家层面及其他部门，且在2000—2009年呈上升趋势，在2009—2020年呈波动下降趋势。国家层面与其他部门数字化水平较低，且变化趋势相对平稳，没有明显提升迹象。

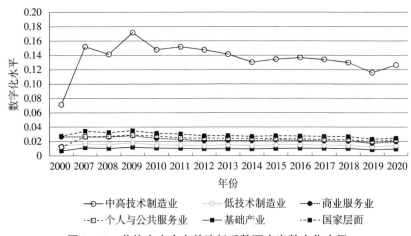

图6-11 菲律宾完全有效消耗系数下产出数字化水平

（六）越南

图6-12所示为完全有效消耗系数下越南五部门和国家层面的产出数字化水平。其中，中高技术制造业数字化水平最高，且遥遥领先于其他部门。其

次为商业服务业、低技术制造业、基础产业和个人与公共服务业。其中，中高技术制造业的数字化水平总体保持在 0.05~0.09。商业服务业的数字化水平也相对平稳。低技术制造业的数字化水平在 2000—2012 年逐年下降，2007—2020 年保持平稳，在 2012—2014 年、2015—2017 年短暂上升后有所下降。基础产业的数字化水平在 2000—2012 年有下降趋势，2012 年短暂上升，2013 年后再次波动下降。个人与公共服务业的数字化水平呈逐年下降趋势，但下降幅度较小。国家层面在 2000—2012 年逐年下降，2012—2020 年保持平稳态势。

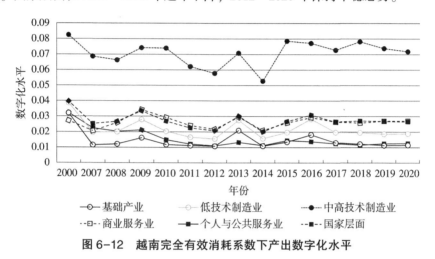

图 6-12　越南完全有效消耗系数下产出数字化水平

第二节　中间投入数字化

一、直接消耗系数

（一）新加坡

图 6-13 所示为直接消耗系数下新加坡五部门和国家层面的中间投入数字化水平。可以看出，在直接消耗系数下，新加坡国家层面数字化水平在 2008—2011 年呈上升态势，2011—2019 年整体呈下降趋势。五部门中中高技术制造业数字化水平最高，且在 2000—2015 年波动下降，在 2015—2020 年波动上升；商业服务业和个人与公共服务业两部门数字化水平较高，且变化趋势基本一致，在 2007—2011 年逐渐上升，2011—2019 年呈下降趋势；基础产业数字化水平较低，在 2007—2012 年逐渐提高，在 2012—2020 年呈下降趋势；低技术制造业的数字化水平最低，且只有小幅上升趋势。

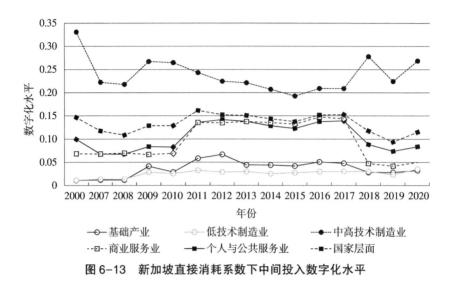

图6-13 新加坡直接消耗系数下中间投入数字化水平

（二）马来西亚

图6-14所示为直接消耗系数下马来西亚五部门和国家层面的中间投入数字化水平。从具体数值来看，低技术制造业数字化水平最高，中高技术制造业数字化水平最低。从国家层面来看，除特殊年份2009年外，整体呈波动上升趋势，2009年前后波动幅度明显，出现极大值。从五部门层面来看，各部门数字化水平走势与国家层面基本一致，但是个人与公共服务业数字化水平在2015年后有下降趋势。

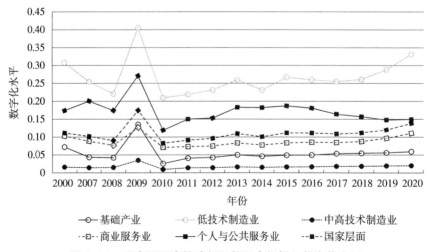

图6-14 马来西亚直接消耗系数下中间投入数字化水平

（三）泰国

图 6-15 所示为直接消耗系数下泰国五部门和国家层面的中间投入数字化水平。从具体数值来看，个人与公共服务业数字化水平最高，其次为商业服务业，且两者均高于国家层面。其余各部门的数字化水平均低于国家层面，且中高技术制造业、低技术制造业与基础产业数字化水平依次降低。从具体变动趋势来看，个人与公共服务业在 2000—2009 年呈"U"形变动趋势，在2009—2011 年下降，在 2011—2016 年呈倒"U"形变动趋势，在 2016—2018年上升，在 2018 年之后下降。商业服务业在 2000—2011 年呈倒"U"形变动趋势，在 2011—2015 年上升，在 2015—2020 年呈"U"形变动趋势。国家层面数字化水平变动趋势较为平缓。中高技术制造业在 2000—2009 年变动较为平缓，在 2009—2011 年下降，在 2011—2018 年变动较为平缓，在 2018 年之后下降。基础产业在 2000—2018 年变动较为平缓，在 2018 年之后下降。低技术制造业在 2000—2009 年呈"U"形变动趋势，在 2009—2018 年轻微下降，在 2018 年之后下降趋势明显。

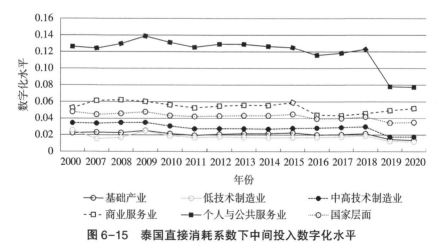

图 6-15　泰国直接消耗系数下中间投入数字化水平

（四）印度尼西亚

图 6-16 所示为直接消耗系数下印度尼西亚五部门和国家层面的中间投入数字化水平。从具体数值来看，商业服务业数字化水平最高，其次为中高技术制造业和个人与公共服务业，低技术制造业和基础产业较低。从变化趋势来看，2007—2017 年中高技术制造业数字化水平呈波动上升趋势，在 2017—2020 年呈下降趋势。2007—2018 年，商业服务业、个人与公共服务业、基础

产业以及国家层面数字化水平变化较为平稳,低技术制造业数字化水平呈小幅上升趋势。在 2018—2020 年,除中高技术制造业外,其余四个部门以及国家层面数字化水平均呈以较大幅度上升趋势。

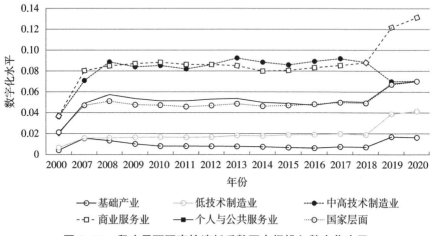

图 6-16　印度尼西亚直接消耗系数下中间投入数字化水平

（五）菲律宾

图 6-17 所示为直接消耗系数下菲律宾五部门和国家层面的中间投入数字化水平。从具体数值来看,中高技术制造业数字化水平最高,且遥遥领先于其他部门,但在 2007—2020 年呈波动下降趋势。个人与公共服务业、商业服务业、基础产业及低技术制造业数字化水平依次降低,在 2007—2020 年呈缓慢下降趋势。国家层面的中间投入数字化水平在 2007—2020 年也呈缓慢下降趋势。

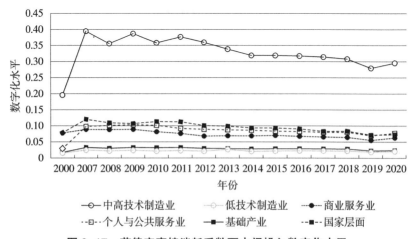

图 6-17　菲律宾直接消耗系数下中间投入数字化水平

（六）越南

图 6-18 所示为直接消耗系数下越南五部门和国家层面的中间投入数字化水平。从具体数值来看，中高技术制造业最高，其次为商业服务业，且二者均高于国家层面数值，但总体均呈逐年下降趋势。个人与公共服务业、低技术制造业和基础产业低于国家层面数值，且依次降低，均为逐年下降趋势，但个人与公共服务业下降幅度较大。国家层面的数字化水平在 2000—2012 年逐年下降，2012—2020 年保持平稳态势。

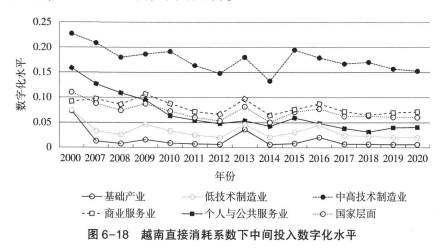

图 6-18　越南直接消耗系数下中间投入数字化水平

二、完全有效消耗系数

（一）新加坡

图 6-19 所示为完全有效消耗系数下新加坡五部门和国家层面的中间投入数字化水平。从具体数值来看，中高技术制造业最高，低技术制造业最低。从变动趋势来看，中高技术制造业数字化水平在 2008—2011 年逐渐提高，在 2011—2019 年呈下降趋势，2019 年后有所回升。低技术制造业数字化水平在 2008—2017 年逐渐提高，2017 年后有所下降。个人与公共服务业、商业服务业数字化水平与国家层面水平较为接近，均在 2007—2017 年整体呈上升趋势，且在 2010 年上升幅度相对较大，2017 年出现较大幅度下降之后又保持平稳。而基础产业数字化水平较低，且呈先升后降的趋势。

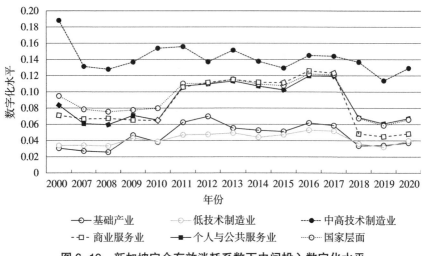

图 6-19 新加坡完全有效消耗系数下中间投入数字化水平

（二）马来西亚

图 6-20 所示为完全有效消耗系数下马来西亚五部门和国家层面的中间投入数字化水平。从具体数值来看，中高技术制造业最高，且遥遥领先于其他四部门，低技术制造业、国家层面、个人与公共服务业、基础产业依次降低，商业服务业最低。从变动趋势来看，国家层面的数字化水平除特殊年份外，均呈波动上升趋势。从五部门层面来看，各部门也基本呈波动上升趋势，特别是 2017 年之后上升趋势更明显。

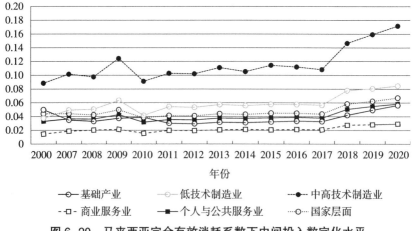

图 6-20 马来西亚完全有效消耗系数下中间投入数字化水平

（三）泰国

图 6-21 所示为完全有效消耗系数下泰国五部门和国家层面的中间投入数字化水平。从具体数值来看，个人与公共服务业最高，且遥遥领先于其他部门。商业服务业、中高技术制造业、低技术制造业和基础产业依次降低，且均低于国家层面。从变动趋势来看，个人与公共服务业在 2000—2016 年变动较为平缓，在 2016 年之后呈上升趋势。国家层面在 2000—2009 年轻微上升，在 2009—2015 年呈轻微的"U"形变动趋势，在 2015—2020 年呈"U"形变动趋势。商业服务业在 2000—2011 年呈倒"U"形变动趋势，在 2011—2015 年上升，在 2015—2020 年呈"V"形变动趋势。中高技术制造业、低技术制造业与基础产业变动趋势相近，在 2000—2009 年小幅上升，在 2009—2011 年下降，在 2011 年之后变动较为平缓。

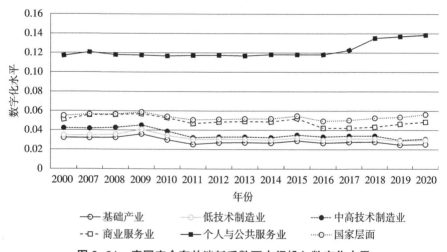

图 6-21　泰国完全有效消耗系数下中间投入数字化水平

（四）印度尼西亚

图 6-22 所示为完全有效消耗系数下印度尼西亚五部门和国家层面的中间投入数字化水平。从具体数值来看，商业服务业最高，其次为中高技术制造业和个人与公共服务业，低技术制造业和基础产业最低。从变化趋势来看，2007—2017 年中高技术制造业呈波动上升趋势，在 2017—2020 年呈下降趋势。2007—2018 年，商业服务业、个人与公共服务业、基础产业以及国家层面变化较为平稳，低技术制造业呈小幅上升趋势，在 2018—2020 年，五部门以及国家层面的数字化水平均呈以较大幅度上升趋势。

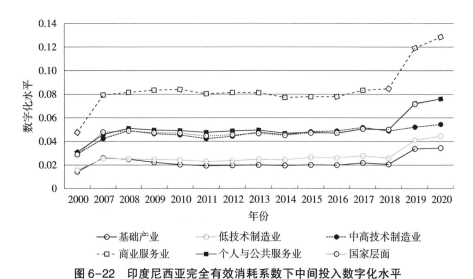

图 6-22　印度尼西亚完全有效消耗系数下中间投入数字化水平

（五）菲律宾

图 6-23 所示为完全有效消耗系数下菲律宾五部门和国家层面的中间投入数字化水平。从具体数值来看，中高技术制造业遥遥领先于其他部门，其次为个人与公共服务业、商业服务业和国家层面，基础产业和低技术制造业最低。其中，中高技术制造业在 2000—2009 年呈波动上升趋势，2009 年后呈下降趋势。个人与公共服务业、商业服务业、基础产业和低技术制造业在 2009—2020 年呈小幅下降趋势。国家层面的数字化水平在 2000—2010 年变化趋势不明显，在 2010—2020 年呈小幅下降趋势。

图 6-23　菲律宾完全有效消耗系数下中间投入数字化水平

（六）越南

图 6-24 所示为完全有效消耗系数下越南五部门和国家层面的中间投入数字化水平。从具体数值来看，中高技术制造业最高，但总体变化相对平稳。其次为个人与公共服务业和商业服务业，均呈逐年下降趋势，且个人与公共服务业下降幅度更大。低技术制造业和基础产业的数字化水平最低，2000—2007 年逐年下降，2007—2020 年保持平稳变化态势，在 2012—2013 年经历短暂上升后又开始下降。国家层面在 2000—2012 年逐年下降，在 2012—2020 年保持平稳态势。

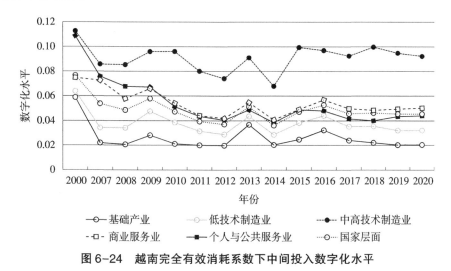

图 6-24　越南完全有效消耗系数下中间投入数字化水平

第三节　产出智能化

一、直接消耗系数

（一）新加坡

图 6-25 所示为直接消耗系数下新加坡五部门和国家层面的产出智能化水平。从具体数值来看，中高技术制造业高于国家层面且遥遥领先于其他部门，商业服务业、个人与公共服务业、低技术制造业数值较为接近且均较小，基础产业数值最小。从变动趋势来看，新加坡产出智能化水平在 2008—2011 年

逐渐提高，在 2011—2019 年波动下降后又继续上升。五部门中，中高技术制造业在 2009—2015 年逐渐降低，在 2015—2020 年波动上升；商业服务业的智能化水平在 2010 年有所上升，2017 年有所下降，其余年份基本保持平稳；基础产业的智能化水平在 2012 年前不断上升，2012 年后呈下降趋势；低技术制造业整体保持平稳态势，但是 2017 年后有所下降。

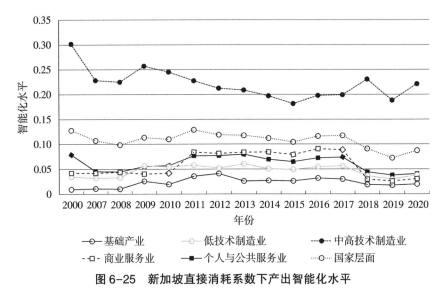

图 6-25　新加坡直接消耗系数下产出智能化水平

（二）马来西亚

图 6-26 所示为直接消耗系数下马来西亚五部门和国家层面的产出智能化水平。从国家层面来看，马来西亚智能化水平总体呈小幅下降趋势。从五部门层面来看，中高技术制造业的智能化水平最高，下降趋势较为明显，下降速度较快。低技术制造业和基础产业的智能化水平最低，且均呈小幅下降趋势。个人与公共服务业呈小幅上升趋势，2017 年后上升幅度提升，商业服务业和个人与公共服务业数值接近，波动趋势基本一致，呈明显上升趋势。

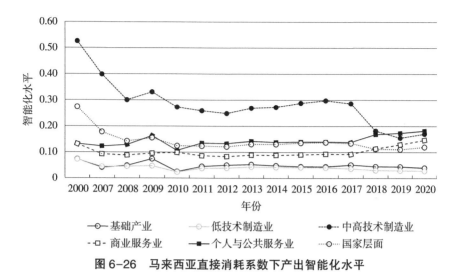

图 6-26 马来西亚直接消耗系数下产出智能化水平

（三）泰国

图 6-27 所示为直接消耗系数下泰国五部门和国家层面的产出智能化水平。从具体数值来看，个人与公共服务业最大，商业服务业、国家层面、基础产业与低技术制造业数值相近，中高技术制造业最小。从变动趋势看，五部门和国家层面大致在 2000—2011 年下降，2011—2018 年相对平稳，2018—2020 年又开始下降，其中个人与公共服务业下降幅度最大。

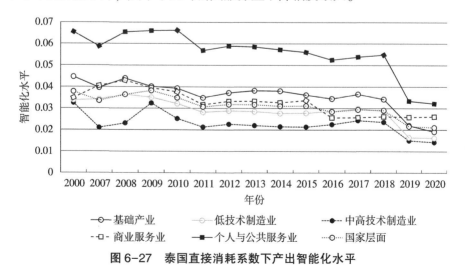

图 6-27 泰国直接消耗系数下产出智能化水平

(四) 印度尼西亚

图 6-28 所示为直接消耗系数下印度尼西亚五部门和国家层面的产出智能化水平。从具体数值来看，中高技术制造业高于国家层面且遥遥领先于其他部门，商业服务业与国家层面不相上下，个人与公共服务业、低技术制造业和基础产业依次降低。从变动趋势来看，2000—2017 年，中高技术制造业智能化水平呈波动上升趋势，之后呈下降趋势。2008—2018 年，商业服务业、个人与公共服务业、基础产业智能化水平变化平稳，在 2018—2020 年呈上升趋势。低技术制造业以及国家层面智能化水平总体呈小幅上升趋势。

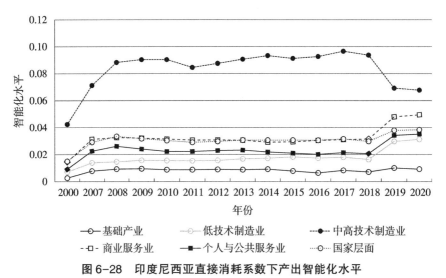

图 6-28 印度尼西亚直接消耗系数下产出智能化水平

(五) 菲律宾

图 6-29 所示为直接消耗系数下菲律宾五部门和国家层面的产出智能化水平。从具体数值来看，菲律宾中高技术制造业智能化水平高于国家层面，且遥遥领先于其他部门。其他各部门数值较小且较为接近，基础产业数值最小。从变动趋势来看，中高技术制造业在 2000—2007 年呈现大幅上升趋势，2007—2020 年整体呈波动下降趋势，其他部门变化趋势相对平稳，国家层面智能化水平在 2000—2007 年呈上升趋势，2007—2020 年呈小幅下降趋势。

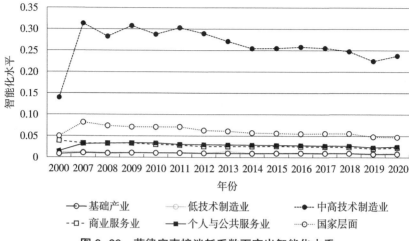

图 6-29 菲律宾直接消耗系数下产出智能化水平

（六）越南

图 6-30 所示为直接消耗系数下越南五部门和国家层面的产出智能化水平。从具体数值来看，中高技术制造业智能化水平最高且高于国家层面，但波动频繁，总体呈下降趋势。其余部门均低于国家层面，商业服务业较高，且在 2000—2013 年逐年上升，2013 年后回落。个人与公共服务业逐年小幅下降。低技术制造业在 2000—2012 年逐年下降，2012 年后保持平稳态势。基础产业在 2000—2013 年逐年上升，2013 年后回落。国家层面在 2000—2012 年波动下降，2012—2016 年波动回升，2016 年后又逐年下降。

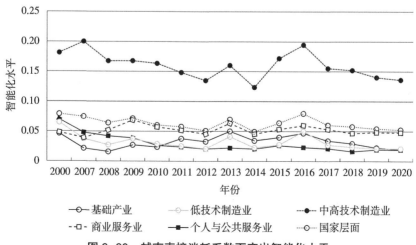

图 6-30 越南直接消耗系数下产出智能化水平

二、完全有效消耗系数

(一) 新加坡

图 6-31 所示为完全有效消耗系数下新加坡五部门和国家层面的产出智能化水平。从具体数值来看，中高技术制造业高于国家层面且遥遥领先于其他部门，但总体呈下降趋势。其他部门均低于国家层面，且商业服务业、低技术制造业和个人与公共服务业依次降低，基础产业最低。低技术制造业、商业服务业、个人与公共服务业及国家层面的智能化水平在 2007—2017 年均呈上升趋势，2017 年后开始下降。而基础产业的智能化水平在 2012 年前不断上升，2012 年后整体呈下降趋势。

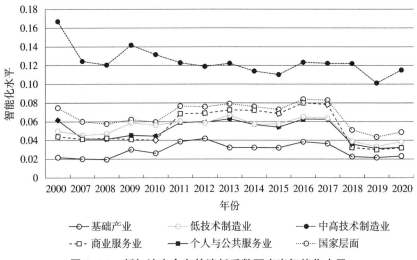

图 6-31 新加坡完全有效消耗系数下产出智能化水平

(二) 马来西亚

图 6-32 所示为完全有效消耗系数下马来西亚五部门和国家层面的产出智能化水平。从国家层面来看，马来西亚的智能化水平呈缓慢下降趋势，2017 年后略微回升。从五部门层面来看，中高技术制造业的智能化水平最高，但下降速度较快。低技术制造业和基础产业的智能化水平最低，两部门数值接近，均有小幅下降趋势。个人与公共服务业为上升趋势，特别是 2017 年后上升幅度较为明显。商业服务业呈"U"形变动趋势，但总体变化幅度较小。

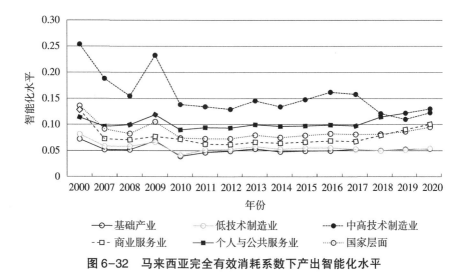

图 6-32　马来西亚完全有效消耗系数下产出智能化水平

（三）泰国

图 6-33 所示为完全有效消耗系数下泰国五部门和国家层面的产出智能化水平。从具体数值来看，中高技术制造业、低技术制造业和个人与公共服务业数值均较大，较为接近且高于国家层面，商业服务业与基础产业均低于国家层面。从变动趋势来看，各部门和国家层面大致为 2000—2011 年下降，2011—2015 年保持平稳，2015—2019 年小幅下降，2020 年开始提升。

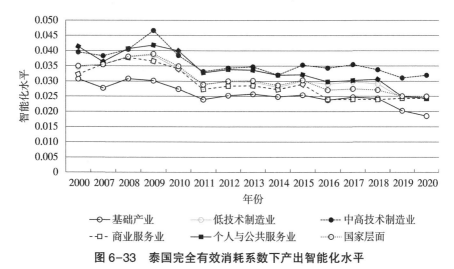

图 6-33　泰国完全有效消耗系数下产出智能化水平

（四）印度尼西亚

图 6-34 所示为完全有效消耗系数下印度尼西亚五部门和国家层面的产出智能化水平。从具体数值来看，中高技术制造业、商业服务业、国家层面、个人与公共服务业、低技术制造业和基础产业智能化水平依次降低。其中，中高技术制造业远高于其他部门，且在 2000—2017 年呈波动上升趋势，之后呈下降趋势。商业服务业、个人与公共服务业、基础产业的智能化水平在 2008—2018 年变化均较平稳，之后呈逐年上升趋势。低技术制造业以及国家层面的智能化水平总体均呈小幅上升趋势。

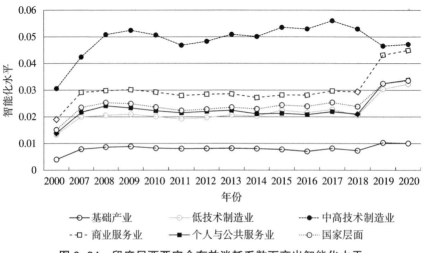

图 6-34 印度尼西亚完全有效消耗系数下产出智能化水平

（五）菲律宾

图 6-35 所示为完全有效消耗系数下菲律宾五部门和国家层面的产出智能化水平。其中，中高技术制造业智能化水平最高，且遥遥领先于其他部门，在 2000—2009 年呈大幅度上升趋势，在 2007—2019 年呈波动下降趋势，2019 年后又有所回升。其他部门的智能化水平与国家层面数值相近，且均呈缓慢下降趋势。

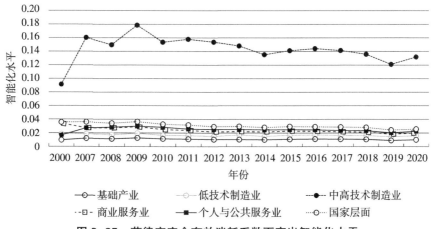

图6-35 菲律宾完全有效消耗系数下产出智能化水平

(六) 越南

图6-36所示为完全有效消耗系数下越南五部门和国家层面的产出智能化水平。其中,中高技术制造业高于国家层面,且遥遥领先于其他部门,但波动较为频繁,2000—2012年逐年下降,2012—2016年波动回升,2016年后再次下降。其他部门与国家层面数值较为接近,但低于国家层面,个人与公共服务业数值最小且呈波动下降趋势。国家层面在2000—2012年呈下降趋势,在2012—2016年回升,2016年后逐年下降。商业服务业在2000—2013年波动上升,2013年后回落。低技术制造业在2000—2012年呈下降趋势,2012年后保持平稳变化。基础产业在2000—2013年波动上升,2013年后又开始下降。

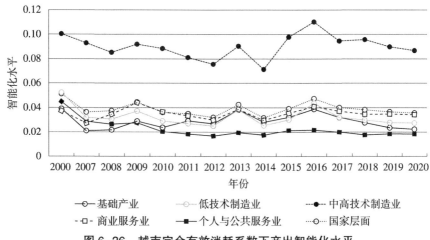

图6-36 越南完全有效消耗系数下产出智能化水平

第四节　中间投入智能化

一、直接消耗系数

（一）新加坡

图 6-37 所示为直接消耗系数下新加坡五部门和国家层面的中间投入智能化水平。从具体数值来看，中高技术制造业高于国家层面，且遥遥领先于其他部门，其他部门低于国家层面，且个人与公共服务业、商业服务业、低技术制造业和基础产业依次降低。从变动趋势来看，国家层面的智能化水平在2008—2011 年逐渐提高，2011—2019 年波动下降，之后开始回升。中高技术制造业智能化水平在 2009—2015 年逐渐降低，2015—2020 年波动上升；个人与公共服务业和商业服务业智能化水平在 2010 年有所上升，2017 年有所下降，其余年份基本保持平稳；基础产业的智能化水平在 2012 年前波动上升，2012 年后呈下降趋势；低技术制造业的智能化水平在 2017 年前呈平稳态势，但在 2017 年后逐渐下降。

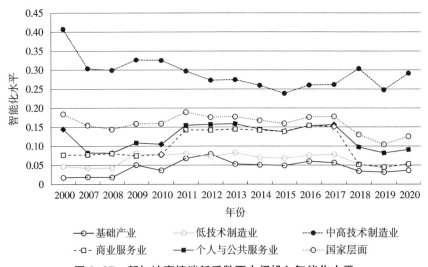

图 6-37　新加坡直接消耗系数下中间投入智能化水平

（二）马来西亚

图 6-38 所示为直接消耗系数下马来西亚五部门和国家层面的中间投入智能化水平。从国家层面来看，马来西亚的中间投入智能化水平在 2010 年之前下降趋势较为明显，2010 年后略有回升。从五部门层面来看，中高技术制造业高于国家层面且遥遥领先于其他部门，但下降趋势也较为明显。个人与公共服务业和商业服务业数值接近，波动趋势基本一致，均呈小幅上升趋势。低技术制造业和基础产业的中间投入智能化水平最低，且均呈小幅下降趋势。

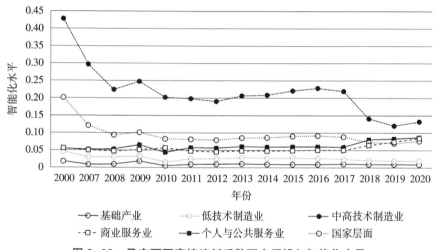

图 6-38　马来西亚直接消耗系数下中间投入智能化水平

（三）泰国

图 6-39 所示为直接消耗系数下泰国五部门和国家层面的中间投入智能化水平。从具体数值来看，个人与公共服务业最高，再者为基础产业和商业服务业，且均高于国家层面，中高技术制造业和低技术制造业依次降低，且均低于国家层面。从变动趋势来看，五部门和国家层面均呈不同程度的下降趋势，特别是在 2018 年后下降趋势更明显。

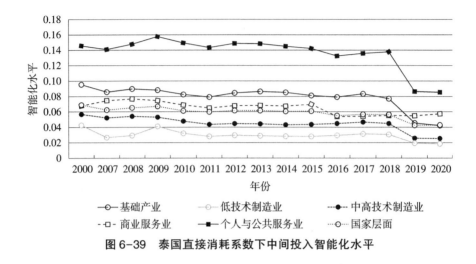

图6-39 泰国直接消耗系数下中间投入智能化水平

（四）印度尼西亚

图6-40所示为直接消耗系数下印度尼西亚五部门和国家层面的中间投入智能化水平。从具体数值来看，中高技术制造业和商业服务业数值较大，且高于国家层面数值；基础产业和低技术制造业数值较小，低于国家层面数值；个人与公共服务业数值居中。中高技术制造业在2000—2017年呈波动上升趋势，2017—2020年呈下降趋势。低技术制造业和国家层面总体均呈小幅上升趋势。2008—2018年，商业服务业、个人与公共服务业和基础产业变化较小，之后呈上升趋势。

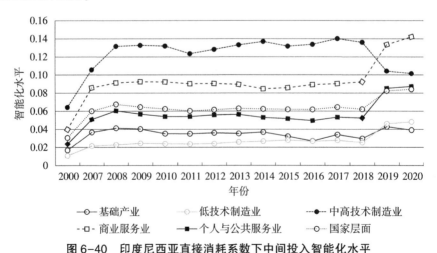

图6-40 印度尼西亚直接消耗系数下中间投入智能化水平

（五）菲律宾

图 6-41 所示为直接消耗系数下菲律宾五部门和国家层面的中间投入智能化水平。从具体数值来看，中高技术制造业中间投入智能化水平高于国家层面，且遥遥领先于其他部门，但在 2007—2019 年呈波动下降趋势，2019 年后呈小幅上升趋势。其次为国家层面，在 2000—2011 年呈波动上升趋势，在 2011—2019 年呈缓慢下降趋势，2019 年之后又缓慢提升。之后为个人与公共服务业和商业服务业，均在 2009—2019 年呈缓慢下降趋势。基础产业和低技术制造业智能化水平均较低，且没有明显提升迹象。

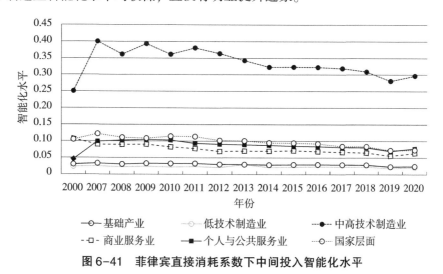

图 6-41 菲律宾直接消耗系数下中间投入智能化水平

（六）越南

图 6-42 所示为直接消耗系数下越南五部门和国家层面的中间投入智能化水平。从具体数值来看，越南国家层面中间投入智能化水平在 2000—2020 年呈波动下降趋势。其中，中高技术制造业智能化水平最高，但总体在频繁波动中逐渐下降，且 2016 年后下降幅度较大。其次为商业服务业和个人与公共服务业，均呈逐年下降趋势，特别是个人与公共服务业，其中间投入智能化水平在 2000—2012 年大幅下降，2012—2020 年下降速度变缓。低技术制造业和基础产业数值均较小，且总体均呈下降趋势。

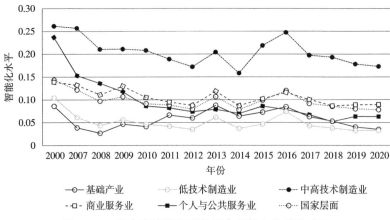

图 6-42　越南直接消耗系数下中间投入智能化水平

二、完全有效消耗系数

（一）新加坡

图 6-43 所示为完全有效消耗系数下新加坡五部门和国家层面的中间投入智能化水平。从具体数值来看，中高技术制造业高于国家层面，且遥遥领先于其他部门，但总体呈下降趋势。其他部门均低于国家层面，且个人与公共服务业、商业服务业、低技术制造业和基础产业依次降低。其中，商业服务业、个人与公共服务业及国家层面中间投入智能化水平在 2007—2017 年逐渐提高，2017 年后开始下降。低技术制造业在 2017 年之前保持平稳态势，2017 年之后呈下降趋势。基础产业智能化水平在 2012 年前不断上升，2012 年后呈下降趋势。

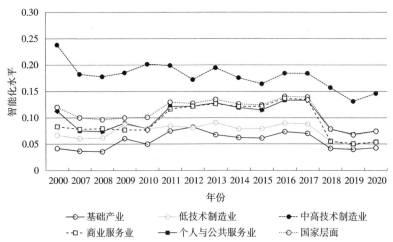

图 6-43　新加坡完全有效消耗系数下中间投入智能化水平

（二）马来西亚

图 6-44 所示为完全有效消耗系数下马来西亚五部门和国家层面的中间投入智能化水平。从国家层面来看，马来西亚的中间投入智能化水平呈 "U"形变动趋势，2011 年前为缓慢下降趋势，2011—2017 年基本保持平稳，2017年后有所提升。从五部门层面来看，中高技术制造业智能化水平高于国家层面且遥遥领先于其他部门，但下降速度也较快；其他部门均低于国家层面，其中个人与公共服务业和商业服务业数值接近，波动趋势也较为一致，2017年前较为平稳，2017 年后呈小幅提升趋势。低技术制造业中间投入智能化数值较小，且呈缓慢下降趋势。基础产业中间投入智能化水平最低，且没有明显提升迹象。

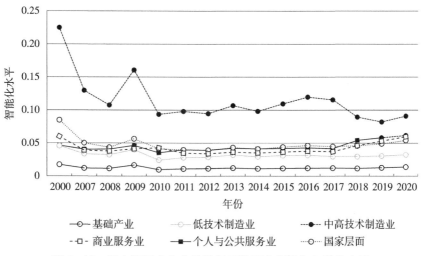

图 6-44　马来西亚完全有效消耗系数下中间投入智能化水平

（三）泰国

图 6-45 所示为完全有效消耗系数下泰国五部门和国家层面中间投入智能化水平。从具体数值来看，个人与公共服务业的中间投入智能化水平较高，且高于国家层面，其余部门价值链智能化水平均低于国家层面，且商业服务业、基础产业、中高技术制造业和低技术制造业依次降低。从变动趋势来看，个人与公共服务业在 2000—2016 年变动较为平缓，2016—2018 年大幅度上升，2018—2020 年小幅上升；国家层面、商业服务业、基础产业、中高技术制造业、低技术制造业在 2000—2009 年总体上呈上升趋势，2009—2019 年呈下降趋势，2020 年开始有所回升。

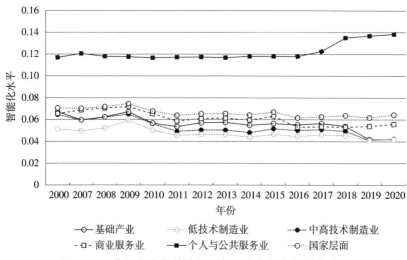

图 6-45　泰国完全有效消耗系数下中间投入智能化水平

（四）印度尼西亚

图 6-46 所示为完全有效消耗系数下印度尼西亚五部门和国家层面中间投入智能化水平。从具体数值来看，商业服务业数值最大，且总体呈上升趋势。中高技术制造业、国家层面和个人与公共服务业不相上下，低技术制造业和基础产业数值最小。中高技术制造业在 2000—2017 年呈波动上升趋势，2017—2020 年呈下降趋势。国家层面和其他三部门都是在 2000—2008 年提升，2008—2011 年下降，2011—2017 年提升，2018 年受中美贸易摩擦影响稍有下降后，2019 年开始逐渐回升。

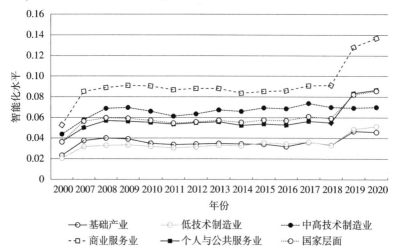

图 6-46　印度尼西亚完全有效消耗系数下中间投入智能化水平

（五）菲律宾

图 6-47 所示为完全有效消耗系数下菲律宾五部门和国家层面中间投入智能化水平。从具体数值来看，中高技术制造业中间投入智能化水平最高，且在 2000—2009 年呈波动上升趋势，2009—2019 年呈波动下降趋势，2019 年后呈小幅上升趋势。个人与公共服务业和商业服务业的智能化水平依次降低，2009—2019 年总体上呈缓慢下降趋势。国家层面和商业服务业数值较为接近，在 2000—2019 年总体上呈波动下降趋势，2019 年后呈小幅上升趋势。基础产业和低技术制造业数值均较小，且变化趋势均相对平稳。

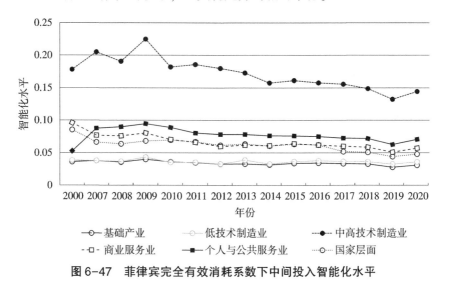

图 6-47 菲律宾完全有效消耗系数下中间投入智能化水平

（六）越南

图 6-48 所示为完全有效消耗系数下越南五部门和国家层面中间投入智能化水平。从具体数值来看，中高技术制造业高于国家层面且遥遥领先于其他部门，虽然在 2000—2014 年有所下降，但在 2014—2016 年显著上升，2016 年之后在频繁波动中回落。其他部门在 2011 年之后与国家层面数值较为接近，变化趋势也趋同，总体均呈在波动中不断下降之势。其中，商业服务业波动相对频繁，总体上逐年下降。个人与公共服务业显著下降，2000—2012 年大幅下降，2012—2020 年小幅下降。低技术制造业在 2000—2012 年逐年下降后回升，2016 年开始再次下降。基础产业在 2000—2008 年逐年下降，2008—2013 年逐年回升，2013 年后再次下降。国家层面除在 2009 年、2013

年和 2016 年稍有回升外，其余年份均呈波动下降之势。

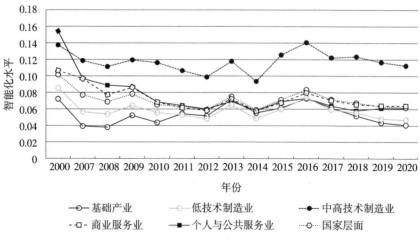

图 6-48　越南完全有效消耗系数下中间投入智能化水平

第七章

东盟承接产业转移演进趋势

发达国家可通过产业转移调整产业结构，实现其全球战略目标；发展中国家则可通过承接产业转移实现产业结构优化升级和经济发展。随着东盟数字化水平的不断提升，承接产业转移对参与国际分工的影响进一步加大，因此，了解东盟国家承接产业转移演进趋势，对研究数字化如何影响东盟参与全球生产网络发展动态具有重要意义。

本章将产业转移作为中介变量，分别从东盟承接全球产业转移、承接不同区域产业转移、承接典型国家产业转移以及承接不同类型产业转移四个维度对 2007—2019 年东盟承接产业转移演进趋势进行分析。

第一节 全球产业转移政策背景及测度方法

本部分首先对 2008 年金融危机后影响全球产业转移的相关政策背景进行梳理，然后对东盟承接全球产业转移格局进行分析。

一、全球产业转移政策背景

2008 年由美国次贷危机引发的全球性金融危机对发达国家经济造成重创，发达国家在"去工业化"战略的引领下虽然经济高速发展，但产业空心化造成了经济增长乏力。在此背景下，发达国家鼓励"再工业化"，重新调整其在全球的产业布局，发展国内制造业，并吸引海外制造业回流。制造业回流主要是指一些发达国家的大型跨国公司、海外子公司撤出或部分撤出东道国的现象。制造业回流主要分为两种形式：一种是回迁型回流，即跨国公司将其在海外布局的工厂或生产线迁回本国，或者增加其对本国工厂或生产线的投资；另一种是外包型回流，即本土企业由原来向国外制造商采购转向本土采购。上述政策不仅会加速制造业向发达国家本土回流，同时也会影响东盟承接产业转移格局，下面对主要发达国家采取的具体措施进行梳理。

（一）美国

2009 年 2 月 17 日，奥巴马政府出台了《美国复苏与再投资法案》，明确美国政府为推行"重振美国制造业"战略可提供 7870 亿美元的资金，其中包括对科技研究、智能电网、可再生能源等领域的研发与投资，并拨款 7.3 亿美元用于解决中小企业融资难问题；同年 12 月，美国政府发布了《重振美国制造业框架》，该框架为美国"再工业化"战略提供了重要指引；2010 年美国相继颁布了《制造业促进法案》《美国竞争授权法案》，提出通过制造业再发展，创造就业机会，保持美国竞争力，奥巴马政府还宣布设立总额为 300 亿美元的信贷基金，帮助中小企业融资；2011 年相继发布了《美国创新战略：推动可持续增长和高质量就业》、《先进制造合作伙伴计划》（AMP），提出通过政府支持、企业主导、学术界提供科研支撑，共同推动美国制造业整体振兴的指导思想，并将高端制造业、机器人技术、先进材料制造业等列为"再工业化"战略重点发展领域。2012 年美国国家科学技术委员会发布了《先进制造业国家战略计划》，提出打造工业互联网，将先进技术应用到传统制造业当中，打破智慧与机器的边界，并投入 133 亿美元用于支持技术领域的创新活动；2014 年提出了《振兴美国先进制造业 2.0 版》，着重发展数字化技术，并成立数字化制造与设计创新联盟。通过上述举措可以看出，奥巴马政府试图通过技术革新推动美国制造业振兴，着重发展新能源和先进制造业，重视中小企业技术创新。特朗普政府执政后，主要通过税收体制改革和鼓励贸易保护主义振兴美国制造业，具体表现为下调企业所得税税率、大幅下调企业海外利润汇回税率、上调个人所得税起征点等；在贸易方面，特朗普政府遵循美国优先原则，以美国利益最大化为最终目标，向其主要贸易伙伴施压，直接挑起贸易摩擦。

（二）德国

德国在欧洲乃至世界上一直处于制造强国行列，金融危机之后，德国并未过分强调制造业回流政策或计划，但事实上，"德国制造"对世界经济和制造业发展产生了深远影响，同时也是品质和信誉的代名词，这与其重视制造业发展的传统以及政府、企业共同努力密不可分。德国十分鼓励发明创造和技术创新，直接推动了德国制造业高速发展，并带动德国能源、交通、医疗等众多行业进步。政府对制造业发展的积极引导也使德国制造业后来居上，德国政府会定期举行会议来分析当前德国工业发展情况和趋势。金融危机期间，德国政府采取扶持、补贴等政策，避免了制造业大规模裁员，以此稳定制造业就业形势。此外，德国一直致力于中高端制造业的发展，通过实施"工业4.0"战略，促进本国高端制造业发展，保持制造业竞争力。

（三）日本

在其他国家推行制造业回流政策的影响下，日本也提出了关于制造业发展的战略，主要强调产业技术竞争力。2009年、2010年日本相继发布了《日本制造业竞争策略》《日本制造业》专题报告，主要着眼于以制造业为主的五个战略性新兴产业发展。2011年日本政府制定了《应对日元升值综合经济对策》，提出以日本制造业为主要帮扶对象，旨在强化日本工业竞争力，避免出现产业空心化现象。2014年日本分别制定了《以3D打印为核心的制造革命计划》《机器人开发五年计划》，确定"推进成长战略的方针"。此外，金融危机以来，日本每年都会发布《制造业白皮书》，由此可见日本对发展制造业的重视程度。

二、产业转移测度方法

一国贸易出口可以根据贸易品价值来源、最终吸收地和吸收渠道的不同，分解为16种不同路径，而产业转移经过一定累积会表现为生产地域分工的形成和区域间贸易的发生，即使两个地区间没有直接的产业迁移活动，一个地区的需求增加导致的另一个地区产业的增加也应当被视为产业转移的发生，因此产值或贸易的变化可以在一定程度上反映区域间产业转移。本书考虑到产业间投入产出关系，参考刘红光等（2011）、王恕立和吴永亮（2017）的研究，构建产业转移净值指标，对东盟承接产业转移进行具体衡量。

由总需求＝（国内中间需求＋国外中间需求）＋（国内最终需求＋国外最终需求）可得：

$$X_d = （A_{dd} X_d + A_{df} X_f）+ （Y_{dd} + Y_{df}） \tag{7-1}$$

式中，d代表本国；f代表外国；X_d和X_f是$n×1$产出向量，代表本国与外国n个可贸易部门的总产出；Y_{dd}和Y_{df}为最终消费向量，分别代表本国最终消费量和对外国的出口量；A代表$n×n$直接消耗系数矩阵；A_{dd}代表本国总产出中消耗本国产品的消耗系数矩阵；A_{df}代表外国产出中消耗本国产品的消耗系数矩阵。式（7-1）可表示为里昂惕夫逆矩阵（B）：

$$X=(I-A)-Y=BY \tag{7-2}$$

假设 W_d 代表 $1 \times n$ 的国内直接增加值率向量，E_{d^*} 代表 $n \times 1$ 的出口向量，则有：

$$W_d = u(I - \sum_f A_{fd}) \tag{7-3}$$

$$E_{d^*} = \sum_{f \neq d} E_{df} = \sum_f (A_{df} X_f + Y_{df}) \tag{7-4}$$

将出口增加值流向进一步细化后，出口产品总价值可分为：

$$E_{df} = W_d B_{dd} \sum_{f \neq d} Y_{df} + W_d B_{dd} \sum_{f \neq d} A_{df} X_{ff} + W_d B_{dd} \sum_{f \neq d} \sum_{s \neq d, f} A_{df} X_{fs} +$$
$$W_d B_{dd} \sum_{f \neq d} A_{df} X_{fd} + FV_d \tag{7-5}$$

其中

$$FV_d = V_f B_{fd} E_{d^*} = V_f B_{fd} \sum_f (A_{df} X_f + Y_{df}) \tag{7-6}$$

在具体测算中，由于过程和方向的不同，将被进口国又出口回本国的国内增加值和出口中隐含的国外增加值部分予以剔除，得到产业转移净值的测算公式：

$$NX_{df} = E_{df} - W_d B_{dd} \sum_{f \neq d} A_{df} X_{fd} - FV_d =$$
$$W_d B_{dd} \sum_{f \neq d} Y_{df} + W_d B_{dd} \sum_{f \neq d} A_{df} X_{ff} + W_d B_{dd} \sum_{f \neq d} \sum_{s \neq d, f} A_{df} X_{fs} \tag{7-7}$$

在 $[t, t+1]$ 时期，产业转移可表示为 $\Delta NX = NX_{df}^{t+1} - NX_{df}^t$。选用 ADB-MRIO 数据库中 2007—2020 年东盟主要六国对全球各国出口贸易分解数据作为测算东盟承接全球产业转移的数据源，先将上述公式中对应部分进行加总，再逐年作差即可得到 2007—2019 年东盟承接全球产业转移数据。

第二节 承接全球产业转移

一、东盟总体

东盟承接全球产业转移总体呈"U"形变化趋势。2007—2010年东盟承接全球产业转移较多，2010年达到了539.91亿美元，但承接全球低技术制造业转移较多，承接中高端制造业转移较少，可能是由于东盟经济发展水平、劳动力成本均较低，低技术制造业规模较大，因此承接低技术制造业转移规模大于中高端制造业。金融危机对东盟承接全球产业转移冲击较大，这一时期东盟承接全球产业转移规模呈断崖式下跌，减少了245.81亿美元。2011—2015年，东盟承接全球产业转移规模处于低位，可能是因为欧美日等发达国家和地区自金融危机后纷纷调整产业布局，推行制造业回流政策，导致东盟承接全球制造业转移出现减少趋势，如图7-1所示。

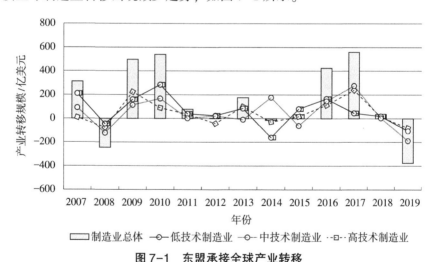

图7-1 东盟承接全球产业转移

数据来源：根据ADB-MRIO数据库数据整理。

2015年以后，东盟承接全球产业转移增长态势明显，且主要为中高技术制造业的转移，这可能是因为东盟国家近几年来数字化水平提升明显，工业基础设施逐渐完善，吸引了全球中高端制造业转移，同时说明欧美日等发达国家和地区推行的制造业回流政策对东盟承接全球产业转移为短期影响，长期来看，东盟承接产业转移受数字化影响更大。2017 年后东盟承接全球产业转移规模出现大幅下滑，可能是因为贸易保护主义抬头与中美贸易摩擦叠加导致全球价值链收缩，全球制造业转移意愿降低。

二、东盟区域内各国

东盟各国承接全球产业转移总体呈 "U" 形变化趋势。2011 年前，东盟主要国家承接全球产业转移规模较大。印度尼西亚承接规模最大，为 200 亿美元左右，其次为马来西亚，规模约为 130 亿美元，可能是因为印度尼西亚、马来西亚与其他东盟国家相比，经济发展水平较高，产业转移环境更为宽松。新加坡承接产业转移规模略小，可能是因为新加坡制造业规模并不大，加之劳动力、土地、资源等要素价格昂贵，在承接全球产业转移时并不具备优势，如图 7-2 所示。

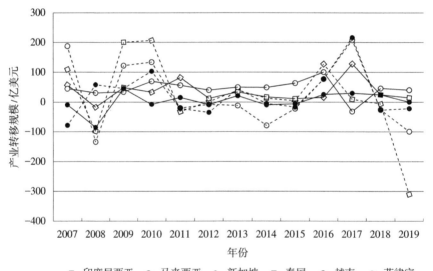

图 7-2　东盟各国承接全球产业转移情况

数据来源：根据 ADB-MRIO 数据库数据整理。

2011—2015 年，东盟国家承接产业转移规模总体下降，说明欧美日等发达国家和地区调整产业布局，推行制造业回流政策对东盟承接全球产业转移造成了冲击。这一时期，越南承接产业转移规模最大，但仅为 60 亿美元左右，这可能是因为越南经济发展水平低，承接产业转移大部分为低技术制造业，而发达国家和地区制造业回流政策主要针对中高端制造业，因此越南承接产业转移并未受到太大冲击。2015 年后，东盟承接全球产业转移规模明显增加，这说明近几年欧美日等发达国家和地区制造业回流政策的影响日渐式微，东盟承接全球产业转移规模随数字化水平提升不断增大。

（一）新加坡

新加坡承接全球产业转移总体呈"U"形变化趋势，与东盟总体承接全球产业转移趋势吻合，但低技术制造业承接规模较小且变化平稳，可能是因为新加坡经济发展水平较高，产业转型升级早已完成，低端制造业并非其发展重心，且新加坡的劳动力、土地、资源等各项成本均较高，对全球低端制造业并没有吸引力，因而转移规模始终处于低位。

新加坡承接全球中高技术制造业转移规模高于低技术制造业，2017 年分别转移了 112.75 亿美元和 92.95 亿美元，这可能是因为随着新加坡数字化水平提升，中高端制造业发展水平也在提升，这为新加坡承接全球中高技术制造业转移提供了有力支撑。同时也说明发达国家和地区制造业回流政策在短期内效果显著，但随着东盟数字化水平提升，新加坡吸引全球产业转移能力在逐渐增强，如图 7-3 所示。

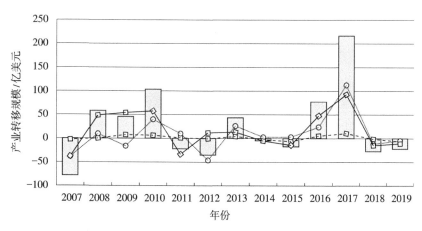

图 7-3　新加坡承接全球产业转移规模

数据来源：根据 ADB-MRIO 数据库数据整理。

（二）马来西亚

马来西亚承接全球产业转移总体呈"U"形变化趋势。2011—2015 年承接全球产业转移规模呈减小趋势，说明欧美日等发达国家和地区鼓励制造业回流对马来西亚承接全球产业转移产生了冲击；2015年后承接规模增大；2018—2019年受贸易保护主义影响，马来西亚承接全球产业转移规模不断收缩，2019年减少了99.09亿美元。2010年后，马来西亚承接低技术制造业转移规模减小趋势明显，承接中高技术制造业转移规模增大，2017年承接高技术制造业转移达到峰值，为136.61亿美元，可能是因为近几年马来西亚数字化发展速度较快，高技术制造业各项配套设施不断完善，生产能力随之提升，吸引了全球高技术制造业流入。2018年马来西亚承接全球高技术制造业转移规模大幅下跌，这与贸易保护主义抬头及发达国家和地区对本国（地区）高端制造业保护密切相关，如图7-4所示。

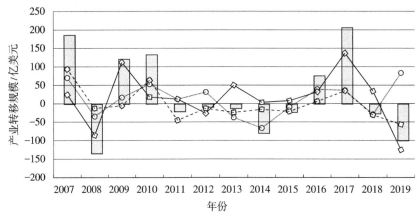

图7-4 马来西亚承接全球产业转移规模

数据来源：根据ADB-MRIO数据库数据整理。

（三）印度尼西亚

印度尼西亚承接全球制造业转移规模波动较大，2010年及以前印度尼西亚承接全球产业转移较多，2010年达到了206.83亿美元，在东盟主要国家中承接产业转移规模最大，且大部分为中低技术制造业转移。

2010年后，印度尼西亚承接全球产业转移规模萎缩，2014年承接全球产业转移规模波动剧烈，中技术制造业转移规模达到220.25亿美元，而低技术制造业转移规模减小了179.36亿美元，这可能是因为欧美日等发达国家和地区产业布局调整幅度变化较大，也可能是因为随着印度尼西亚数字化水平的提高，技术水平有所提升，吸引了全球中技术制造业流入，而低技术制造业为了寻求成本更低的转移地，向印度尼西亚流入规模减小，如图7-5所示。

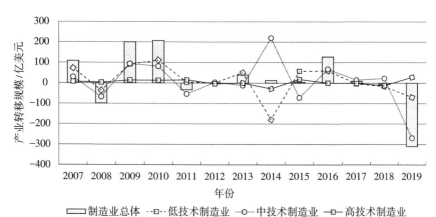

图 7-5　印度尼西亚承接全球产业转移规模

数据来源：根据 ADB-MRIO 数据库数据整理。

（四）菲律宾

菲律宾承接产业转移规模波动较小，近几年呈上升趋势，说明菲律宾承接产业转移规模受数字化水平提升影响较大，发达国家和地区的制造业回流政策未对菲律宾制造业产生较大冲击；2019 年承接全球产业转移规模大幅收缩，承接中低技术制造业产业转移规模减小，可能是因为贸易保护主义存在时滞效应，而承接高技术制造业产业转移规模增大，说明随着数字化水平提升，菲律宾工业基础逐渐夯实，承接部分高技术制造业生产活动能力增强，如图 7-6 所示。

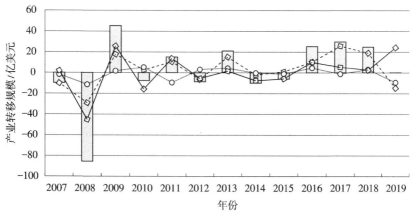

图 7-6　菲律宾承接全球产业转移规模

数据来源：根据 ADB-MRIO 数据库数据整理。

（五）泰国

泰国承接全球制造业转移波动较大，总体呈下降趋势，除 2008 年金融危机对泰国制造业转移产生一定冲击外，其余年份泰国承接全球制造业转移规模均在 10 亿美元以上。金融危机过后，泰国承接全球产业转移规模明显减小，但近几年转移规模有所增大，可能是因为发达国家和地区制造业回流政策效果正在逐渐减弱，如图 7-7 所示。

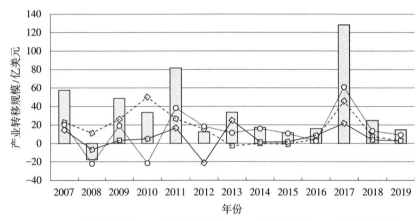

图 7-7　泰国承接全球产业转移规模

数据来源：根据 ADB-MRIO 数据库数据整理。

（六）越南

总体来看，越南承接全球产业转移规模变化较为平稳，承接低技术制造业转移规模几乎一直高于中高技术制造业，可能是因为越南劳动力、土地、资源等成本较低，承接低端产业转移存在优势。2017 年，越南承接全球产业转移规模大幅度减小，主要为低技术制造业转移规模减小。

越南承接中高技术制造业转移规模没有太大变化，始终在 10 亿美元左右，2018 年后出现下降趋势，说明越南中高技术制造业发展缓慢，未能吸引技术水平较高的产业转移，如图 7-8 所示。

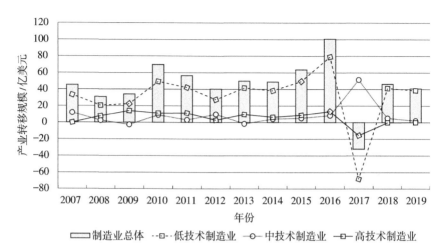

图 7-8　越南承接全球产业转移规模

数据来源：根据 ADB-MRIO 数据库数据整理。

综上所述，金融危机后，东盟国家承接全球产业转移规模受发达国家和地区制造业回流政策影响较大，短期内出现减小趋势；2015 年后，随着数字化水平快速提升，承接产业转移规模明显增大，其中低技术制造业承接规模有所减小，中高技术制造业承接规模则呈上升态势。在国家层面，马来西亚、新加坡、泰国承接全球制造业转移规模明显增大，越南、菲律宾两国承接产业转移量变化不大，印度尼西亚则呈微弱下降趋势。

从不同技术密集型行业角度看，东盟国家承接低技术制造业转移规模总体变化不大，但呈下降趋势，承接中高技术制造业转移量虽然较小，但近几年呈增长态势，反映出随着数字化发展与基础设施不断完善，东盟国家制造业发展水平也在不断提升。

第三节　承接不同区域产业转移

本部分主要对东盟承接北美区域、亚洲区域、欧洲区域、其他区域产业转移以及东盟区域内部产业转移进行分析。

一、承接不同区域产业转移的测度方法

本书将 ADB-MRIO 数据库中 62 个经济体集聚成北美区域、亚洲区域、欧洲区域、其他区域四大区域。上述区域均根据 ADB 数据库所包含国家或地区按

地理位置进行分类整理，北美区域包括美国、加拿大、墨西哥三国；欧洲区域包括 27 个欧盟成员国、英国、瑞士、挪威和俄罗斯；亚洲区域包括东亚四国（朝鲜数据缺失）、东盟九国（缅甸数据缺失）、南亚七国、土耳其、哈萨克斯坦、吉尔吉斯斯坦；其他区域包括澳大利亚、巴西、斐济以及世界其他国家。

二、承接不同区域产业转移

（一）制造业总体

东盟承接亚洲区域、其他区域产业转移规模波动较大，且承接亚洲区域产业转移规模远高于其他区域，2017 年承接亚洲区域产业转移规模达 331.43 亿美元，可能是因为亚洲区域各国在地理位置上邻近东盟区域，贸易联系较为紧密，产业转移成本相对较低。东盟承接北美区域、欧洲区域产业转移规模相对较小，约为 50 亿美元，波动也较小。2011 年，东盟承接北美、亚洲、欧洲区域产业转移规模减小，可能是由于欧美日等发达国家和地区推行制造业回流政策，短期内东盟承接上述区域产业转移规模萎缩；2015 年，东盟承接四个区域产业转移规模均增大，可能是东盟数字化水平提高，承接产业转移能力和优势凸显所致。2018 年，受中美贸易摩擦以及贸易保护主义盛行影响，承接上述区域产业转移规模均呈下降趋势，如图 7-9 所示。

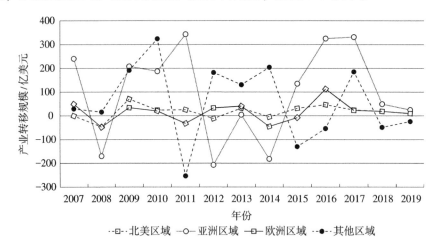

图 7-9　东盟承接不同区域产业转移规模

数据来源：根据 ADB-MRIO 数据库数据整理。

（二）不同技术密集型行业

1. 低技术制造业

金融危机期间，东盟承接亚洲、欧洲、北美区域产业转移规模下降十分明显，而承接其他区域产业转移规模出现增加趋势。

随着东盟国家参与全球生产网络的程度不断加深，低技术制造业受全球产业布局调整的影响也较为明显。2011 年，东盟承接亚洲、北美区域低技术制造业产业转移规模减小；2015—2017 年承接亚洲、欧洲区域低技术制造业转移规模明显增大，说明随着近几年数字经济蓬勃发展，东盟低技术制造业生产效率有所提高，承接产业转移能力随之增强，加之低技术制造业规模较大，带动了东盟承接各区域低技术制造业转移规模增长。2018 年东盟承接各区域低技术制造业转移规模均较小，可能是受贸易保护主义和单边主义的冲击较大，同时中美贸易摩擦也加大了世界经济的不确定性，削弱了跨国公司国际产业转移的意愿，如图 7-10 所示。

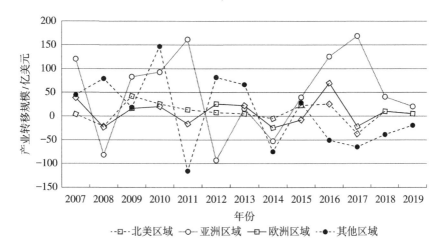

图 7-10　东盟承接不同区域低技术制造业转移规模

数据来源：根据 ADB-MRIO 数据库数据整理。

2. 中技术制造业

东盟承接北美区域和欧洲区域中技术制造业转移规模处于较低水平，且变化较平稳，可能是因为上述两区域内国家和地区对技术水平较高制造业的保护意识较强，且东盟国家中技术制造业数字化水平有待发展，因此承接中技术制造业转移能力较弱，导致这一阶段承接规模较小。

2015—2017 年，东盟承接各区域中技术制造业转移规模均呈增长趋势，说明随着东盟数字化水平提升，中技术制造业承接核心零部件及半成品生产能力不断增强，对中技术制造业承接拉动作用凸显，因此，东盟承接各区域中技术制造业转移规模在不断增大，如图 7-11 所示。

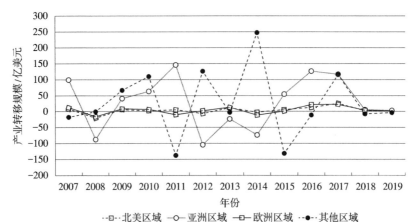

图 7-11 东盟承接不同区域中技术制造业转移规模

数据来源：根据 ADB-MRIO 数据库数据整理。

3. 高技术制造业

从总体上看，东盟承接各区域高技术制造业转移规模基本呈"U"形变化趋势，且承接亚洲区域、其他区域产业转移波动幅度及规模均大于欧洲区域和北美区域。金融危机后，受欧美日等发达国家和地区高端制造业回流政策的影响，东盟承接各区域高技术制造业转移规模明显下降。2015 年后，随着东盟国家数字化技术快速发展，为高端制造业发展不断赋能，东盟高技术制造业水平有所提升，复杂中间产品的生产能力和效率逐步提升，吸引全球高技术制造业转移，削弱了发达国家制造业回流政策的影响，如图 7-12 所示。

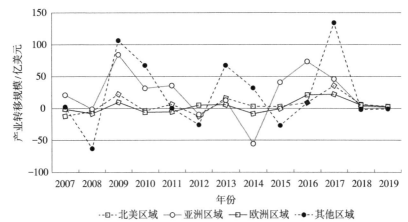

图 7-12 东盟承接不同区域高技术制造业转移规模

数据来源：根据 ADB-MRIO 数据库数据整理。

4. 东盟区域内部产业转移

东盟区域内部产业转移总体呈"U"形趋势。2011年后，制造业总体及分行业产业转移规模均有所减小，这说明随着东盟参与全球生产网络程度逐渐深化，承接区域内部产业转移受全球产业转移趋势及政策影响也在逐渐增大，如图7-13所示。

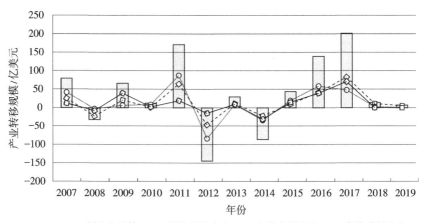

图7-13　东盟区域内部产业转移规模

数据来源：根据ADB-MRIO数据库数据整理。

2015年后，东盟区域内部产业转移规模明显增大，说明随着东盟数字经济与数字技术的发展，"工业4.0"战略稳步推行，东盟区域内部制造业联系更为密切。

综上所述，从制造业总体角度来看，东盟承接北美区域、欧洲区域产业转移规模变化较小，承接亚洲区域、其他区域产业转移规模起伏较大，2018年东盟承接各区域产业转移规模均出现下滑趋势。

从不同技术密集型行业角度来看，东盟承接亚洲区域、其他区域制造业转移规模处于领先位置，承接低技术制造业转移规模虽然略高于中高技术制造业，但是近几年承接欧洲区域、北美区域以及其他区域低技术制造业转移规模在逐渐减小，而承接中高技术制造业转移规模呈现微弱上升态势。

第四节　承接典型国家产业转移

一、制造业总体

东盟承接中国产业转移规模波动较大，2011 年达到了 126.71 亿美元，2011 年后承接规模持续低迷，2013 年承接中国产业转移规模减小了 54.13 亿美元，2014 年后承接规模增加，2017 年达到了 116.23 亿美元。这可能是因为东盟作为中国的重要战略合作伙伴，与中国经贸联系紧密，中国—东盟自贸区的升级进一步加强了双方在贸易与产业方面的合作，促进了东盟承接中国产业转移规模的扩大。

2011 年前，东盟承接日本产业转移规模较大，金融危机后，承接规模出现减小趋势，2015 年后有所提高，2016 年为 35.47 亿美元，规模仅次于中国；东盟承接美国产业转移规模波动较小，金融危机后承接规模大幅下降，2014 年后承接规模明显增大，2017 年为 35 亿美元左右，这可能是由于东盟数字化水平提升速度较快，生产能力和效率随之提升，承接规模随之增大；东盟承接德国产业转移规模始终保持平稳态势，2015 年后出现小幅增加趋势；东盟承接墨西哥产业转移规模与德国相近，说明墨西哥与东盟国家产业联系并不紧密，这可能是两区域地理距离较远所致，如图 7-14 所示。

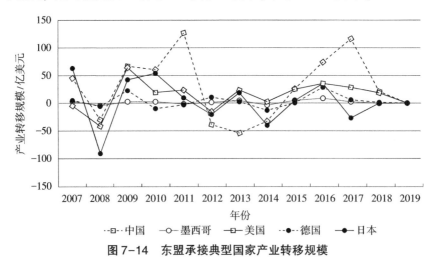

图 7-14　东盟承接典型国家产业转移规模

数据来源：根据 ADB-MRIO 数据库数据整理。

二、不同技术密集型行业

(一) 低技术制造业

东盟承接美国低技术制造业转移规模大体呈"U"形变化趋势，金融危机后转移规模持续减小；东盟承接中国、日本低技术制造业转移规模波动明显，承接墨西哥、德国产业转移规模波动较小。2011年及以前，东盟承接中国低技术制造业转移规模约为40亿美元，金融危机期间承接规模剧烈下降，随后出现回升；2011年后承接中国、墨西哥、美国、德国和日本低技术制造业转移规模均出现不同程度的下降趋势。

2015年后，东盟承接上述国家低技术制造业产业转移规模明显增大，这可能是因为随着东盟国家数字化水平的提升，低技术制造业承接转移能力提升，其中东盟承接中国低技术制造业转移规模增加尤为明显。东盟承接墨西哥低技术制造业转移规模始终处于低位，没有明显变化，如图7-15所示。

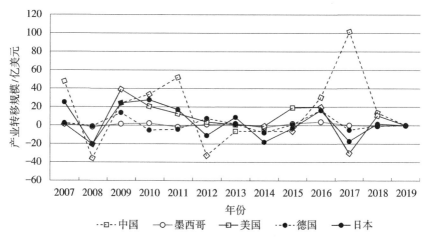

图7-15 东盟承接典型国家低技术制造业转移规模

数据来源：根据ADB-MRIO数据库数据整理。

(二) 中技术制造业

东盟承接中国、日本和美国中技术制造业转移规模波动较大，而承接墨西哥、德国产业转移规模波动较小。东盟承接日本中技术制造业转移规模呈波动下降趋势，2011年、2014年均明显减少。

2007—2019年东盟承接墨西哥中技术制造业转移规模几乎未曾变化，可能是因为墨西哥本身为发展中国家，经济发展水平较为落后，且制造业技术水平不高，因此，东盟承接墨西哥产业转移规模极小。东盟承接德国中技术制造业转移规模也处于低位，可能是由于德国与东盟国家产业分工联系并不紧密，因此承接规模较小。金融危机后，东盟承接美国中技术制造业转移规模逐渐减小，2015 年后明显增大，2017 年承接规模达到峰值，为 25.11 亿美元，这一时期东盟承接中国中技术制造业转移规模同样在增大，可能与东盟数字化水平提升有关，如图 7-16 所示。

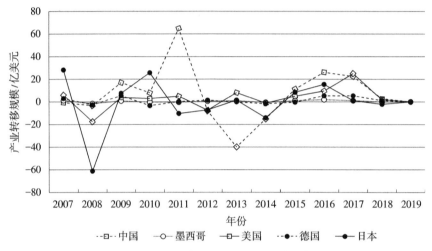

图 7-16　东盟承接典型国家中技术制造业转移规模

数据来源：根据 ADB-MRIO 数据库数据整理。

（三）高技术制造业

东盟承接中国、美国高技术制造业转移规模略大于其他三国，波动也略大于其他三国。2009—2014 年，东盟承接中国高技术制造业转移规模直线下降，2014 年承接中国高技术制造业产业转移规模减小了 11.54 亿美元，2015—2016 年有所回升，2017 年又出现大幅下跌现象。

金融危机之后，东盟承接美国、日本、德国高技术制造业转移规模短暂增大，2009 年承接规模分别为 21.45 亿美元、10.71 亿美元和 3.45 亿美元，2009 年后则呈波动下降趋势。2015 年后，东盟承接主要发达国家高技术制造业转移规模明显增大，2017 年承接美国高技术制造业规模已达 33.71 亿美元。东盟承接墨西哥高端制造业产业转移规模基本保持不变，始终在 10 亿美元以下，反映出墨西哥高端制造业与东盟国家联系并不紧密。

综上所述，中、美两国与东盟区域产业联系较为紧密，东盟承接上述两区域产业转移规模与其他三国相比较大，2015年后，东盟承接上述五国产业转移规模明显增大。东盟承接五个典型国家低技术制造业转移规模近几年均呈下降趋势，承接五个典型国家中技术制造业转移规模小幅上升，东盟承接中、美、日高技术制造业转移规模波动均较大，承接德国、墨西哥高技术制造业转移规模波动均较小，如图7-17所示。

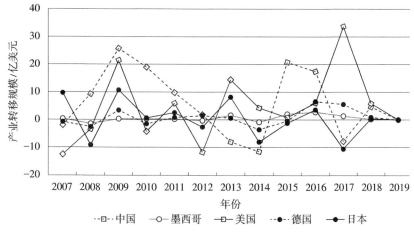

图7-17 东盟承接典型国家高技术制造业转移规模

数据来源：根据ADB-MRIO数据库数据整理。

第五节 承接不同类型产业转移

根据出口分解数据，可进一步将产业转移按照动机细分为最终需求驱动型产业转移（NX_f）、中间需求驱动型产业转移（NX_m）和出口需求驱动型产业转移（NX_e）。其中，NX_f是指传统贸易增加或承接加工组装环节的增加，即A国向别国最终产品出口增加，视为别国对A国最终需求驱动型产业转移，这部分体现为传统贸易出口中国内增加值的增加；NX_m是指A国中间产品出口后被进口国加工后直接吸收，视为进口国向A国中间产品需求驱动的产业转移；NX_e是指A国出口中间产品被进口国加工后再出口，视为进口国向A国出口需求驱动型产业转移。本节在前文的基础上，进一步从三种不同需求驱动角度，对东盟承接全球产业转移趋势进行分析。

一、最终需求驱动型

总体来看，东盟承接全球 NX_f 呈"U"形发展趋势。2007—2010 年呈增长态势，可能是因为东盟国家劳动力资源丰富且廉价，在加工组装环节的生产上更具优势，承接了更多加工组装环节的转移。特别是低技术制造业走势与总体保持一致，2010 年承接全球低技术制造业 NX_f 最多，达到138.75 亿美元。2010 年后，总体和低技术制造业 NX_f 承接规模均逐渐下降，2011—2014 年承接规模较小，且波动较为剧烈，反映出发达国家和地区为了防止本国产业空心化，在全球范围内调整产业布局的政策倾向对东盟有一定冲击作用，这一阶段东盟承接全球 NX_f 规模较小，且变动剧烈。2014 年后，东盟承接总体和低技术制造业 NX_f 大幅增加，2017 年承接 NX_f 规模达到了 344.92 亿美元，其中低技术制造业为 118.38 亿美元左右，随后受中美贸易摩擦及全球贸易保护主义抬头的影响，承接总体和低技术制造业 NX_f 均呈逐渐下降趋势。

中高技术制造业承接 NX_f 的趋势与总体和低技术制造业略有不同。中技术制造业 NX_f 在金融危机之后缓慢下降，2011 年更是减少了 19.34 亿美元，而后呈上升趋势，"U"形趋势明显。2014 年和 2016 年出现两次承接高峰，可能是因为这一阶段东盟各国纷纷出台"工业 4.0 战略"，数字化水平不断提高，吸引了部分中技术制造业加工组装环节的转移。金融危机过后，高技术制造业 NX_f 同样呈下降趋势，2012 年减少了 35.61 亿美元，2014 年又减少了52.77 亿美元，可能是因为金融危机后，受发达国家和地区鼓励高端制造业回流国内或附近区域政策影响，东盟高技术制造业加工组装环节承接规模减小。

2015 年后高技术制造业 NX_f 逐渐增多，2017 年达到 230 亿美元，可能是因为与其他区域相比，东盟劳动力资源更加廉价、数字化水平较高等综合比较优势较大，因此，发达国家和地区继续将高技术制造业的加工组装环节向东盟区域转移。2018 年后，受中美贸易摩擦影响，东盟承接产业转移规模出现收缩趋势，三种不同技术密集型行业的 NX_f 均有所下降，中高技术制造业 NX_f 下降趋势更为明显，如图 7-18 所示。

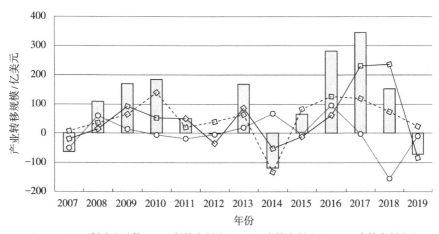

图7-18　东盟承接最终需求驱动型产业转移规模

数据来源：根据 ADB-MRIO 数据库数据整理。

二、中间需求驱动型

总体来看，2007—2010 年，东盟承接 NX_m 较多，在 200 亿美元左右，金融危机对产业转移规模影响十分明显；2008 年 NX_m 剧烈下降，减少了 183.19 亿美元。2011—2018 年，NX_m 一直保持在低位，说明发达国家和地区制造业回流政策对东盟承接全球 NX_m 产生了较大影响，但总体呈微弱增长趋势，2018 年达到了 134.23 亿美元，中美贸易摩擦期间，东盟承接 NX_m 出现峰值，可能是因为东盟国家近年来经济发展水平不断提高，工业基础不断夯实，各项数字基础设施不断趋于完善，中间产品生产能力逐渐增强，承接中间产品生产环节不断增加，加之政府政策条件相对宽松，出口核心零部件、半成品等中间产品数量不断增加，用于其他国家加工成最终产品直接消费的简单价值链贸易不断增加。

金融危机后，三种不同技术密集型制造业的 NX_m 均有所回升，2010 年承接低技术制造业 NX_m 转移最多，达到 115.60 亿美元，中技术制造业次之，高技术制造业最少，可能是由于东盟国家低技术制造业规模较大，生产熟练程度较高，低技术中间产品出口用于进口国加工成最终产品直接消费的需求旺盛；而中高技术制造业基础相对薄弱，因此承接规模不如低技术制造业大。2010 年后，不同技术密集型制造业 NX_m 起伏较大，但整体承接规模处于低位。2018 年，高技术制造业承接 NX_m 明显增多，达到 197.78 亿美元，可能是为了规避中美贸易摩擦的影响，原来由中国承接的高端制造业中间产品生产环节部分转移至东盟地区，也可能是因为近几年东盟高端制造业中间产品生产与简单价值链贸易水平有所提升，如图7-19所示。

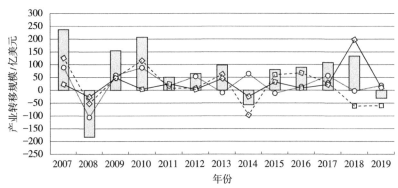

图7-19 东盟承接中间需求驱动型产业转移规模

数据来源：根据 ADB-MRIO 数据库数据整理。

三、出口需求驱动型

东盟承接制造业总体和三种不同技术密集型制造业 NX_e 的走势基本一致，受金融危机影响，NX_e 下降趋势明显，金融危机后出现短暂回升，但2011—2014 年承接全球 NX_e 持续减小，承接高技术制造业 NX_e 减小得更为明显，可能是因为这一时期东盟国家在制造高端核心零部件等中间产品生产环节竞争力较弱，出口用于进口国加工后再出口的中间产品的能力较弱。

随着发达国家和地区推行高端制造业回流政策，全球自东盟进口中间产品再出口的需求量持续走低，东盟高端零部件生产核心环节的承接受到较大冲击，因此这一时期东盟承接全球 NX_e 持续减小；2014—2017 年，东盟承接全球 NX_e 增加趋势明显，承接中低技术制造业 NX_e 达到峰值，分别为 173.43 亿美元和 136.24 亿美元，承接高技术制造业 NX_e 较小，仅为 14.42 亿美元，可能是由于东盟国家中低技术制造业规模较大、生产基础不断夯实，出口中间产品用于其他国家再出口的能力有所增强，因此承接中低技术制造业 NX_e 有所扩大。

受中美贸易摩擦影响，2018 年东盟承接中低技术制造业 NX_e 大幅减小，中低技术制造业复杂价值链有所收缩，而承接高技术制造业 NX_e 逆势增长，可能是因为东盟参与复杂价值链中间产品生产水平有所提升，也可能是因为原本向中国转移的复杂价值链生产环节更多流向了东盟区域，如图7-20所示。

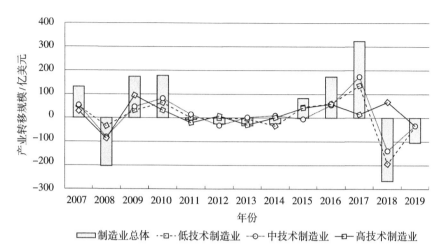

图 7-20 东盟承接出口需求驱动型产业转移规模

数据来源：根据 ADB-MRIO 数据库数据整理。

综上所述，东盟在承接不同类型产业转移规模和变化趋势上有所不同，承接 NX_f 和 NX_e 总体呈"U"形变化趋势，NX_m 始终在低位波动。2014 年后，不同类型产业转移规模均呈波动上升趋势，且承接 NX_f 大于 NX_m 和 NX_e，究其原因，可能是东盟国家经济发展水平不高，工业基础与发达国家和地区相比较为薄弱，加之劳动力成本低廉，承接加工组装环节的规模始终高于简单价值链与复杂价值链中间产品生产环节，但近几年承接 NX_m 与 NX_e 开始又不断扩大，可能是其数字基础设施不断完善、数字化水平不断提升的结果。

第八章

东盟参与全球生产网络发展动态

本章选取 ADB-MRIO（2021）数据库 2007—2020 年的数据，采用参与度指标衡量东盟参与全球生产网络分工程度变化趋势；采用前、后向参与度指标衡量东盟参与全球生产网络分工模式演进趋势；采用位置指数指标衡量东盟参与全球生产网络分工地位变迁趋势。

第一节 参与分工程度变化

本部分采用全球生产网络参与度指标，从东盟制造业总体和分行业两方面，对东盟各国参与全球生产网络分工程度变化趋势进行具体分析。

一、全球生产网络分工程度测度方法

采用 WWZ 贸易分解框架，选取 ADB-MRIO（2021）数据库数据对 2007—2020 年东盟参与全球生产网络状况进行测算，如表 8-1 所示。

全球生产网络参与度是指一国出口间接增加值与国外增加值占该国总出口的比重，计算公式如下：

$$GVC(total\ participation)_{cit} = (DVA\text{-}INT_{rex} + FVA)/E_x \qquad (8\text{-}1)$$

式中，GVC（$total\ participation$）$_{cit}$ 表示 c 国 i 行业 t 时期参与全球生产网络的分工程度，数值越大，说明一国参与全球生产网络的程度越深；$DVA\text{-}INTrex$ 表示出口间接增加值；FVA 为出口中的国外增加值。

由于 ADB-MRIO（2021）数据库中缅甸数据完全缺失，而文莱、柬埔寨、老挝三国出口值大部分为 0，考虑到数据的连续性及完整性，因此剔除上述四国数据，选取 2007—2020 年东盟主要六国 14 个制造业部门数据进行分析，如

表 8-2 所示。

表 8-1 WWZ 各分解项释义

序号	各分解项	分类		含义
1	DVA-FIN	最终产品贸易		最终产品出口中的国内增加值
2	DVA-INT	直接增加值	简单价值链	被直接进口经济体加工成最终产品并在其国内消费的中间产品出口中的国内增加值
3	DVA-INT$_{rex}$	间接增加值	复杂价值链	经直接进口经济体加工并向第三经济体出口，用于第三经济体直接消费或加工成最终产品再消费掉的中间产品出口的国内增加值
4				经直接进口经济体加工并向第三经济体出口，用于第三经济体加工成最终产品再出口的中间产品出口的国内增加值
5				经直接进口经济体加工并向第三经济体出口，用于第三经济体加工成中间产品再出口的中间产品出口的国内附加值
6	RDV	返回国内增加值		从直接进口经济体再进口的最终产品中来源于国内的增加值
7				通过第三经济体再进口的最终产品中来源于国内的增加值
8				用于生产国内消费的最终产品用途的中间产品再进口中的国内增加值
9	DDC	国内增加值重复统计		最终产品出口中被重复计算的国内增加值
10				中间产品出口中被重复计算的国内增加值
11	FVA-FIN	出口中隐含的进口经济体增加值		最终产品出口中来源于直接进口经济体的增加值
12				最终产品出口中来源于第三经济体的增加值
13	FVA-INT	出口中隐含的第三经济体增加值		中间产品出口中来源于直接进口经济体的增加值
14				中间产品出口中来源于第三经济体的增加值
15	FDC	国外增加值重复统计		在多次跨境往返中直接进口经济体增加值的重复计算
16				在多次跨境往返中第三经济体增加值的重复计算

数据来源：根据 WWZ（2018）整理所得。

表 8-2　不同技术密集型制造业细分

技术类型	制造业部门
低技术制造业	C3：食品、饮料和烟草制品制造
	C4：纺织品制造
	C5：皮革及相关产品制造
	C6：木材、木材制品及软木制品制造
	C7：纸、纸制品、印刷及出版制造
	C10：橡胶及塑料制品制造
	C16：手工制造及回收
中技术制造业	C8：焦炭、精炼石油及核燃料制造
	C9：化学品及化工产品制造
	C11：其他非金属矿物制造
	C12：基本金属和加工金属制造
高技术制造业	C13：机械及电气制造
	C14：电气及光学设备制造
	C15：运输设备制造

数据来源：根据 ADB-MRIO 数据库分类整理所得。

二、参与分工程度发展动态

(一) 东盟总体

2007—2020 年东盟制造业总体全球生产网络参与度保持在 0.45 左右，近几年稍有下降，可能是因为东盟数字化水平提升，基础设施逐渐完善，生产能力随之提高，出口中隐含的国外增加值减少，导致参与度呈下降趋势；低技术制造业参与度保持在 0.35 左右，近几年微弱上升；中高技术制造业参与度基本持平，2020 年分别为 0.48 和 0.47，明显高于低技术制造业，这可能是因为虽然东盟的数字化水平有所提高，但中高技术制造业国际垂直专业化分割程度更深，如图 8-1 所示。

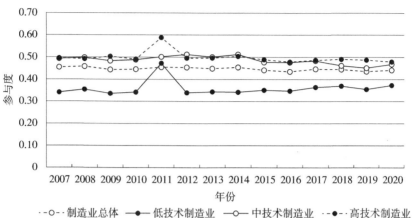

图 8-1　东盟总体全球生产网络参与度

数据来源：根据 ADB-MRIO（2021）数据库数据整理。

（二）东盟区域内各国

1. 新加坡

新加坡全球生产网络制造业总体参与度近几年微弱下降，可能是因为新加坡数字化始终保持高位发展，对制造业拉动作用较强，出口中隐含的国外增加值逐渐减少，导致参与度下降，如图 8-2 所示。

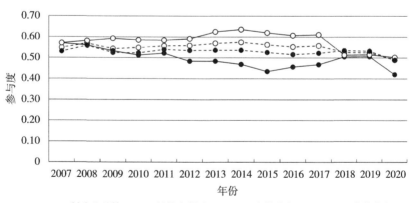

图 8-2　新加坡全球生产网络参与度

数据来源：根据 ADB-MRIO（2021）数据库数据整理。

2007—2015 年低技术制造业参与度下降了 0.13，反映出新加坡低技术制造业并不发达，参与全球生产网络的程度较低；2015 年之后缓慢上升，可能是因为数字基础设施逐渐完善，低技术制造业生产能力增强，出口国内增加值增多，参与程度随之提高。2018—2020年，中高技术制造业参与度虽出现下降趋势，但仍高于低技术制造业。

2. 马来西亚

2007—2020年，马来西亚全球生产网络制造业总体参与度从0.48下降到0.45，其中2012年下降幅度明显，其余年份变化较为平稳。低技术制造业参与度最低，2007—2020年一直在保持在0.35~0.40，总体变化幅度不大；中技术制造业参与度下降较为明显，可能是由于马来西亚数字化发展较为迅速，数字化水平较高，使得中技术制造业出口中隐含的国外增加值减少，因此参与度呈下降趋势；高技术制造业参与度最高，早在2007年已经超过0.50，2009年上升幅度较大，2014年出现大幅度下跌，2015年恢复到正常水平，之后一直保持在高位，如图8-3所示。

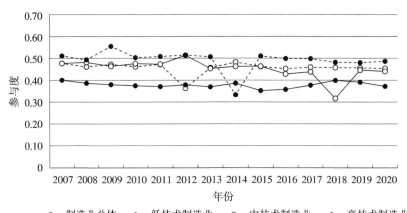

图8-3 马来西亚全球生产网络参与度

数据来源：根据ADB-MRIO（2021）数据库数据整理。

3. 印度尼西亚

与其他国家相比，印度尼西亚全球生产网络参与度波动不大，制造业总体参与度较为平稳，保持在0.35左右，2018—2020年有所下降，主要是高技术制造业参与度下降所致；低技术制造业参与度呈小幅度上升趋势，从2007年的0.29上升到2019年的0.31，可能是因为印度尼西亚低技术制造业出口中隐含的国外增加值较大；高技术制造业参与度最高，但2019—2020年下降趋势明显；中技术制造业参与度略低于高技术制造业，但2020年中技术制造业参与度最高，说明中技术制造业参与全球生产网络程度逐渐加深，如图

8-4 所示。

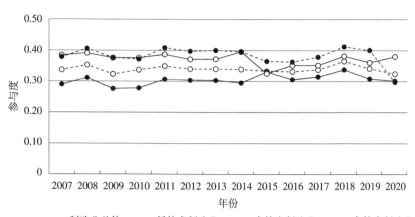

图 8-4　印度尼西亚全球生产网络参与度

数据来源：根据 ADB-MRIO（2021）数据库数据整理。

4. 菲律宾

菲律宾全球生产网络制造业参与度总体变化不大，曲线较为平缓，无论是从总体来看还是分行业来看，均呈先降后升的趋势，但是幅度均较小，如图 8-5 所示。

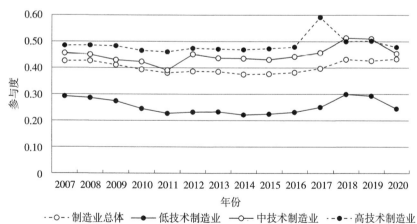

图 8-5　菲律宾全球生产网络参与度

数据来源：根据 ADB-MRIO（2021）数据库数据整理。

2007—2017 年菲律宾全球生产网络高技术制造业参与度保持领先水平，均在 0.45 以上，2018 年中技术制造业首次超过高技术制造业，参与度最高，2019 年达到了 0.51；而低技术制造业参与度最低，2020 年仅为 0.25，与另外两类行业及总体参与度差距较大。

5. 泰国

2007—2019 年泰国全球生产网络参与度呈波动下降趋势，其中高技术制造业下降最明显，说明泰国高技术制造业并不发达，参与分工程度逐渐降低，其他行业下降幅度较小。中技术制造业参与度最高，2020 年达到了 0.50；低技术制造业参与度最低，2020 年仅为 0.30，如图 8-6 所示。

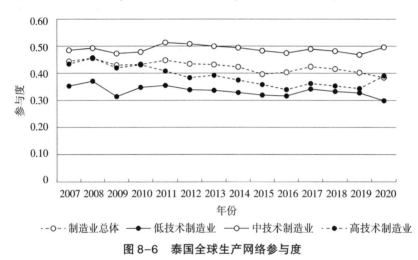

图 8-6　泰国全球生产网络参与度

数据来源：根据 ADB-MRIO（2021）数据库数据整理。

6. 越南

与其他国家不同，越南全球生产网络制造业参与度在大多数年份呈现明显上升趋势，其中高技术制造业参与度最高，2020 年已达到 0.57，远高于东盟其他国家，如图 8-7 所示。这可能是因为越南劳动力成本低廉，土地、资源等成本较低，更容易成为发达国家和地区的加工组装基地，高技术制造业出口产品中包含的国外增加值较多，因此参与度较高。

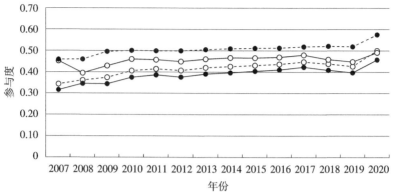

图 8-7　越南全球生产网络参与度

数据来源：根据 ADB-MRIO（2021）数据库数据整理。

　　综上所述，从总体上看，东盟国家全球生产网络参与度变化不大，呈稳中有降的趋势，保持在 0.45 左右，低技术制造业参与分工程度低于中高技术制造业，但呈微弱上升趋势，而中高技术制造业变化较平稳。从分国家角度来看，在东盟主要六国中，越南的参与度提升明显，其余国家均呈小幅下降趋势；新加坡参与分工程度最高，印度尼西亚参与分工程度最低；对于低技术制造业，新加坡参与度为 0.50 左右，大部分国家处于 0.30~0.40 之间，菲律宾最低；中技术制造业参与度最高的国家仍为新加坡，大部分年份达到了 0.60，参与度最低的国家为印度尼西亚，其余四国均处于 0.40~0.50 之间；高技术制造业参与度各国水平较为接近，新加坡、马来西亚、越南、菲律宾都在 0.50 左右，泰国、印度尼西亚则在 0.40 左右。

第二节　参与分工模式演进

　　本节从前、后向参与度两个角度来衡量东盟参与全球生产网络分工模式演进趋势。

一、分工模式测度

　　在全球生产网络分工不断深化的背景下，一国参与分工的模式可进一步细分。各经济体既可以通过出口中间产品用于其他国家或地区再出口的方式参与分工，即前向参与模式；也可以通过进口中间产品加工组装成最终产品后出口的方式参与分工，即后向参与模式。前、后向参与度指标计算公式分别为：

$$GVC(forward\ participation)_{cit} = DVA-INT_{rex}/E_x \qquad (8-2)$$

$$GVC(backward\ participation)_{cit} = FVA/E_x \qquad (8-3)$$

GVC（$forward\ participation$）是指全球生产网络前向参与度，反映一国出口国内间接增加值占总出口的比重，数值越大，说明前向参与程度越高。GVC（$backward\ participation$）是指全球生产网络后向参与度，反映一国出口中国外增加值占总出口的比重，数值越大，说明后向参与程度越高。此外，若一国前向参与度高于后向参与度，说明该国参与全球生产网络的模式以前向参与为主。

二、参与分工模式演进动态

（一）东盟总体

2007—2020 年东盟制造业总体前向参与度为 0.12~0.16，后向参与度为 0.27~0.33，可以看到，东盟制造业在全球生产网络中的分工模式以后向参与为主，但近几年前向参与度明显提升，后向参与度明显下降，2020 年出现相反趋势，可能是因为受到贸易保护主义和中美贸易摩擦的影响，如图 8-8 所示。

从不同技术密集型行业来看，低技术制造业的前向参与度为 0.09~0.18，2011 年前向参与度最高，达到 0.18，而低技术制造业的后向参与度为 0.21~0.30，2011 年出现了极端值，为 0.30；中技术制造业的前向参与度为 0.16~0.19，近几年明显提高，后向参与度为 0.26~0.37，呈现明显下降趋势；高技术制造业的前向参与度为 0.11~0.22，近几年微弱提升，2020 年有所下降，后向参与度则为 0.33~0.40，总体呈下降趋势。

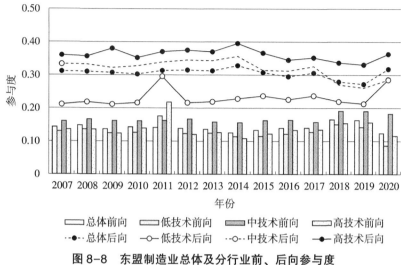

图 8-8 东盟制造业总体及分行业前、后向参与度

数据来源：根据 ADB-MRIO（2021）数据库数据整理。

总体而言，东盟制造业总体及不同技术密集型行业的前向参与度均呈上升趋势，后向参与度呈下降趋势，说明东盟制造业出口中包含的国内增加值在逐渐提高，而国外增加值在逐渐减少，分工模式持续优化，但参与分工模式仍以后向参与为主。

（二）东盟区域内各国

1. 新加坡

2007—2020 年新加坡制造业总体前向参与度为 0.08~0.12，后向参与度为 0.37~0.49，后向参与度明显高于前向参与度，参与全球生产网络的分工模式以后向参与为主，但后向参与度明显下降，前向参与度微弱上升，如图 8-9 所示。从变化趋势来看，后向参与度呈下降趋势，而前向参与度变化不大，但近几年中低技术制造业前向参与度小幅提升，高技术制造业前向参与度没有明显变化，2007—2020 年，制造业总体前向参与度均在 0.10 左右波动。值得注意的是，新加坡制造业前、后向参与度的差距与其他东盟国家相比较大，已经超过东盟总体前、后向参与度的差距，究其原因，可能是新加坡工业起步较早，分工模式以后向嵌入深度参与全球生产网络为主，参与全球生产网络贸易规模和程度较高。

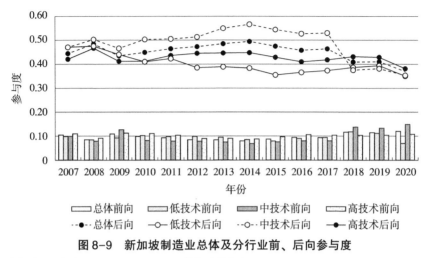

图8-9　新加坡制造业总体及分行业前、后向参与度

数据来源：根据 ADB-MRIO（2021）数据库数据整理。

2. 马来西亚

2007—2020 年马来西亚制造业总体后向参与度为 0.19~0.35，前向参与度为 0.12~0.23，且后向参与度均高于前向参与度，分工模式主要以后向参与为主，如图 8-10 所示。

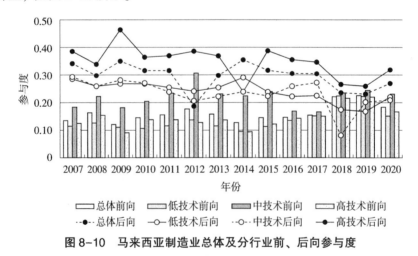

图8-10　马来西亚制造业总体及分行业前、后向参与度

数据来源：根据 ADB-MRIO（2021）数据库数据整理。

从不同技术密集型行业来看，马来西亚低技术制造业的后向参与度为 0.17~0.29，前向参与度为 0.10~0.22，2018 年和 2019 年前向参与度超过了后向参与度，反映出马来西亚低技术制造业分工模式转换的趋势；中技术制造业分工模式转换趋势则更为明显，前向参与度高于后向参与度的年份更多；高技术制造业后向参与度为 0.24～0.46，前向参与度为 0.09～0.22，波动较为明显，但后向参与度始终大于前向参与度，参与分工模式仍以后向参与为主。

3. 印度尼西亚

2007—2020 年印度尼西亚制造业总体后向参与度为 0.13～0.16，前向参与度为 0.18～0.21，前向参与度高于后向参与度，说明其制造业参与全球生产网络的分工模式以前向参与为主。

从分行业角度来看，印度尼西亚高技术制造业参与分工模式以后向参与为主，说明其高技术制造业出口产品中包含较多国外增加值，高技术制造业独立生产中间产品的能力较弱；中技术制造业分工模式以前向参与为主；而低技术制造业分工模式在 2014 年开始转变，由前向参与转为后向参与，说明近几年印度尼西亚低技术制造业出口产品中国外增加值较多，国内增加值较少，如图 8-11 所示。

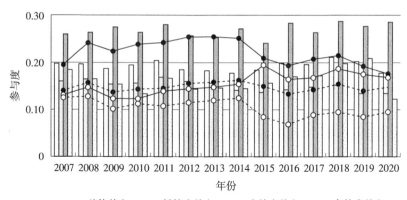

图 8-11　印度尼西亚制造业总体及分行业前、后向参与度

数据来源：根据 ADB-MRIO（2021）数据库数据整理。

4. 菲律宾

2007—2020 年菲律宾制造业总体后向参与度为 0.19～0.29，前向参与度为 0.14～0.21，后向参与度略高于前向参与度，总体分工模式以后向参与为主。从分行业角度来看，2017 年前，菲律宾低技术制造业前、后向参与度十分接近，2017 年后前向参与度逐渐下降，后向参与度稍有增加，分工模式以后向参与为主；中高技术制造业变化趋势基本一致，且中高技术制造业前、后向参与度远高于低技术制造业，如图 8-12 所示。

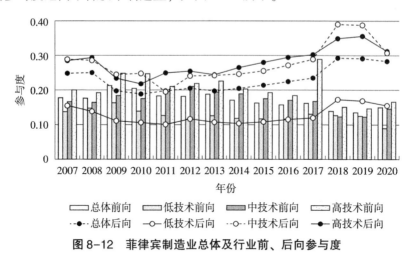

图 8-12　菲律宾制造业总体及行业前、后向参与度

数据来源：根据 ADB-MRIO（2021）数据库数据整理。

5. 泰国

2007—2020 年泰国制造业总体前向参与度为 0.11~0.16，后向参与度为 0.24~0.32，且变化幅度不大，泰国制造业参与分工的模式以后向参与为主。分行业来看，泰国低、中、高三种技术密集型行业的后向参与度变化趋势基本一致，除 2020 年有所提高外，总体呈下降趋势，如图 8-13 所示。

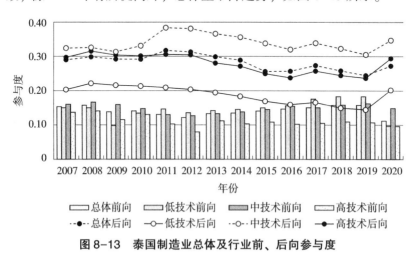

图 8-13　泰国制造业总体及行业前、后向参与度

数据来源：根据 ADB-MRIO（2021）数据库数据整理。

　　泰国低技术制造业前向参与度呈明显上升趋势，2017—2019 年超过了后向参与度，反映出泰国低技术制造业参与分工模式升级趋势；中技术制造业前向参与度变化不大，高技术制造业前向参与度呈小幅下降趋势。

　　6. 越南

　　2007—2020 年越南制造业总体后向参与度为 0.27~0.44，前向参与度为 0.06~0.12，后向参与度高于前向参与度，分工模式以后向参与为主。越南制造业总体及分行业后向参与度均呈上升的趋势，说明越南出口产品中包含的国外增加值不断增加，分工模式有待优化；而前向参与度变化较小，稳中有升。

　　值得注意的是，2008—2017 年越南高技术制造业前向参与度一直在 0.15 左右，远高于其他行业，这说明越南高技术制造业出口产品中包含的国内增加值比中低技术制造业多，但近几年高技术制造业前向参与度有所下降，中技术制造业前向参与度变为最高。总体而言，越南作为东盟经济发展水平较为落后的国家，基础设施尚不完善，承接高附加值工序环节转移的能力较弱，导致其后向参与度较高，与前向参与度之间的差距较大，如图 8-14 所示。

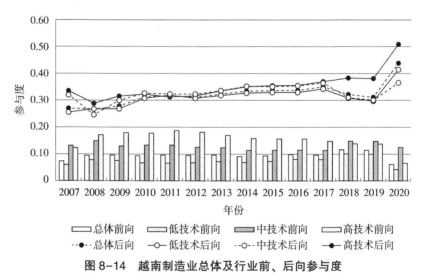

图 8-14　越南制造业总体及行业前、后向参与度

数据来源：根据 ADB-MRIO（2021）数据库数据整理。

　　综上所述，东盟制造业总体后向参与度高于前向参与度，说明东盟国家制造业总体参与全球生产网络的分工模式以后向参与为主，但东盟制造业总体后向参与度呈下降趋势；虽然前向参与度仍然较低，但总体和分行业前向参与度仍呈上升趋势，反映出东盟制造业参与全球生产网络分工模式逐渐由后向参与向前向参与转变。

第三节　参与分工地位变迁

本节采用全球生产网络位置指数这一指标，从东盟制造业总体和分行业两方面，分析东盟各国参与全球生产网络分工地位的变化。

一、分工地位测度

全球生产网络位置指数是指一国出口国内间接增加值占总出口比重的对数与国外增加值占总出口比重对数的差额，国内间接增加值比重越大，国外增加值比重越小，在全球生产网络中的地位就越高。

$$GVC(position)_{cit} = \ln(1+DVX/E_x) - \ln(1+FVA/E_x) \qquad (8\text{-}4)$$

二、分工地位变迁动态

（一）东盟总体

2007—2014 年，东盟制造业总体位置指数呈下降趋势，2014—2019 年呈上升趋势，这可能是因为随着东盟国家数字化水平提升，数字基础设施逐渐完善，数字技术不断为生产赋能，进而带动东盟制造业全球生产网络地位提升，如图 8-15 所示。

分行业来看，不同技术密集型行业的位置指数变动趋势基本一致。东盟低技术制造业分工地位高于中高技术制造业，可能是由于低技术制造业规模较大，数字技术渗透至低技术制造业规模也较大，低技术制造业经数字化改造后发展速度和质量均有所提升，因此分工地位高于中高技术制造业。东盟中技术制造业分工地位近几年提升较为迅速，2019 年中技术制造业位置指数基本与低技术制造业持平，高技术制造业分工地位与中低技术制造业相比还有一定差距，这可能是因为东盟高技术制造业并不发达，且高技术制造业对技术水平要求较高，东盟国家难以独立进行技术复杂产品的生产活动，导致高技术产品出口中包含的国外增加值占比高于中低技术制造业。2020 年受新冠疫情和贸易保护主义的叠加影响，制造业总体和不同技术密集型行业分工地位下跌。

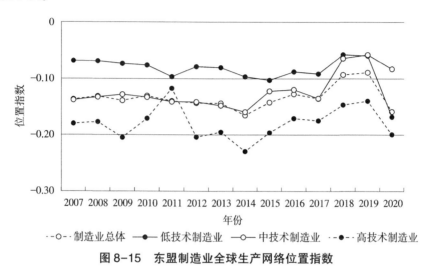

图 8-15　东盟制造业全球生产网络位置指数

数据来源：根据 ADB—MRIO（2021）数据库数据整理。

（二）东盟区域内各国

1. 新加坡

新加坡制造业全球生产网络位置指数呈"两头密，中间疏"的趋势，总体较平稳，2014 年后明显提升，但新加坡制造业在全球生产网络中的分工地位要低于东盟整体水平（-0.15），处于-0.20 以下，这可能是由于新加坡的支柱产业并非制造业，制造业在其国民经济中所占比重较低，发展水平并不高。分行业来看，2007—2009 年和 2018—2020 年，不同技术密集型行业的位置指数较为接近，2010—2014 年，除了低技术制造业的位置指数缓慢上升，中高技术制造业位置指数均有所下降，2014 年中技术制造业位置指数下降至-0.38，高技术制造业位置指数下降至-0.29。2014 年后，中高技术制造业分工地位提升速度较快，如图 8-16 所示。

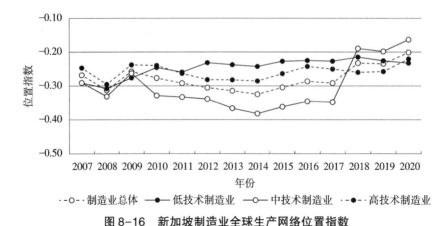

图8-16　新加坡制造业全球生产网络位置指数

数据来源：根据 ADB-MRIO（2021）数据库数据整理。

2. 马来西亚

马来西亚制造业总体分工地位呈波动上升趋势，反映出马来西亚分工模式正处于由后向参与向前向参与转变的动态转换时期，数字化水平提升可能加速了这一进程。分行业来看，中技术制造业分工地位较高，部分年份分工模式以前向参与为主，这说明马来西亚中技术制造业正逐渐摆脱外国依赖，出口中包含了更多的国内增加值；高技术制造业分工地位最低，这可能是由于高端制造业发展难度较大，且发展中国家难以突破发达国家和地区的技术封锁，主要以承接加工组装环节为主，出口国外增加值较多，如图8-17所示。

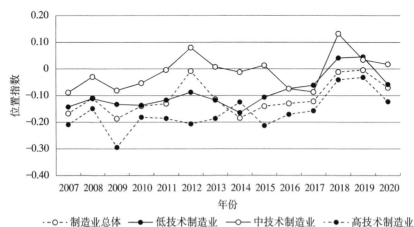

图8-17　马来西亚制造业全球生产网络位置指数

数据来源：根据 ADB-MRIO（2021）数据库数据整理。

3. 印度尼西亚

2007—2020 年印度尼西亚制造业总体分工地位始终大于 0，且变化较为平缓，分工模式以前向参与为主，说明印度尼西亚制造业在东盟国家中竞争力较强，制造业出口中国内增加值较多，对外国依赖度较小，如图 8-18 所示。

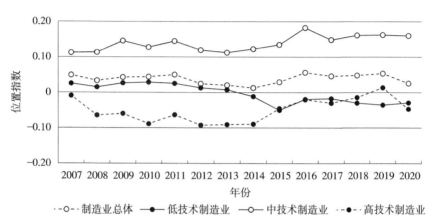

图 8-18　印度尼西亚制造业全球生产网络位置指数

数据来源：根据 ADB-MRIO（2021）数据库数据整理。

印度尼西亚不同技术密集型行业的位置指数较为分散，中技术制造业分工地位遥遥领先，且呈上升趋势；低技术制造业位置指数呈下降趋势，2014年跌至负值；高技术制造业位置指数自 2014 年起上升幅度较大，2019 年达到了 0.01，但与中技术制造业分工地位差距较大。

4. 菲律宾

菲律宾制造业总体分工地位自 2010 年后呈明显下降趋势，2019 年仅为 -0.13，说明菲律宾制造业分工模式没有明显升级。低技术制造业位置指数最高，但近几年不同技术密集型行业的分工地位均呈现下降趋势，说明菲律宾正逐渐沦为发达国家和地区的代工厂，制造业核心竞争力并未随数字化的发展逐渐增强，这可能是因为菲律宾经济发展水平不高，仍属于中等偏低收入经济体，制造业发展仍以低端制造业为主，更多是承接发达国家和地区的落后产能，导致制造业未出现实质性提升，如图 8-19 所示。

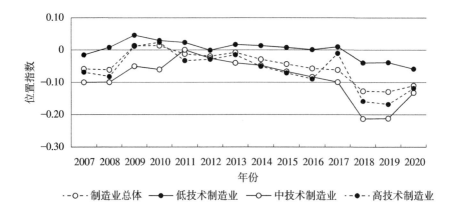

图 8-19　菲律宾制造业全球生产网络位置指数

数据来源：根据 ADB-MRIO（2021）数据库数据整理。

5. 泰国

泰国制造业总体分工地位自 2012 年起逐步提升，2020 年不同技术密集型行业分工地位均稍有下降。低技术制造业分工地位在 2009—2019 年稳步提升，2017 年首次为正值，2019 年达到了 0.03，说明泰国低技术制造业参与分工模式以前向参与为主；中高技术制造业分工地位在 -0.15 左右，参与分工模式仍以后向参与为主，高技术制造业位置指数自 2010 年后高于中技术制造业。随着泰国数字化不断发展，参与全球生产网络的模式不断优化，制造业分工地位可能会进一步提升，如图 8-20 所示。

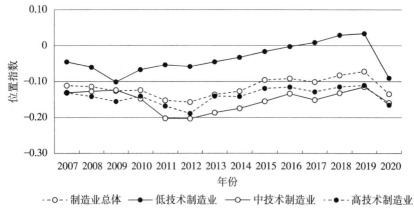

图 8-20　泰国制造业全球生产网络位置指数

数据来源：根据 ADB-MRIO（2021）数据库数据整理。

6. 越南

越南制造业总体全球生产网络位置指数变化不大，保持在−0.20 左右，但呈稳中有降趋势，2017 年后逐渐增长，2020 年受新冠疫情及中美贸易摩擦影响，出现大幅下滑。2009—2017 年，高技术制造业分工地位最高，但呈下降趋势，中技术制造业次之，低技术制造业最低；2017 年后，中技术制造业分工地位攀升至第一位，低技术制造业位列第二，高技术制造业最低，如图8-21 所示。

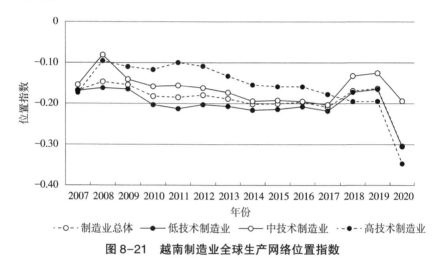

图8-21　越南制造业全球生产网络位置指数

数据来源：根据 ADB−MRIO（2021）数据库数据整理。

综上所述，从总体上看，东盟制造业在全球生产网络中的分工地位较低，2007—2020 年位置指数均为负值，但东盟全球生产网络分工地位呈上升趋势，从 2014 年起上升趋势十分明显，这说明随着数字化水平的提升，东盟制造业在不断融入全球生产网络，参与分工模式不断升级，分工地位不断提升。

从分国家角度来看，东盟六国中马来西亚、新加坡和泰国的分工地位呈上升趋势，越南、菲律宾的分工地位则呈下降趋势，印度尼西亚变化较为平稳。

从分行业角度来看：①低技术制造业，泰国、新加坡、马来西亚分工地位上升，菲律宾、印度尼西亚下降，越南变化平稳；②中高技术制造业，除马来西亚波动较大外，其余各国变化幅度均较小，新加坡、印度尼西亚、马来西亚和泰国分工地位上升，菲律宾、越南分工地位略微下降。

第九章

数字化对东盟参与全球生产网络影响的作用机制

　　互联网、大数据、云计算和人工智能等新一代数字技术迅猛发展，逐渐渗透至社会经济各个领域，推动产品内分工不断细化，进而深刻影响着各国参与全球生产网络的分工模式和分工地位（齐俊妍和任奕达，2022）。本章在前文对东盟数字化、参与全球生产网络以及承接产业转移状况进行详细分析的基础上，分析数字化对东盟参与全球生产网络影响的中介机制和异质性机制。

第一节　中介机制

　　全球生产网络的延展与深化对国与国之间的贸易、生产活动产生了深刻影响，不仅能使发达国家与发展中国家之间的经贸联系更加密切，同时也为广大发展中国家融入全球经济提供了更多机遇（Gereffi and Fernandez-Stark，2011）。有效融入全球生产网络逐渐成为发展中国家实现动能转换与经济转型的关键。与此同时，数字化水平提高既使复杂产品的跨国生产活动更为高效，也使各生产要素在全球范围内的流动性进一步增强，产品的生产被拆分成研发、生产、加工、组装、销售等多个环节，并由全球各地根据自身要素禀赋和比较优势分工生产，国与国之间参与产品生产环节朝着差异化方向发展，这种差异构成了国际产业转移的基础。在产业频繁互动的全球经济中，数字经济和数字技术的发展进一步提升了产品生产的碎片化程度，影响着国际产业转移流向及空间布局，同时也深刻影响着发展中国家参与全球生产网络的程度与模式。

　　首先，一方面，东盟国家制造业数字化水平的提高有助于在宏观上高效把控产品生产过程和环节，降低生产协调与控制成本，如交易成本、谈判成本、合同成本、通关成本和物流成本等，促使跨国公司为实现资源优化配置在此布局更多生产环节（李春发等，2020）。另一方面，节省下来的资金不仅可以用于扩大生产规模，改善生产基础设施，为承接核心零部件及半成品等中间产品的生产环节和工序创造良好条件，进而减少最终需求驱动型产业转移承接，增加更多中间需求和出口需求驱动型产业转移承接，同时东盟国家承接产业转移也可以进一步扩大其产品生产规模，带动东盟制造业生产能力增强，进而提升东盟制造业在全球生产网络中的前向参与度，降低其后向参与度，促进分工地位的进一步提升。

其次，数字技术的应用使数字化、智能化、精准化生产成为可能，不但促进了全球生产网络分工向着更加精细化的方向发展，而且带来了生产协作方式的改善和优化，使资源配置效率明显提升（肖旭和戚聿东，2019）。一方面，数字技术可以提高跨国公司对庞杂市场信息的筛选和获取能力，通过数字化技术甄选、挖掘市场信息，能够更加精准、及时地了解市场需求；通过充分挖掘生产环节中大量数据信息的深层价值，可以保证跨国公司获得信息的准确性和高效性，从而对整个生产过程和环节进行持续优化与再造，提高生产效率；另一方面，东盟国家数字化水平提升，使该区域内的要素流向发生变化，原有的资源流动平衡被打破，新的高效资源配置机制得以重新建立，从而为东盟承接产业转移奠定坚实基础，东盟制造业核心零部件及半成品工序环节生产能力也随之增强，促进更多核心零部件和半成品等中间产品生产工序的承接，减少加工组装环节承接，进口中间产品减少，从而提升东盟制造业在全球生产网络中的前向参与度，降低其后向参与度，提高其分工地位。

最后，数字化带来的竞争效应、示范效应和产业关联效应促使企业不断学习新知识、研发新技术、开发新市场（田毕飞和陈紫若，2018）。借助数字技术，企业对前沿技术的模仿和学习更加便捷高效，可促进企业的工作重心向产品创新转移，提高产品附加价值；与此同时，东盟国家在承接产业转移过程中可获得先进的技术和管理经验，有利于提高生产与创新能力，进而提高中间产品加工能力以及产品市场竞争力，促进核心零部件及半成品等中间产品生产的工序和环节承接，减少对加工组装环节的承接，提升东盟制造业在全球生产网络中的前向参与度，降低其后向参与度，提升其分工地位。

在信息技术高速发展的今天，数字化可以通过降低生产成本、提高资源配置效率、促进产品创新和提高市场竞争力等方式影响产业转移，促进东盟增加对中间需求和出口需求驱动型产业转移的承接，减少其对最终需求驱动型产业转移的承接，带动东盟内发展中国家分工模式升级，从而提高东盟国家的前向参与度，降低其后向参与度，提高东盟国家的分工地位。

因此，提出以下总假设：

总假设1：数字化会促进东盟前向参与度的提升，降低其后向参与度，提高其分工地位。

总假设2：数字化通过促进东盟中间需求和出口需求驱动型产业转移承接、减少最终需求驱动型产业转移承接，提升其前向参与度，降低其后向参与度，提升其分工地位。

数字化对东盟参与全球生产网络的作用机制如图9-1所示。

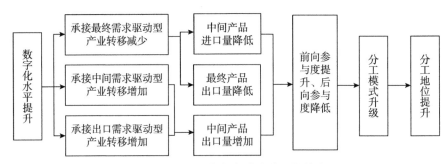

图9-1 数字化对东盟参与全球生产网络的作用机制

第二节 异质性机制

由于东盟国家不同技术密集型制造业规模、分工细化程度存在差异，因此数字化对东盟不同技术密集型制造业参与全球生产网络分工模式和分工地位的影响也会存在异质性。本节的研究重点将放在数字化对东盟低、高、中三种技术密集型制造业参与全球生产网络分工模式及分工地位影响的差异上。

一、低技术制造业

低技术制造业参与分工程度较低，生产工序的复杂程度不高，需要跨境生产的环节并不多，并且低技术制造业与中高技术制造业相比，其数字化发展水平较低，数字化基础较为薄弱，因此数字化水平提升对东盟低技术制造业前向参与分工程度的促进作用较小。但考虑到东盟国家低技术制造业规模较大，数字产品和数字技术渗透至低技术制造业的规模较大，数字化发展空间和潜力较大，经过数字化改造提升后发展速度会加快，生产效率和能力会显著提升，承接加工组装环节随之减少，从而降低东盟低技术制造业在全球生产网络中的后向参与度，提高其分工地位。综合考虑上述作用机理后，本书认为数字化水平提高对东盟低技术制造业前向参与度提升作用最小，对其后向参与度降低作用最大，对其分工地位提升作用最大。

因此，提出**分假设1**：数字化对提升东盟低技术制造业的前向参与度作用最小，对降低其后向参与度的作用最大，对其分工地位提升作用也最大。

二、高技术制造业

高技术制造业本身的技术条件和水平均优于中低技术制造业，信息化程度较高，数字化基础良好，随着数字化水平的提升，东盟高技术制造业承接高端零部件和半成品生产的能力会显著增强，进而减少加工组装环节生产，减少中间产品的进口，促进中间产品的出口，参与全球生产网络的分工模式也不断升级。但考虑到东盟国家制造业发展实际情况，高端制造业规模小于低端制造业规模，因此本书认为数字化有助于促进东盟高技术制造业前向参与度提升，且促进作用最大，对其后向参与度降低作用较大，对其分工地位促进作用较大。

因此，提出**分假设2**：数字化对东盟高技术制造业在全球生产网络中的前向参与度促进作用最大，对其后向参与度降低作用较大，对其分工地位的促进作用较大。

三、中技术制造业

中技术制造业大多属于流程型制造业，如炼油、化学品及化工产品制造，生产工艺顺序固定不变，生产过程具有连续性，不能轻易中断，因此中技术制造业参与生产网络分工的程度较低，生产链条较短。此外，中技术制造业与低技术制造业相比，虽然数字化基础较好，但是数字化对前、后向参与度影响的边际效应较弱；与高技术制造业相比，中技术制造业数字化基础虽较差，但其数字化水平提升对前、后向参与度影响的边际效应较大。综合考虑后，本书认为数字化对东盟中技术制造业参与全球生产网络的影响大小不确定，有待通过实证进一步检验。

因此，提出**分假设3**：数字化对东盟中技术制造业参与全球生产网络的影响大小不确定。

综上所述，本书提出表9-1所列假设。

表 9-1 数字化对东盟参与全球生产网络影响假设

制造业分类	前向参与度	后向参与度	分工地位
制造业总体	正	负	正
低技术制造业	正（小）	负（大）	正（大）
高技术制造业	正（大）	负（中）	正（中）
中技术制造业	不确定	不确定	不确定

第十章

数字化对东盟参与全球生产网络影响的实证检验

通过对东盟数字化发展进程、参与全球生产网络发展动态以及承接产业转移演进趋势进行详细分析，可以发现东盟国家数字化发展与其参与全球生产网络的进程呈现出一定的相关性，同时，东盟承接全球产业转移对这一进程也产生了一定影响。本书通过研究数字化对东盟参与全球生产网络的影响，一方面，希冀验证东盟数字化发展对其全球生产网络地位提升的作用；另一方面，要厘清数字化对东盟参与全球生产网络分工模式演进和分工地位提升的作用机制。

本章选取 2007—2019 年东盟国家数字化数据、参与全球生产网络分工模式、分工地位以及承接全球产业转移数据，首先通过回归分析考察数字化发展对其参与全球生产网络的影响，并进行稳健性检验；随后引入产业转移中介变量，对数字化通过产业转移影响东盟参与全球生产网络分工模式及地位的中介机制进行检验。

第一节 模型建立与变量衡量

为了全面了解数字化对东盟国家参与全球生产网络的影响，分别将全球生产网络前向参与度（GVCfp）、全球生产网络后向参与度（GVCbp）、全球生产网络位置指数（GVCp）作为被解释变量，将东盟国家的数字化发展水平（DT）作为核心解释变量，建立如下模型：

$$GVCfp_{cit} = a_1 + b_1 DT_{cit} + c_1 Z_{cit} + \varphi_{1c} + \theta_{1i} + \eta_{1t} + \varepsilon_{1cit} \tag{10-1}$$

$$GVCbp_{cit} = a_2 + b_2 DT_{cit} + c_2 Z_{cit} + \varphi_{2c} + \theta_{2i} + \eta_{2t} + \varepsilon_{2cit} \tag{10-2}$$

$$GVCp_{cit} = a_3 + b_3 DT_{cit} + c_3 Z_{cit} + \varphi_{3c} + \theta_{3i} + \eta_{3t} + \varepsilon_{3cit} \tag{10-3}$$

式中，c 代表国家；i 代表行业；t 代表时间；ε_{cit} 为随机扰动项；a 为常数项；$GVCfp_{cit}$、$GVCbp_{cit}$、$GVCp_{cit}$ 分别为东盟 c 国 i 行业 t 时期的前向参与度、后向参与度和位置指数；DT_{cit} 为东盟 c 国 i 行业 t 时期数字化发展水平；Z_{cit} 为控制变量；b 和 c 为待估参数。此外，为了控制国家和行业异质性，本书分别加入了国家固定效应 φ_c 和行业固定效应 θ_i；为了控制样本期内可能存在的其他外生事件，加入了年份固定效应 η_t。

一、被解释变量

被解释变量分别为东盟各国不同行业的 $GVCfp$、$GVCbp$ 和 $GVCp$，前文已经对其测算方法和数据来源进行了详细说明，在此不再赘述。

二、解释变量

解释变量为 2007—2019 年东盟各国总体数字化发展水平（DT），通过构建指标体系，运用 STATA 16 软件，以采用因子分析法得到的综合得分来衡量东盟各国数字化发展水平，具体方法前文已详细说明，在此不再赘述。

三、控制变量

Z 为控制变量，具体包括四个方面。

（一）外商直接投资（FDI）

此项指标用世界银行（World Bank）数据库中的 FDI 占国内生产总值（GDP）的比重衡量。FDI 指的是投资者为获得在另一经济体中运作的企业的永久性管理权益（10% 以上表决权）所做的投资净流入，是股权资本、收益再投资、其他长期资本以及国际收支平衡表中显示的短期资本之和。对于东盟国家而言，外资更为看重的可能是其劳动力成本优势，对生产网络地位影响可能为负，因此本书预期 FDI 回归系数为负。

（二）行业规模（$Scale$）

此项指标用世界银行数据库中的制造业增加值指标衡量。在具体实证分析中，对制造业增加值进行了归一化处理。一般而言，行业规模越大，代表这一行业的生产能力越强，配套设施及分工体系较为完善，在全球生产网络中涉及的生产环节越多，在生产网络中的地位越高，因此本书预期 $Scale$ 回归系数为正。

（三）研发投入（*RDI*）

此项指标用世界银行数据库中的专利申请量衡量。在具体实证分析中，对专利申请量进行了归一化处理。一般而言，研发投入是衡量一国科技创新水平的直观指标，研发投入越多，代表其对科技创新越重视，并且研发经费在科技含量高的领域或产业投入得越多，意味着科技进步的可能性在增加，进而会提升其在全球生产网络中的地位，因此本书预期 *RDI* 回归系数为正。

（四）行业要素密集度（*FI*）

此项指标用年固定资本存量与年就业人数之比衡量，上述两个指标均来自佩恩世界表（PWT）数据库。一般而言，一个行业的人均资本越高，意味着该行业在生产过程中占用的资本要素越多，有助于这一行业从事技术水平更高的生产活动，进而提升其在全球生产网络中的地位，因此本书预期 *FI* 回归系数为正。

第二节　基准回归

一、前向参与度

本书对东盟主要六国制造业数据进行了回归，表 10-1 所示为数字化对东盟制造业前向参与度影响的回归结果，第（2）~第（5）项分别为加入外商直接投资、行业规模、研发投入、行业要素密集度四个控制变量的回归结果。

表 10-1　数字化对东盟制造业前向参与度影响的回归结果

参数	(1)	(2)	(3)	(4)	(5)
DT	0.0117***	0.0221***	0.0235***	0.0244***	0.0083***
	(0.0015)	(0.0021)	(0.0023)	(0.0026)	(0.0031)
FDI		−0.0020***	−0.0023***	−0.0022***	−0.0024***
		(0.0003)	(0.0003)	(0.0004)	(0.0004)
Scale			−0.0109	−0.0104	−0.0521**
			(0.0077)	(0.0078)	(0.0109)
RDI				−0.0028***	−0.0201***
				(0.0034)	(0.0046)

续表

参数	(1)	(2)	(3)	(4)	(5)
FI					0.0596 ***
					(0.0110)
_cons	0.1248 ***	0.1268 ***	0.1321 ***	0.1324 ***	-0.1095 **
	(0.0021)	(0.0021)	(0.0038)	(0.0043)	(0.0478)
固定	YES	YES	YES	YES	YES
N	1092	1092	1092	1092	1092

注:*、**、***分别表示变量在10%、5%、1%的水平下显著,括号内为标准误差。

由表10-1可以看出,DT对制造业 $GVCfp$ 具有显著的正向影响,依次加入控制变量后结果并未发生太大变化,DT 的估计系数为0.0083,加入控制变量后结果仍然显著,说明东盟国家数字化发展水平对其全球生产网络前向参与度起到了显著的促进作用。

与预期相符,FDI 对制造业 $GVCfp$ 的影响显著为负,一方面可能是因为东盟国家吸引外资主要是基于其劳动力价格的比较优势,更多集中于劳动密集型产业,而在技术和管理层面并未对东盟国家制造业发展提供实质性帮助;另一方面也可能是当跨国公司凭借其雄厚资金以及技术垄断优势进入时,很大程度上会抢占东盟国家的市场,使本土企业丧失竞争力,对其制造业全球生产网络前向参与度提升起到了抑制作用。

$Scale$ 对制造业 $GVCfp$ 的影响显著为负,与预期不符。一般而言,行业规模的扩大会使产品分工进一步细化和标准化,产生规模经济效应,从而进一步完善本国产业链,促使本国企业向全球生产网络高端层次迈进。随着东盟制造业规模不断扩大,可能承接更多加工组装环节,出口更多的最终产品而不是中间产品,导致制造业规模对前向参与度影响显著为负。

RDI 回归系数显著为负,一方面可能是因为除新加坡外,东盟其余国家的研发投入并不多,这与这些国家经济发展水平和综合实力息息相关;另一方面可能与东盟国家研发成果转化率低相关,大部分研发投入并未产生实质效果,仍需进口更多高技术、高附加值的零部件与半成品,经加工组装后出口最终产品,而不是出口更多中间产品,因此对制造业 $GVCfp$ 产生了负向影响。

FI 对制造业 $GVCfp$ 具有显著的正向影响,与预期相符。一般而言,行业人均资本越高,越有助于这一行业从事技术水平更高的生产活动,出口更多的中间产品，进而提升其前向参与度。

二、后向参与度

表 10-2 所示为数字化对东盟制造业后向参与度影响的回归结果，核心解释变量 *DT* 系数均显著为负。

表 10-2　数字化对东盟制造业后向参与度影响的回归结果

参数	(1)	(2)	(3)	(4)	(5)
DT	-0.0318***	-0.0657***	-0.0311***	-0.0585***	-0.0407***
	(0.0032)	(0.0043)	(0.0031)	(0.0052)	(0.0062)
FDI		0.0066	0.0070***	0.0057***	0.0061***
		(0.0006)	(0.0007)	(0.0008)	(0.0008)
Scale			-0.0643***	0.0110	0.0239
			(0.0142)	(0.0158)	(0.0207)
RDI				0.0316***	0.0837***
				(0.0069)	(0.0095)
FI					-0.1086***
					(0.0230)
_cons	0.3116***	0.3053***	0.3416***	0.3219***	0.7925***
	(0.0045)	(0.0043)	(0.0080)	(0.0082)	(0.10000)
固定	YES	YES	YES	YES	YES
N	1092	1092	1092	1092	1092

注：*、**、***分别表示变量在 10%、5%、1%的水平下显著，括号内为标准误差。

由表 10-2 可知，东盟国家数字化发展水平提升对其后向参与全球生产网络有显著的负向影响，与前文东盟国家后向参与度不断降低分析一致，即东盟国家数字化发展水平越高，其制造业全球生产网络后向参与度越低。这可能是因为随着东盟国家数字化水平不断提升，承接全球加工组装环节逐渐减少，导致出口最终产品不断减少，更多是承接零部件与半成品中间产品生产环节，出口更多中间产品。因此，数字化水平提升对东盟国家 *GVCbp* 起到了显著抑制作用。

FDI 回归系数显著为正，说明外商投资对东盟总体制造业后向参与度提升起到了显著的促进作用，也可知东盟制造业吸引的 *FDI* 仍主要集中于加工

组装环节，吸引 *FDI* 越多，进口中间产品与出口最终产品就越多，导致其后向参与度不断提升。*Scale* 对制造业 *GVCbp* 具有不显著的正向影响，说明东盟制造业规模扩张与其后向参与度没有太大的关联。

RDI 回归系数显著为正，说明研发投入对东盟国家制造业 *GVCbp* 提升具有正向促进作用，可能是由于东盟国家经济发展水平普遍不高，研发投入与其他国家相比处于低位，不能独立完成研发、生产环节，随着其研发投入的不断增加，会进口更多高技术的中间产品，因此 *RDI* 回归系数显著为正。

FI 对制造业 *GVCbp* 的影响显著为负，行业人均资本越高，意味着该行业在生产过程中所占用的资本要素越多，东盟国家制造业人均资本提升有助于其进行更复杂中间产品的生产活动，减少对中间产品的进口依赖，从而降低其制造业 *GVCbp*。

三、位置指数

表 10-3 所示为数字化对东盟制造业位置指数影响的回归结果。*DT* 对制造业 *GVCp* 的影响显著为正，说明东盟国家数字化发展水平对其全球生产网络位置指数提升具有促进作用。因为数字经济可提升企业的生产效率及研发能力，促进高附加值产品的生产，提升一国在全球生产网络中的分工地位。

FDI 对制造业 *GVCp* 具有显著的负向影响，由于 *FDI* 对前向参与度具有显著的负向影响，对后向参与度具有显著的正向影响，自然会对分工地位呈显著的负向影响。这也说明东盟吸引的 *FDI* 虽有助于促进就业率及经济增长，但并未从实质上带动东盟制造业向全球价值链高端攀升。

Scale 在加入控制变量后，对制造业 *GVCp* 的负向影响并不显著，这也与前文所述制造业规模与前向参与度和后向参与度没有太大关联一致，说明全球生产网络地位并没有随着东盟制造业规模的增长同步提升。

RDI 回归系数显著为负，这与前文所述 *RDI* 对前向参与度影响显著为负、对后向参与度影响显著为正高度一致，东盟国家可能因为研发投入相对不足，有限的研发投入并没有对制造业创新及向全球价值链高端攀升产生实质推动作用，进而造成研发投入对 *GVCp* 具有显著负向影响。

FI 回归系数显著为正。这与前文 *FI* 对前向参与度影响显著为正、对后向参与度影响显著为负结果相符。说明东盟国家制造业人均资本增加有助于出口更多中间产品，从而减少中间产品进口，促进其全球生产网络分工地位提升。

表 10-3　数字化对东盟制造业位置指数影响的回归结果

参数	（1）	（2）	（3）	（4）	（5）
DT	0.0437***	0.0877***	0.0427***	0.0728***	0.0465***
	（0.0043）	（0.0060）	（0.0043）	（0.0064）	（0.0082）
FDI		0.0086***	−0.0090	−0.0078***	−0.0084***
		（0.0008）	（0.0010）	（0.0011）	（0.0010）
Scale			0.0847***	0.0676***	−0.0396
			（0.0195）	（0.0193）	（0.0285）
RDI				−0.0562***	−0.1042***
				（0.0091）	（0.0131）
FI					0.1605***
					（0.0317）
_cons	−0.1868***	−0.1786***	−0.1691***	−0.1656***	−0.9553***
	（0.0062）	（0.0060）	（0.0122）	（0.0122）	（0.1342）
固定	YES	YES	YES	YES	YES
N	1092	1092	1092	1092	1092

注：*、**、***分别表示变量在10%、5%、1%的水平下显著，括号内为标准误差。

第三节　稳健性检验

为了进一步检验研究结论的可靠性，本书从以下六个方面进行稳健性分析。

一、分样本检验

为了进一步研究数字化对不同技术密集型行业的影响，也为了验证前文的实证结果是否稳健，本书在参考刘怡等（2017）研究的基础上，将制造业根据技术水平差异分为低、中、高三种不同技术密集型行业分别进行检验。

（一）前向参与度

由表 10-4 可以看出，核心解释变量 DT 对三种不同技术密集型制造业 GVCfp 的影响均显著为正，且回归结果均通过了1%的显著性检验，数字化水平每提升 1%，低技术制造业 *GVCfp* 提升 0.0118%，中技术制造业 *GVCfp* 提升 0.0134%，高技术制造业 *GVCfp* 提升 0.0176%，说明 *DT* 对高技术密集型行业前向参与度的影响最大，对中技术密集行业影响次之，对低技术密集型行业影响最小，可能是由于高端制造业本身数字化水平较高，与中低技术密集型行业相比，数字化基础更好，随着数字化水平的进一步提高，更有助于促进更多高端零部件和半成品的出口，因此数字化对其前向参与度的提升效果也更明显。

表 10-4　数字化对东盟制造业分行业前向参与度影响的回归结果

参数	低技术制造业	中技术制造业	高技术制造业
DT	0.0118***	0.0134***	0.0176***
	(0.0033)	(0.0074)	(0.0062)
FDI	−0.0005	−0.0053***	−0.0027***
	(0.0004)	(0.0009)	(0.0008)
Scale	−0.0254**	−0.1283***	−0.0128
	(0.0117)	(0.0264)	(0.0220)
RDI	−0.0160***	−0.0314***	−0.0144
	(0.0050)	(0.0113)	(0.0094)
FI	0.0519***	0.1050***	0.0170
	(0.0119)	(0.0268)	(0.0223)
_cons	−0.1200**	−0.2636**	0.0480
	(0.0516)	(0.1161)	(0.0967)
固定	YES	YES	YES
N	546	312	234

注：*、**、*** 分别表示变量在 10%、5%、1% 的水平下显著，括号内为标准误差。

与预期相同，*FDI* 对三种不同技术密集型制造业 *GVCfp* 的提升均呈负向影响，这说明东盟吸引的更多是效率需求型 *FDI*，看重的是劳动力成本优势，所以承接更多的加工组装环节，特别是承接更多中高技术制造业的加工组装环节，从而会进口更多的中间产品与国外附加值，导致 *FDI* 对中高技术制造业前向参与度为显著负向影响。而 *FDI* 对低技术制造业的负向作用不显著，可能是因为随着 *FDI* 的增加，技术外溢效应逐渐显现，在一定程度上会促进低端制造业中间产品的出口与前向参与度的提升，故对其负向影响不显著。

Scale 对三种技术密集型制造业的前向参与度均呈负向影响，说明制造业规模的增加不仅未能促进东盟更多中间产品出口，反而增加了其进口量，所以会呈现负向影响。此外，Scale 对高技术制造业的负向影响不显著，可能是因为随着东盟高技术制造业规模的扩大，一定程度上也会促进其更多中间产品出口，提升其前向参与度。RDI 对于中低技术制造业 GVCfp 呈显著负向影响，可能是由于东盟国家中低技术制造业研发投入规模较小，且该行业对研发投入并不敏感，研发投入带来的产出效率不高，因此负向影响显著；而高技术制造业随着研发投入的增加，一定程度上也会促进其更多高技术中间产品出口，进而对其负向影响不显著。

FI 对中低技术制造业 GVCfp 呈显著正向影响，可能是因为生产过程中资本投入增加，有助于促进该行业从事技术水平更复杂的生产活动，出口更多中间产品，从而促进前向参与度的提升；FI 对高技术制造业 GVCfp 的正向作用并不显著，可能是因为高技术制造业要素密集度未达到明显提升 GVCfp 门槛的水平，导致技术创新水平相对不足，复杂中间产品仍然依赖进口，故对其前向参与度的正向影响并不显著。

（二）后向参与度

由表 10-5 可以看到，三种不同技术密集型行业的 DT 回归结果均为负，但数字化对中技术制造业后向参与度的影响未通过显著性检验，这说明与中技术制造业相比，其他两种技术密集型制造业对数字化发展更加敏感。

FDI 对不同技术密集型制造业 GVCbp 均呈正向影响，FDI 每增加 1%，低、中、高技术制造业 GVCbp 分别上升 0.0050%、0.0107%、0.0022%，说明外资对东盟中低技术制造业后向参与度提升起到了显著促进作用，这可能是外资更看重东盟国家劳动力资源禀赋，将东盟区域作为代工厂所致，随着 FDI 流入的增加，GVCbp 不断上升；但 FDI 对高技术制造业 GVCbp 的影响并不显著，可能是因为 FDI 的技术外溢效应在高技术制造业中表现更明显，在一定程度上会促进高技术制造业中间产品的出口，减少中间产品进口，因此对后向参与度的正向影响不显著。

Scale 对不同技术密集型制造业 GVCbp 均为正向影响，但高技术制造业结果未通过显著性检验，说明随着东盟中低技术制造业规模的扩大，中间产品进口也在不断增加，其 GVCbp 也随之提升。而在高技术行业，可能是因为规模效应的进一步发挥促进了其技术进步，促使其可以增加一部分中间产品的出口，故对后向参与度的正向影响不显著。

RDI 对不同技术密集型制造业 $GVCbp$ 均呈显著正向影响，且对中高技术密集型制造业的促进作用高于低技术制造业。说明随着东盟国家研发投入的增加，促进了更多中间产品的进口，所以对其后向参与度影响显著为正，但在低技术制造业，随着研发投入的增加，可能会促进其中间产品的出口，故对其后向参与度影响较小。

FI 对东盟制造业 $GVCbp$ 的提升具有负向作用，但对高技术制造业的影响不显著。这说明东盟国家人均资本量越高，资本投入量越多，越有助于东盟制造业从事技术水平更高的生产活动，越有助于降低中间投入品的进口依赖，进而降低后向参与度。而人均资本的提升对减少高技术、高附加值中间投入品进口的影响不明显，故在高技术制造业，人均资本对后向参与度表现为不显著的负向影响。

表 10-5　数字化对东盟制造业分行业后向参与度影响的回归结果

参数	低技术制造业	中技术制造业	高技术制造业
DT	-0.0786***	-0.0194	-0.0356***
	(0.0080)	(0.0131)	(0.0122)
FDI	0.0050***	0.0107***	0.0022
	(0.0010)	(0.0016)	(0.0015)
$Scale$	0.0606**	0.1876***	0.0677
	(0.0284)	(0.0469)	(0.0437)
RDI	0.0583***	0.0838***	0.0678***
	(0.0121)	(0.0199)	(0.0186)
FI	-0.0753***	-0.2566***	-0.0648
	(0.0288)	(0.0475)	(0.0443)
$\_cons$	0.5992***	1.3947***	0.6273***
	(0.1247)	(0.2058)	(0.1918)
固定	YES	YES	YES
N	546	312	234

注：*、**、***分别表示变量在10%、5%、1%的水平下显著，括号内为标准误差。

（三）位置指数

由表10-6可知，DT 对不同技术密集型制造业 $GVCp$ 均具有正向影响，同时对后向参与度影响显著为负，说明东盟国家数字化发展水平提升有助于其制造业全球生产网络地位攀升，因为数字化发展会降低东盟制造业的生产成本，提高其生产能力，同时数字技术的应用也会增强其中间产品的生产能力，减少对国外中间产品的需求，因此其在全球生产网络中的地位会随之攀升。

此外还可以看出，数字化水平对低技术制造业位置指数提升作用更强，可能是因为东盟国家低技术制造业规模较大，经过数字化改造后发展速度更快，提升作用也更明显。中技术制造业回归结果并不显著，与前面数字化对中技术制造业前、后向参与度影响的显著性弱于高技术和低技术制造业一致，这可能是因为中技术制造业与高技术相比数字化基础较弱，与低技术制造业相比数字化边际效应又较弱，导致数字化对中技术制造业 *GVCp* 的影响并不显著。

FDI 对低、中、高技术制造业 *GVCp* 均具有显著的负向影响，这可能是因为跨国公司本身遵循利益最大化原则在全球范围内进行资源的优化配置，而东盟国家制造业处于全球生产网络低端环节，跨国公司很有可能利用东盟国家廉价的劳动力，把更多的加工组装环节转移到东盟区域，提高了其后向参与度的同时降低了其前向参与度，阻碍了东盟国家在全球生产网络中地位的攀升，故呈现显著负向影响。

表 10-6　数字化对东盟制造业分行业位置指数影响的回归结果

参数	低技术制造业	中技术制造业	高技术制造业
DT	0.0884***	0.0288	0.0505***
	（0.0097）	（0.0199）	（0.0177）
FDI	−0.0055***	−0.0159***	−0.0050**
	（0.0012）	（0.0024）	（0.0022）
Scale	−0.0765**	−0.3058***	−0.0782
	（0.0347）	（0.0709）	（0.0633）
RDI	−0.0684***	−0.1080***	−0.0790***
	（0.0148）	（0.0302）	（0.0269）
FI	0.1237***	0.3588***	0.0862
	（0.0351）	（0.0719）	（0.0641）
_cons	−0.7088***	−1.6507***	−0.6032**
	（0.1524）	（0.3115）	（0.2780）

参数	低技术制造业	中技术制造业	高技术制造业
固定	YES	YES	YES
N	546	312	234

注：*、**、***分别表示变量在10%、5%、1%的水平下显著，括号内为标准误差。

Scale 对低、中、高技术制造业均呈负向影响，其中对中低技术制造业呈显著负向影响，这说明行业规模的扩大并不一定会提升制造业的全球生产网络地位，特别是中低技术制造业行业规模越大，说明具有更大的代工生产能力，从而会承接更多的加工组装环节，容易被锁定在生产网络低端。而高技术制造业可能随着其规模的扩大，规模效应不断显现，效率不断提升，对高技术、高附加值中间产品的进口依赖逐渐降低，在一定程度上有助于其全球生产网络地位的提升，所以对其负向影响并不显著。

RDI 对三种技术密集型制造业 *GVCp* 的提升均呈显著负向影响，这与东盟国家经济发展水平有关，研发投入不足导致其研发周期较长、成果转化率较低，因而对其制造业全球生产网络位置指数的提升呈负向影响。

FI 对不同技术密集型行业 *GVCp* 均呈正向影响，这说明人均资本对东盟国家不同技术密集型制造业 *GVCp* 的提升起到了促进作用。高技术制造业未通过显著性检验，这可能是高技术制造业对资金的需求量更大，而东盟国家经济发展水平以及对高技术制造业的投入相对不足所致。

二、调整样本期检验

除分样本检验外，考虑到 2008 年金融危机与 2018 年中美贸易摩擦的影响，在参考王雄元和卜落凡（2019）研究的基础上，剔除 2007—2009 年、2018—2019 年两个时间段的数据，选取 2010—2017 年数据重新进行回归，回归结果如表 10-7 所示。可以看出，核心解释变量 *DT* 与调整样本期变量 *DT*$_{adjust}$ 的回归结果仍然具有一致的符号和显著性，该结果进一步验证了前文结果的稳健性。

表 10-7　调整样本期后的回归结果

GVCfp		GVCbp		GVCp	
DT	DT_{adjust}	DT	DT_{adjust}	DT	DT_{adjust}
0.0083***	0.0193***	−0.0407***	−0.0642***	0.0465***	0.0835***
(0.0031)	(0.0033)	(0.0062)	(0.0065)	(0.0082)	(0.0089)
控制	控制	控制	控制	控制	控制
固定	固定	固定	固定	固定	固定
672	672	672	672	672	672

注：*、**、***分别表示变量在10%、5%、1%的水平下显著，括号内为标准误差。

三、双边缩尾处理

考虑到数据测算过程中可能存在异常值或离群值，为了保证数据的平滑性，也为了进一步验证前文结论的稳健性，本部分对模型中涉及的变量按1%分位进行了双边缩尾处理。

通过表10-8的回归结果可以看出，经过缩尾处理后，回归结果同前文一致：数字化对东盟国家的 GVCfp、GVCp 均呈显著正向影响，对 GVCbp 呈显著负向影响。

表 10-8　1%分位双边缩尾处理后的回归结果

GVCfp		GVCbp		GVCp	
DT	DT_w	DT	DT_w	DT	DT_w
0.0083***	0.0071***	−0.0407***	−0.0388***	0.0465***	0.0405***
(0.0031)	(0.0030)	(0.0062)	(0.0060)	(0.0082)	(0.0085)
控制	控制	控制	控制	控制	控制
固定	固定	固定	固定	固定	固定
1092	1092	1092	1092	1092	1092

注：*、**、***分别表示变量在10%、5%、1%的水平下显著，括号内为标准误差。

四、替换变量检验

除进行分样本检验、双边缩尾处理外，本部分在参考李卫兵和张凯霞（2019）以及梁斌和冀慧（2020）研究的基础上，选取由完全消耗系数计算得出的东盟国家价值链数字化指标 BS_{cit}，对 DT_{cit} 进行了替换。

表 10-9 分别报告了未加入控制变量及加入控制变量后的估计结果，可以看出，加入控制变量后回归结果显著性增强，替换变量 BS 的方向性和显著性也与基准回归结果基本一致，随着东盟国家价值链数字化水平的提升，其前向参与度与位置指数会相应提升，而后向参与度则呈下降趋势。价值链数字化水平每提升 1%，$GVCfp$ 提升 0.2378%，$GVCp$ 提升 3.7086%，$GVCbp$ 降低 3.5820%。除此之外，控制变量的检验结果与基准回归结果基本保持一致，证明了前文回归结果的稳健性。

表 10-9　替换变量检验结果

GVCfp		GVCbp		GVCp	
BS	BS	BS	BS	BS	BS
0.0282	0.2378***	−3.0832*	−3.5820***	3.1104**	3.7086***
(0.0173)	(0.0781)	(0.0258)	(0.5291)	(0.0082)	(0.8097)
未控制	控制	未控制	控制	未控制	控制
固定	固定	固定	固定	固定	固定
1092	1092	1092	1092	1092	1092

注：*、**、***分别表示变量在 10%、5%、1% 的水平下显著，括号内为标准误差。

五、滞后自变量检验

考虑到东盟国家数字化发展水平对其制造业全球生产网络地位的影响存在时滞效应，本部分将基准回归模型中的数字化发展水平（DT）的滞后一期项 DT_{t-1} 引入模型，重新进行回归。结果如表 10-10 所示，核心解释变量、控制变量的符号并未发生变化，且通过了 1% 的显著性检验，证明前文基准回归的结果在统计上具有稳健性。

表 10-10　自变量滞后回归结果

GVCfp		GVCbp		GVCp	
DT	DT_{t-1}	DT	DT_{t-1}	DT	DT_{t-1}
0.0083***	0.0136***	−0.0407***	−0.0546***	0.0465***	0.0643***
(0.0031)	(0.0031)	(0.0062)	(0.0063)	(0.0082)	(0.0087)
控制	控制	控制	控制	控制	控制

GVCfp		GVCbp		GVCp	
固定	固定	固定	固定	固定	固定
1008	1008	1008	1008	1008	1008

注：*、**、***分别表示变量在10%、5%、1%的水平下显著，括号内为标准误差。

六、工具变量法

为了解决模型存在的内生性问题，本书参考施炳展和李建桐（2020）的方法，将滞后一期数字化水平（DT_{t-1}）和数字化行业均值（DT_a）作为工具变量，并分别采用两阶段最小二乘法（2SLS）和广义矩估计法（GMM）进行估计。

Kleibergen-Paap rk LM、Cragg-Donald Wald F 以及 Hansen J 三个统计量显示，本书选取的两个工具变量是可识别、外生的强工具变量。如表10-11所示，DT_{t-1}、DT_a 和 DT_{t-1} & DT_a 分别为单独引入滞后一期数字化水平作为工具变量、单独引入数字化行业均值作为工具变量和同时引入这两个工具变量的估计结果，核心解释变量数字化水平估计系数与基准回归结果相一致，证明前文的回归结果依然稳健。

表10-11　工具变量法回归结果

参数	GVCfp		GVCbp		GVCp	
	2SLS	GMM	2SLS	GMM	2SLS	GMM
DT_{t-1}	0.0142***	0.0142***	−0.0571***	−0.0571***	0.0673***	0.0673***
	(−0.0030)	(−0.0032)	(−0.0054)	(−0.0065)	(−0.0076)	(−0.0090)
DT_a	0.0243**	0.0243**	−0.0617***	−0.0617***	0.2126***	0.2126***
	(−0.0042)	(−0.0052)	(−0.0247)	(−0.0263)	(−0.0041)	(−0.0058)
DT_{t-1} & DT_a	0.0321**	0.0321**	−0.0829***	−0.0829***	0.1187***	0.1187***
	(−0.0147)	(−0.0158)	(−0.0247)	(−0.0288)	(−0.0364)	(−0.0404)
控制	YES	YES	YES	YES	YES	YES
固定	YES	YES	YES	YES	YES	YES

注：*、**、***分别表示变量在10%、5%、1%的水平下显著，括号内为标准误差。

第四节　中介效应检验

一、检验流程梳理

中介变量（Mediator）是一个重要的统计概念，考虑到自变量 X 对因变量 Y 的影响，如果 X 通过变量 M 来影响 Y，则称 M 为中介变量。变量之间的关系表示如下：

$$Y = cX + e_1 \tag{10-4}$$

$$M = aX + e_2 \tag{10-5}$$

$$Y = c'X + bM + e_3 \tag{10-6}$$

假设 Y 与 X 关系显著，意味着回归系数 c 显著，这是中介效应存在的前提。其中式（10-4）的系数 c 为 X 对 Y 的总效应；式（10-5）的系数 a 为 X 对 M 的效应；式（10-6）的系数 b 是在控制了 X 的影响后，M 对 Y 的效应；系数 c' 是在控制了 M 的影响后，X 对 Y 的直接效应；$e_1 \sim e_3$ 是回归残差。对于上述中介效应模型，中介效应等于间接效应，即等于系数乘积 ab。检验中介效应的方法有很多种，本书采用温忠麟和叶宝娟（2014）提出的修改后的中介效应检验流程进行检验。

通过前文数字化水平对东盟国家 $GVCfp$、$GVCbp$ 和 $GVCp$ 的回归结果可以发现，数字化确实对东盟国家全球生产网络地位攀升产生了不同程度的影响，但这种影响是否都是直接的？还是存在某些间接效应的传导？为了解决这些问题，本节引入产业转移这一中介变量，构建如下三个递归方程：

$$GVC_{cit} = \alpha_0 + \alpha_1 DT_{cit} + \alpha_2 Z_{cit} + \varphi_{4c} + \theta_{4i} + \eta_{4t} + \varepsilon_{4cit} \tag{10-7}$$

$$NX_{cit} = \beta_0 + \beta_1 DT_{cit} + \beta_2 Z_{cit} + \varphi_{5c} + \theta_{5i} + \eta_{5t} + \varepsilon_{5cit} \tag{10-8}$$

$$GVC_{cit} = \gamma_0 + \gamma_1 DT_{cit} + \gamma_2 NX_{cit} + \gamma_3 Z_{cit} + \varphi_{6c} + \theta_{6i} + \eta_{6t} + \varepsilon_{6cit} \tag{10-9}$$

式中，c 代表国家；i 代表行业；t 代表年份；ε_{cit} 为随机扰动项；φ_c、θ_i 和 η_t 分别为国家固定效应、行业固定效应和年份固定效应；Z_{cit} 为控制变量；α_1 代表数字化对东盟参与全球生产网络的总效应；β_1 为数字化对东盟承接产业转移的影响；γ_2 为控制数字化影响后，产业转移对东盟参与全球生产网络的影响；γ_1 为控制产业转移影响后，数字化对东盟参与全球生产网络影响的直接效应；$\beta_1\gamma_2$ 为中介效应。

中介效应检验涉及的被解释变量分别为东盟制造业的 $GVCfp$、$GVCbp$ 和 $GVCp$；解释变量和控制变量分别为 DT、FDI、$Scale$、RDI、FI，此外，在式（10-8）中还引入了与产业转移密切相关的变量——劳动力成本作为控制变量；中介变量为第七章中的产业转移（NX），相关衡量方法与数据来源前文已详细介绍，在此不再赘述。

本节延续前文观点，在机制分析和基准回归的基础上，对东盟制造业数据进行了中介效应检验，由于中技术制造业在分行业回归中结果表现为不显著，因此下文中的中介效应检验并不包含中技术制造业。

二、检验结果分析

（一）总样本检验

表 10-12 报告了总样本中介效应检验结果。数字化对东盟承接全球产业转移的影响 β_1 为 0.0259，说明数字化促进了东盟承接全球制造业转移。

表 10-12　总样本中介效应检验结果

模型	（1）	（2）	（3）
参数	$GVCfp$	NX	$GVCfp$
DT	0.0083***	0.0259*	0.0096**
	（0.0031）	（0.0140）	（0.0041）
NX			−0.0069
			（0.0062）
参数	$GVCbp$	NX	$GVCbp$
DT	−0.0407***	0.0259*	−0.0419***
	（0.0062）	（0.0140）	（0.0084）
NX			0.0240*
			（0.0126）

模型	（1）	（2）	（3）
参数	$GVCp$	NX	$GVCp$
DT	0.0465***	0.0259*	0.0468***
	(0.0082)	(0.0140)	(0.0116)
NX			-0.0306*
			(0.0174)
控制	YES	YES	YES
固定	YES	YES	YES

注：*、**、***分别表示变量在10%、5%、1%的水平下显著，括号内为标准误差。

控制产业转移变量后，数字化对前向参与度、后向参与度和位置指数的直接效应 γ_1 分别为 0.0096、-0.0419 和 0.0468；控制数字化影响后，产业转移对前向参与度的影响并不显著，对后向参与度及位置指数的间接效应 γ_2 分别为 0.0240、-0.0306。从实证结果来看，产业转移对前向参与度的中介效应不显著，经过 Bootstrap 检验，间接效应仍不存在；产业转移对后向参与度与位置指数的中介效应显著，但 $\beta_1\gamma_2$ 与 γ_1 异号，说明存在部分遮掩效应，解释变量对被解释变量的影响效果被中介变量遮掩了，即间接效应遮掩了部分直接效应，属于广义中介效应，中介效应分别为 0.0148 和 0.0169。

（二）低技术制造业

表 10-13 报告了低技术制造业中介效应检验结果。数字化对东盟承接全球低技术制造业转移的影响为 0.0620，但结果并不显著。控制产业转移变量后，数字化对前向参与度、后向参与度和位置指数的直接效应 γ_1 分别为 0.0191、-0.0636 和 0.0951；控制数字化影响后，产业转移对前向参与度、后向参与度及位置指数的间接效应 γ_2 分别为-0.0150、0.0198、-0.0336，结果均不显著。经过 Bootstrap 法检验 $\beta_1\gamma_2$，结果也不显著，说明低技术制造业间接效应并不存在。综上，低技术制造业总效应和直接效应显著，而间接效应并不显著。

表 10-13　低技术制造业中介效应检验结果

模型	（1）	（2）	（3）
参数	*GVCfp*	*NX*	*GVCfp*
DT	0.0118***	0.0620	0.0191*
	（0.0033）	（0.0476）	（0.0104）
NX			-0.0150
			（0.0096）
参数	*GVCbp*	*NX*	*GVCbp*
DT	-0.0786***	0.0620	-0.0636***
	（0.0080）	（0.0476）	（0.0266）
NX			0.0198
			（0.0208）
参数	*GVCp*	*NX*	*GVCp*
DT	0.0884***	0.0620	0.0951***
	（0.0097）	（0.0476）	（0.0279）
NX			-0.0366
			（0.0257）
控制	YES	YES	YES
固定	YES	YES	YES

注：*、**、***分别表示变量在10%、5%、1%的水平下显著，括号内为标准误差。

（三）高技术制造业

表 10-14 报告了高技术制造业中介效应检验结果。数字化对东盟国家承接全球高技术制造业转移的影响 β_1 为 0.0712，说明数字化促进了东盟承接全球高技术制造业产业转移；控制产业转移变量后，数字化对前向参与度、后向参与度和位置指数的直接效应 γ_1 分别为 0.0179、-0.0363 和 0.0515；控制数字化影响后，产业转移对前向参与度、后向参与度及位置指数的间接效应 γ_2 分别为-0.0222、0.0415、-0.0612。从实证结果来看，高技术制造业的中介效应总体表现为显著，但前向参与度、后向参与度和位置指数的间接效应 $\beta_1\gamma_2$ 与直接效应 γ_1 异号，间接效应遮掩了部分直接效应，这同样属于部分遮掩情况，即高技术制造业产业转移间接效应遮掩了数字化对东盟参与全球生产网络影响的直接效应，中介效应分别为 0.0883、0.0197 和 0.0204。

表 10-14 高技术制造业中介效应检验结果

模型	(1)	(2)	(3)
参数	$GVCfp$	NX	$GVCfp$
DT	0.0176***	0.0712**	0.0179***
	(0.0062)	(0.0344)	(0.0058)
NX			−0.0222*
			(0.0123)
参数	$GVCbp$	NX	$GVCbp$
DT	−0.0356***	0.0712**	−0.0363***
	(0.0122)	(0.0344)	(0.0110)
NX			0.0415*
			(0.0234)
参数	$GVCp$	NX	$GVCp$
DT	0.0505***	0.0712**	0.0515***
	(0.0177)	(0.0344)	(0.0161)
NX			−0.0612*
			(0.0343)
控制	YES	YES	YES
固定	YES	YES	YES

注：*、**、*** 分别表示变量在 10%、5%、1% 的水平下显著，括号内为标准误差。

（四）产业转移中介机制的进一步分析

根据 Baron 和 Kenny（1986）关于中介效应的观点及前文实证出现遮掩效应，研究问题需要从"数字化如何影响东盟在全球生产网络中的地位"转为"在产业转移存在的情况下，数字化为何部分导致东盟在全球生产网络中的地位下降"。

前文的中介检验结果显示，低技术制造业产业转移的中介效应并不显著，总样本和高技术制造业产业转移中介效应显著，但呈部分遮掩结果。为了进一步探究低技术制造业中介效应不显著以及高技术制造业产业转移出现部分遮掩的原因，将东盟承接全球产业转移进一步细分为最终需求驱动型产业转移 NX_f、中间需求驱动型产业转移 NX_m 和出口需求驱动型产业转移 NX_e，剔除金融危机及中美贸易摩擦的影响，最终选取 2011—2017 年东盟承接全球不同类型产业转移数据进行回归分析。

1. 低技术制造业

表 10-15 报告了低技术制造业中不同类型产业转移中介效应检验结果。数字化水平对低技术制造业分工地位具有显著的正向影响，这与基准回归结果相一致。与前文总假设 2 中 NX_f 减少不符，实证结果表明，东盟数字化对 NX_f 同样为正向影响，可能是由于东盟本身低技术制造业规模较大，经数字化提升改造后生产效率有所提高，促使东盟国家承接了更多低技术制造业加工组装环节转移。控制数字化影响后，NX_f 显著降低了分工地位，NX_e 对分工地位呈显著正向影响，NX_m 对分工地位的正向影响并不显著。根据实证结果，虽然 NX_e 对分工地位的正向影响略大于 NX_f 对分工地位的负向影响，但由于低技术制造业承接 NX_f 的规模大于 NX_e，导致低技术制造业中介效应不显著。

表 10-15 低技术制造业不同类型产业转移中介效应检验结果

模型	(1)	(2)	(3)
参数	$GVCp$	NX_f	$GVCp$
DT	0.0635***	2.0080**	0.0751***
	(0.0109)	(0.8307)	(0.0095)
NX_f			−0.0020**
			(0.0008)
参数	$GVCp$	NX_m	$GVCp$
DT	0.0635***	1.4111**	0.0043
	(0.0109)	(0.5715)	(0.0091)
NX_m			0.0025
			(0.0025)
参数	$GVCp$	NX_e	$GVCp$
DT	0.0635***	0.8671**	0.0154*
	(0.0109)	(0.3631)	(0.0088)
NX_e			0.0029**
			(0.0014)
控制	YES	YES	YES
固定	YES	YES	YES

注：*、**、***分别表示变量在 10%、5%、1% 的水平下显著，括号内为标准误差。

2. 高技术制造业

表 10-16 报告了高技术制造业不同类型产业转移中介效应检验结果。首先，数字化对高技术制造业分工地位具有显著的正向影响；其次，东盟数字化对 NX_f 和 NX_e 均具有显著的正向影响，对 NX_m 的影响不显著，这与总假设 2 中 NX_f 减少同样不相符，究其原因，可能是高技术制造业本身技术水平较高，加工组装环节技术含量并不低，因此数字化水平提升也带动了东盟承接高技术制造业加工组装环节转移。控制数字化影响后，NX_f 显著降低分工地位，而 NX_e 显著提升分工地位，由于高技术制造业 NX_f 规模较大，且 NX_f 对分工地位的负向传导作用更大，因此前文高技术制造业产业转移对分工地位影响最终呈现部分负向效应，出现了遮掩的结果。

表 10-16　高技术制造业不同类型产业转移中介效应检验结果

模型	（1）	（2）	（3）
参数	$GVCp$	NX_f	$GVCp$
DT	0.0269***	1.3099*	0.0549***
	（0.0147）	（0.7732）	（0.0112）
NX_f			−0.0176**
			（0.0003）
参数	$GVCp$	NX_m	$GVCp$
DT	0.0269***	1.2804	0.0253*
	（0.0147）	（1.2077）	（0.0113）
NX_m			0.0009
			（0.0022）
参数	$GVCp$	NX_e	$GVCp$
DT	0.0269***	1.4666*	0.0152*
	（0.0147）	（0.8132）	（0.0016）
NX_e			0.0049*
			（0.0003）
控制	YES	YES	YES
固定	YES	YES	YES

注：*、**、***分别表示变量在 10%、5%、1%的水平下显著，括号内为标准误差。

综上所述，本章通过构建计量模型，首先实证检验数字化对东盟国家制造业前向参与度、后向参与度、位置指数的影响；其次通过一系列稳健性检验，证明基准回归结果具有稳健性；最后将产业转移这一中介变量纳入模型，进行中介效应检验。全部实证结果如表 10-17 所示。

表 10-17　总样本和分样本检验结果汇总

参数		GVCfp	GVCbp	GVCp
总样本检验		＋（显著）	－（显著）	＋（显著）
分样本检验	低技术制造业	＋（显著）	－（显著）	＋（显著）
	中技术制造业	＋（显著）	－（不显著）	＋（不显著）
	高技术制造业	＋（显著）	－（显著）	＋（显著）

第一，在总样本检验中，东盟国家数字化发展水平的提升对其前向参与度、位置指数均具有显著的正向影响，对后向参与度具有显著的负向影响，验证了总假设 1。

第二，在分样本检验中，东盟国家数字化对三种技术密集型制造业的影响与基准回归结果基本一致。数字化对低技术制造业前向参与度的影响最小，中技术制造业次之，高技术制造业最大；数字化对低技术制造业后向参与度的负向作用最大，高技术制造业次之，中技术制造业最小；数字化对低技术制造业位置指数的促进作用最大，高技术制造业次之，中技术制造业最小。除对中技术制造业后向参与度、位置指数的影响未通过显著性检验外，其余均通过了显著性检验，验证了前文机制分析中的 3 个分假设，如表 10-18 所示。

表 10-18　中介效应检验结果汇总

类型	因变量	自变量	中介变量	总效应	中介效应		直接效应
	Y	X	M	α_1	β_1	γ_2	γ_1
总样本	GVCfp	DT	NX	0.0083^{***}	0.0259^{*}	-0.0069	0.0096^{**}
	GVCbp			-0.0407^{***}	0.0259^{*}	0.0240^{*}	-0.0419^{***}
	GVCp			0.0465^{***}	0.0259^{*}	-0.0306^{*}	0.0468^{***}
低技术制造业	GVCfp	DT	NX	0.0118^{***}	0.0620	-0.0150	0.0191^{*}
	GVCbp			-0.0786^{***}	0.0620	0.0198	-0.0636^{***}
	GVCp			0.0884^{***}	0.0620	-0.0366	0.0951^{***}

续表

类型	因变量	自变量	中介变量	总效应	中介效应		直接效应
	Y	X	M	α_1	β_1	γ_2	γ_1
高技术制造业	$GVCfp$	DT	NX	0.0176^{***}	0.0712^{**}	-0.0222^{*}	0.0179^{***}
	$GVCbp$			-0.0356^{***}	0.0712^{**}	0.0415^{*}	-0.0363^{***}
	$GVCp$			0.0505^{***}	0.0712^{**}	-0.0612^{*}	0.0515^{***}

注：*、**、***分别表示变量在10%、5%、1%的水平下显著。

中介效应检验中，总样本和高技术制造业承接产业转移的中介效应显著，但间接效应遮掩了部分直接效应，出现了遮掩结果；低技术制造业中承接产业转移的中介效应并不显著。

在不同类型产业转移中介效应检验中，NX_e 对低技术制造业分工地位的正向影响略大于 NX_f 对低技术制造业分工地位的负向影响，但由于低技术制造业中承接 NX_f 的规模大于 NX_e，导致低技术制造业的中介效应不显著。高技术制造业中承接 NX_f 的规模较大，且 NX_f 对高技术制造业分工地位的负向传导作用更大，高技术制造业中承接产业转移对分工地位的影响最终呈现部分负向效应，出现了遮掩结果，如表 10-19 所示。

表 10-19　不同类型产业转移检验结果汇总

类型	因变量	自变量	中介变量	总效应	中介效应		直接效应
	Y	X	M	c	a	b	c'
低技术制造业	$GVCp$	DT	NX_f	0.0635^{***}	2.0080^{**}	-0.0020^{**}	0.0751^{***}
			NX_m	0.0635^{***}	1.4111^{**}	0.0025	0.0043
			NX_e	0.0635^{***}	0.8671^{**}	0.0029^{**}	0.0154^{*}
高技术制造业	$GVCp$	DT	NX_f	0.0269^{***}	1.3099^{*}	-0.0176^{**}	0.0549^{***}
			NX_m	0.0269^{***}	1.2804	0.0009	0.0253^{*}
			NX_e	0.0269^{***}	1.4666^{*}	0.0049^{*}	0.0152^{*}

注：*、**、***分别表示变量在10%、5%、1%的水平下显著。

第十一章

中国与东盟比较

第一节　数字化比较

一、东盟数字经济发展战略

东盟数字化发展的相关战略主要集中于区域和国别两个层面。从区域层面看，从 2015 年发布的《东盟信息通信技术总体规划 2020》到 2016 年通过的《东盟互联互通总体规划 2025》，主要通过完善数字基础设施建设助力数字化发展。2017 年出台了《2017—2025 年东盟电子商务行动计划》，2018 年签署通过了第一份重点推进区域内电子商务的官方文件《东盟电子商务协议》，旨在促进跨境电子商务交易并提高东盟电子商务法规的透明度。从 2018 年《东盟数字一体化框架》签署，到 2021 年《东盟数字总体规划 2025》（ADM），批准了《东盟数据管理框架》（DMF）和《东盟跨境数据流示范合同条款》（MCCs），强调数字化的重要性，再到《斯里巴加湾路线图：加快东盟经济复苏和数字经济一体化的东盟数字转型议程》发布，明确了构建东盟数字共同体的战略方向。而原定于 2025 年举行首次谈判、旨在深化数字经济合作，确保数字经济系统互操作性的东盟数字经济框架协议（DEFA）已经于 2023 年 9 月提前启动。作为世界上第一个主要区域性数字经济协议与东盟数字一体化进程中的重要里程碑，DEFA 旨在通过数字贸易、跨境数据流、竞争和数字支付等方面的全面协议，为加速东盟的数字化转型提供全面的路线图。

在国别层面，自 2016 年以来，新加坡、泰国、印度尼西亚、马来西亚、越南等基于本国国情和发展目标，先后提出"工业 4.0"计划等各具特色的数字经济发展战略，2020 年受全球新冠疫情影响，经济数字化转型更为迫切，东盟国家又纷纷出台诸多类似的政策规划，以促进数字经济发展。新加坡政府于 20 世纪 80 年代就推出了数字经济发展计划，至今已推进到"智慧国家2025"，旨在建立以数字经济为牵引的"智慧国家"。从 2017 年发布的《国家人工智能核心计划》到 2019 年成立国家人工智能办公室，说明了新加坡在战略层面对人工智能的重视。越南数字产业已初具规模、消费市场可观，数字支付和移动支付市场潜力巨大，电子商务成为越南数字经济发展最繁荣的领域，其推进数字化转型也最为彻底。而作为东南亚最大的电子商务市场、计划成为东南亚最大数字经济体的印度尼西亚，互联网产业最具活力，其将纺织服装、食品和饮料等劳动密集型产业、石化工业等资本密集型产业以及电子等技术密集型产业作为数字化转型的优先部门。作为东南亚第二人口大国的菲律宾，其数字金融产业发展较快，数字经济增长空间巨大。马来西亚数字化发展条件相对成熟，数字支付、电子商务、共享经济等数字经济各领域实现了均衡发展，随着《2030 年共享繁荣愿景》于 2019 年发布，其数字基建投入不断加大，数字化转型速度与质量不断提升。泰国分别于 2016 年提出"数字泰国"、2017 年成立数字经济促进局，但其主要依托数字基础设施建设推进数字化转型。文莱、缅甸、老挝和柬埔寨虽然数字化水平较低，但随着政府引导的不断加强，如柬埔寨的《2021—2035 年数字经济和数字社会政策框架》，数字基础设施建设水平日益提升，但目前尚未进入数字化转型的快车道。

二、中国与东盟实施数字战略合作

中国数字经济规模处于全球前列，数字技术创新能力较强，与中国开展数字战略合作，符合东盟数字化转型的目标和诉求。从 2017 年中国与泰国等七国共同发起《"一带一路"数字经济国际合作倡议》，积极推进与《东盟互联互通总体规划 2025》的对接合作，并在 2019 年正式发布了联合声明，2020年中国与东盟共同发布《关于建立数字经济合作伙伴关系的倡议》，致力于抓住数字化转型机遇，打造包容创新的数字经济合作伙伴关系，2021 年《关于落实中国—东盟数字经济伙伴关系的行动计划（2021—2025）》等文件的签署，使双方在数字领域的互利合作进一步深化。但中国与东盟大多国家的数字经济合作以数字经济政策沟通为主，与新加坡、马来西亚等数字化水平较高的经济体的合作更多集中于数字技术创新与应用领域，与越南、柬埔寨等欠发达经济体更多是开展数字基础设施建设合作。东道国的经济规模、网民规模、数字技术发达程度、数字基础设施建设水平以及对外开放程度、数字经济营商环境等因素均会显著影响中国与东盟数字经济合作水平。

三、数字化水平

(一) 制造业总体

东盟主要六国中, 新加坡制造业数字化水平最高且增长明显, 遥遥领先于中国和其他东盟国家, 可能与其数字化起步较早有关, 新加坡早在 2006 年就提出 "智慧城市 2015" 计划, 希冀通过大力发展 ICT 产业, 带动新加坡智慧城市建设。之后, 又于 2014 年制定了全球首个智慧国家发展蓝图 "智慧国家 2025" (iN2025), 数字化水平不断跃升, 2022 年已经达到 24.59%。

马来西亚作为亚洲发展速度最快的国家之一, 数字化发展速度同样引人瞩目, 早在 1996 年, 马来西亚政府已经提出要建设 "多媒体超级走廊", 并且为了解决智慧城市发展问题, 大力推进 "伊斯干达开发计划" "城市大脑计划" 等, 同时从中国引进先进电子通信技术和投资, 助推其数字化水平提升。2014 年后马来西亚数字化发展速度加快, 2022 年已达到 13.37%, 在东盟主要六国中位居第二。

菲律宾的数字化水平在 2000—2015 年下降趋势明显, 2015 年后保持平稳。越南数字化水平在 2000—2015 年呈波动下降趋势, 2015 年降至最低, 2016 年后数字化水平有所提升。2019 年, 越南政府提出迈向 "工业 4.0" 时代愿景, 同年数字化水平为 5.82%, 但其数字化发展水平在东盟主要六国中仍然较低, 这与其数字化起步较晚和经济发展水平较低有关。印度尼西亚与泰国的数字化水平最低且变化较小, 2000—2022 年一直在 3% 左右波动。中国的数字化水平整体偏低, 2019 年后呈轻微下降趋势, 如图 11-1 所示。

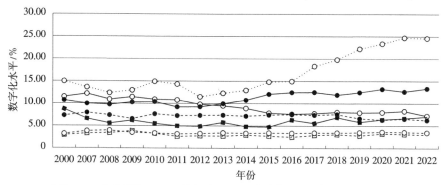

图 11-1 中国和东盟主要六国制造业总体数字化水平

数据来源: 根据 ADB-MRIO (2023) 数据库计算整理。

（二）低技术制造业

从中国和东盟主要六国低技术制造业数字化水平来看，数值均低于4.00%。中国低技术制造业数字化水平较高，但总体呈下降趋势，由2007年的3.84%下降到2022年的2.59%。东盟主要六国中马来西亚的低技术制造业数字化水平较高，2008年后显著提升，2019年达到3.26%，之后有所回落。新加坡整体呈轻微下降趋势，2014年显著提升。越南低技术制造业数字化水平波动幅度较大且整体呈下降趋势，除2009年、2013年与2016年显著上升外，总体从2000年的3.77%下降至2022年的2.81%。泰国变动较小，整体也呈下降趋势，从2000年的2.23%下降到2022的2.14%。菲律宾和印度尼西亚整体均呈增长趋势，但数字化水平仍较低，2022年数字化水平只有1.70%左右，如图11-2所示。

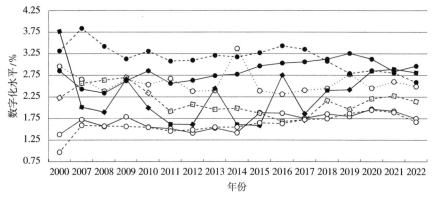

图 11-2　中国和东盟主要六国低技术制造业数字化水平

数据来源：根据 ADB-MRIO（2023）数据库计算整理。

（三）中高技术制造业

从中高技术制造业数字化水平来看，菲律宾在2015年前最高，此后被新加坡和马来西亚超越，且整体呈下降趋势，从2000年的23.04%下降为2022年的18.67%。新加坡和马来西亚自2012年后均有显著提升，且新加坡增长最为明显，从2012年的20.52%增长到2022年的30.05%，位列第一。2022年马来西亚的数字化水平为20.41%，位居第二。越南总体从2000年的18.06%下降至2022年的14.98%，2019年后呈增长态势，这可能与越南政府在2019年提出"工业4.0"的时代愿景有关。印度尼西亚的数值较低，但呈缓慢增长趋势，2022年数字化水平为8.66%。泰国的数字化水平较低且无明显增长迹象，2000—2022 年均低于 5.00%。中国的中高技术制造业数字化水平偏低，2000—2022 年数字化水平在 10.00% 左右波动，2018 年有轻微提升，2022 年数字化水平为 9.38%，如图 11-3 所示。

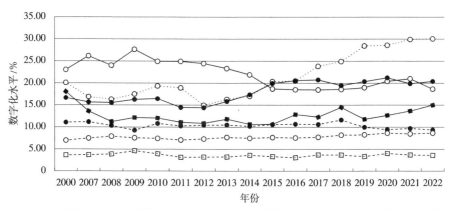

图 11-3　中国和东盟主要六国中高技术制造业数字化水平

数据来源：根据 ADB-MRIO（2023）数据库计算整理。

第二节　参与全球生产网络比较

一、参与全球生产网络分工程度

选取 ADB-MRIO（2023）数据库中 2000—2022 年的数据，采用价值链参与度指标衡量东盟参与全球生产网络分工程度变化趋势；采用前、后向参与度指标衡量东盟参与全球生产网络分工模式演进趋势；采用全球价值链位置指数衡量东盟参与全球生产网络分工地位变迁趋势。

（一）制造业总体

2000—2022 年中国和东盟主要六国制造业总体全球生产网络参与度为0.25~0.65。其中，中国制造业总体全球生产网络参与度最低，因受全球金融危机影响，2009 年大幅下降到 0.288，在 2011 年又回升到 0.323 的高点，2011—2015 年呈缓慢下降趋势，意味着全球化进程的放缓。2015—2018 年又开始回升，可能是数字经济快速发展，产业数字化水平不断提升所致。2018

年，虽然中美贸易摩擦爆发，但其影响未充分显现，参与度达到 0.341，与金融危机前即 2007 年的水平持平。2018—2022 年，受中美贸易摩擦与全球新冠疫情冲击，参与度急速下降，之后又迅速回调，足以看出无论是全球金融危机、中美贸易摩擦还是新冠疫情，对中国全球价值链参与度均只是短期影响，不会改变参与度变化的总体趋势，全球参与度变化可能更多地受到数字技术的影响，如图 11-4 所示。

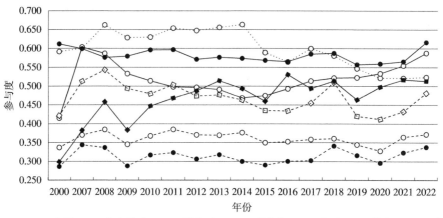

图 11-4　中国和东盟主要六国制造业总体全球生产网络分工参与度

数据来源：根据 ADB-MRIO（2023）数据库计算整理。

印度尼西亚的制造业总体参与度在东盟国家中最低，但高于中国，与中国的变化趋势总体基本相同，也经历了 2011—2015 年的平稳下降期与之后的缓慢恢复期，到 2020 年受新冠疫情影响，参与度只有 0.328，其他年份制造业总体参与度从 2000 年的 0.337 上升到 2022 年的 0.372。马来西亚参与度最高，2018年之前在东盟主要六国中仅次于新加坡，2018 年后跃居第一位。总体在 2000—2016 年缓慢下降，其中 2012 年大幅下降到 0.571，之后迅速恢复，但被中美贸易摩擦、新冠疫情冲击打断，2019 年下降到 0.557，2022 年又提高到 20 多年间的最高水平 0.616。菲律宾全球生产网络参与度总体变化较大，从 2007 年开始，呈现出先下降后上升的"U"形变化趋势，2014 年出现最小值 0.468，之后持续上升，分别于 2017 年超过泰国、2020 年超过新加坡，仅次于马来西亚，于 2022年达到最大值 0.588。泰国制造业参与度也经历了 2008—2016 年的缓慢下降期，之后逐渐回调过程中被中美贸易摩擦和全球新冠疫情冲击打断，2018 年达到最高点，2018—2020 年急速下降，2020 年之后快速恢复，2022 年达到 0.482，但没有恢复到 2008 年的最大值 0.543，位于马来西亚、菲律宾、新加坡和越南之后。越南明显不同于其他东盟国家，其制造业全球生产网络参与度，除中间因全球金融危机、欧美再工业化政策、中美贸易摩擦，在 2009 年、2013 年和 2019 年稍有波动外，总体呈现上升趋势，且增长幅度较大，从 2000 年的 0.299 增长到 2021 年的 0.521，但没有回调到 2016 年的极大值 0.531。新加坡在 2008—2016 年全球参与度居于东盟主要六国首位，但因其总体保持持续下降趋势，之后分别被马来西亚和菲律宾赶超。

总之，东盟主要六国中，越南参与度提升明显，其余国家呈小幅下降趋势；马来西亚近两年参与分工程度最高，印度尼西亚参与分工程度最低，中国的参与度低于东盟六国。

（二）低技术制造业

从低技术制造业参与度数值来看，2000—2022 年中国和东盟主要六国在 0.2~0.7 之间。其中中国低于东盟主要六国，2009 年大幅下降到 0.205，2015—2018 年呈波动上升趋势，2018 年达到峰值 0.260。2018—2020 年呈下降趋势，但在 2020 年又迅速回升，可以看出中美贸易摩擦和新冠疫情对中国的低制造业全球价值链参与度只是短期影响，也显现出全球生产网络具有较大的韧性，如图 11-5 所示。

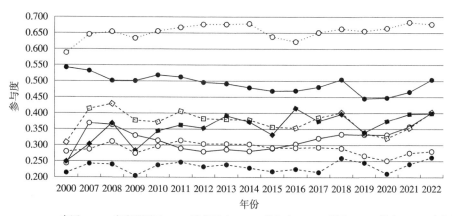

图 11-5 中国和东盟主要六国低技术制造业全球生产网络分工参与度

数据来源：根据 ADB-MRIO（2023）数据库计算整理。

印度尼西亚在东盟主要六国中参与度最低，但整体波动较为平稳，大致形状与中国一致，2020—2022 年也呈小幅上升趋势，从 2020 年的 0.251 上升到 2022 年的 0.280。马来西亚参与度较高，仅次于新加坡，但是总体呈平稳下降趋势，2019 年出现最小值 0.445，2019 年之后又缓慢提升。菲律宾的参与度与印度尼西亚接近，2007—2014 年下降，2014 年后呈平稳上升趋势，2022 年为 0.401。泰国的参与度低于马来西亚，但总体呈上升趋势，从 2000 年的 0.309 上升到 2022 年的 0.402，虽然 2019 年迅速下降到 0.336，但在 2020 年开始迅速回升。越南的参与度与泰国相当，总体呈波动上升趋势且上升幅度较大，从 2000 年的 0.249 上升到 2022 年的 0.399。新加坡的参与度在七个国家中最高，并且遥遥领先于其他国家，虽然在 2009 年与 2015 年稍有下滑，但在 2010 年和 2016 年后呈现平稳上升趋势。

（三）中高技术制造业

从中高技术制造业全球生产网络参与度数值来看，2000—2022 年中国和东盟主要六国均在 0.30~0.75 之间波动。中国的参与度虽然总体呈上升趋势但远低于东盟主要六国，2007—2009 年和 2018—2020 年出现下滑趋势，其余时间均呈上升趋势。印度尼西亚的参与度在东盟主要六国中最低，但总体呈上升趋势，从 2000 年的 0.395 上升到 2022 年的 0.481。马来西亚的参与度较高，仅次于越南，但在 2017—2021 年下降较为明显。菲律宾的参与度大多数年份低于马来西亚但高于泰国，总体呈增长趋势，从 2000 年的 0.472 上升到 2007 年的 0.687，2020 年超过马来西亚在东盟主要六国中排名第二。泰国的参与度总体呈波动下降趋势，特别是 2007—2015 年下降趋势明显。新加坡的参与度总体呈下降趋势，从 2000 年的 0.592 下降到 2022 年的 0.513。越南的参与度在 2000—2007 年快速增长，2007 年后稳居第一，远高于东盟其他国家，如图 11-6 所示。

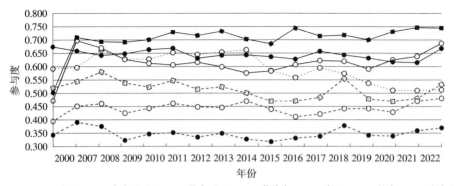

图 11-6　中国和东盟主要六国中高技术制造业全球生产网络分工参与度

数据来源：根据 ADB-MRIO（2023）数据库计算整理。

二、参与全球生产网络分工模式

（一）中国与东盟主要六国内部不同行业参与分工模式比较

1. 印度尼西亚

2000—2022 年印度尼西亚制造业总体后向参与度为 0.143～0.187，前向参与度为 0.158～0.223，总体前向参与度明显高于后向参与度，说明其制造业参与全球网络分工模式以前向参与为主。从分行业角度来看，印度尼西亚中高技术制造业参与分工模式主要以后向参与为主，说明印度尼西亚的中高技术制造业出口产品中包含较多国外增加值，中高技术制造业独立生产中间产品的能力较弱；低技术制造业的前向参与度明显高于后向参与度，说明印度尼西亚低技术制造业参与全球网络分工模式以前向参与为主，如图 11-7 所示。

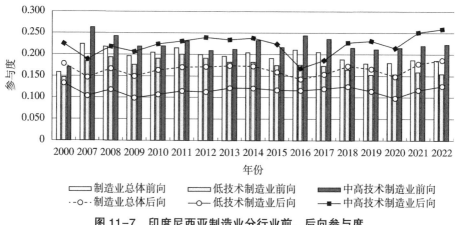

图 11-7　印度尼西亚制造业分行业前、后向参与度

2. 马来西亚

2000—2022 年马来西亚制造业总体后向参与度为 0.384～0.463，前向参与度为 0.149～0.186，且后向参与度均高于前向参与度，分工模式主要以后向参与为主。从不同技术密集型行业来看，低技术制造业的后向参与度明显高于前向参与度，参与分模式主要以后向参与为主。同样，中高技术制造业的后向参与度也远远超过前向参与度，参与分工模式也主要以后向参与为主，如图 11-8 所示。

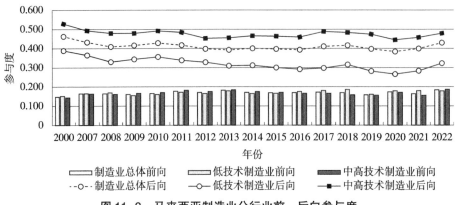

图 11-8　马来西亚制造业分行业前、后向参与度

3. 菲律宾

2000—2022 年菲律宾制造业总体后向参与度为 0. 165~0. 437，前向参与度为 0. 123~0. 249，2007 年后，后向参与度明显高于前向参与度，总体分工模式以后向参与为主。从分行业角度来看，2017 年前，菲律宾低技术制造业的前、后向参与度十分接近，2017 年后，前向参与度逐渐下降，后向参与度逐渐提高，分工模式以后向参与为主。中高技术制造业在 2017 年后，后向参与度明显高于前向参与度，参与分工模式以后向参与为主，如图 11-9 所示。

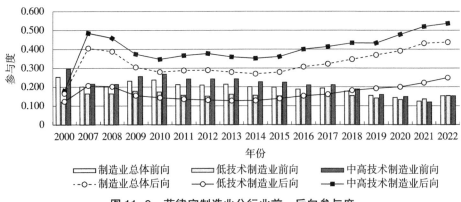

图 11-9　菲律宾制造业分行业前、后向参与度

4. 泰国

2000—2022 年泰国制造业总体后向参与度为 0.257~0.356，前向参与度为 0.127~0.189，且变化幅度并不大，泰国制造业总体参与分工模式以后向参与为主。分行业来看，泰国低技术和中高技术制造业的后向参与度变化趋势基本一致。低技术制造业的后向参与度呈明显上升趋势，2007 年后超过前向参与度，前向参与度在 2017 年后呈下降趋势，即低技术制造业参与分工模式以后向参与为主。中高技术制造业的后向参与度明显高于前向参与度，分工参与模式也以后向参与为主，如图 11-10 所示。

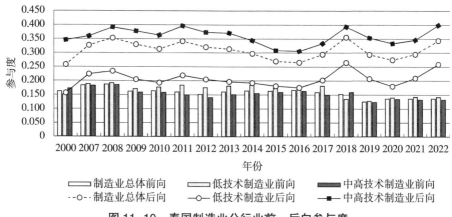

图 11-10　泰国制造业分行业前、后向参与度

5. 越南

如图 11-11 所示，2000—2022 年越南制造业总体后向参与度为 0.194~0.452，前向参与度为 0.105~0.062，变化幅度较大，后向参与度呈现上升趋势，前向参与度呈现下降趋势，制造业总体参与分工模式以后向参与为主。分行业来看，越南低技术和中高技术制造业的后向参与度变化趋势基本一致。中高技术制造业参与度明显高于低技术制造业参与度，前向参与度同样是中高技术制造业大于低技术制造业，说明越南的中高技术制造业较为发达，参与分工程度大于低技术制造业。分模式来看，低技术制造业与中高技术制造业都是后向参与度大于前向参与度。

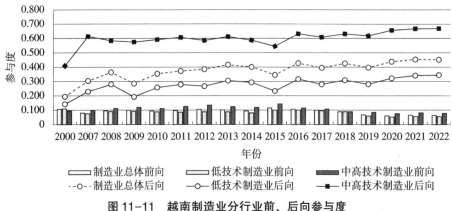

图 11-11　越南制造业分行业前、后向参与度

6. 新加坡

2000—2022 年新加坡制造业总体后向参与度与前向参与度变化幅度不大，且均呈现上升趋势，制造业总体参与分工模式以后向参与为主。分行业来看，新加坡低技术和中高技术制造业的后向参与度变化趋势相反，前向参与度上升，后向参与度下降，中高技术制造业和低技术制造业起步相同，但是低技术制造业包含更多的出口国外增加值，中高技术制造业的前向参与度更大，说明新加坡的中高技术制造业相对于低技术制造业较为发达。分模式来看，低技术制造业与中高技术制造业都是后向参与度大于前向参与度，如图 11-12 所示。

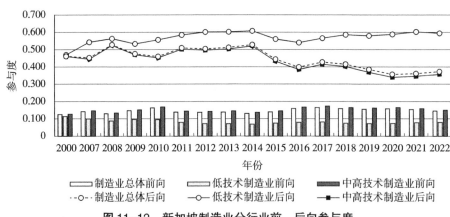

图 11-12　新加坡制造业分行业前、后向参与度

7. 中国

2000—2022 年中国制造业总体后向参与度为 0.128~0.210，前向参与度为 0.131~0.187，总体来看后向参与度呈下降趋势，前向参与度呈上升趋势，并且前向参与度逐渐超过后向参与度，说明中国制造业总体发展较快，能够更多地出口国内增加值，逐渐摆脱加工组装模式。分行业来看，中国低技术和中高技术制造业的后向参与度都呈下降趋势，前向参与度都呈上升趋势，与制造业总体保持一致，前向参与度逐渐超过后向参与度。分模式来看，低技术制造业的后向参与度始终小于前向参与度，并且差距逐渐拉大，说明中国的低技术制造业较为发达，有能力出口更多国内增加值，相反，中高技术制造业的后向参与度普遍高于前向参与度，近年来才逐渐出现逆转，说明虽然中高技术制造业不够发达，但竞争力在不断提升，如图 11-13 所示。

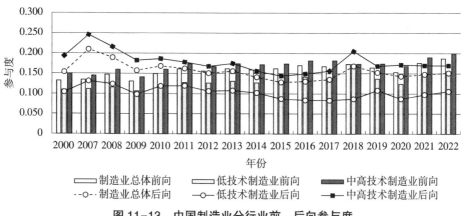

图 11-13 中国制造业分行业前、后向参与度

（二）中国与东盟各国参与分工模式比较

1. 前向参与度

2000—2022 年中国与东盟主要六国制造业总体前向参与度分布于 0.130~0.250 之间。越南的前向参与度最低，且 2015 年后呈大幅下降趋势，而中国与东盟其他国家在 2018 年之后也出现明显下降趋势，但从 2020 年开始恢复增长。中国的前向参与度在 2000 年仅高于越南，但之后持续提升，特别是在 2020 年后大幅度上升，2022 年上升到 0.187，超过马来西亚与印度尼西亚，高于东盟主要六国。印度尼西亚的前向参与度始终处于较高水平，在 2000—2007 年大幅度上升，2007 年以后呈持续波动下降趋势。马来西亚的前向参与度处于中高水平，且呈上升趋势，从 2000 年的 0.149 上升到 2022 年的 0.186。菲律宾的前向参与度在 2000 年时高于东盟其他国家，但总体呈下降趋势，2018 年以后大幅度下降，2021 年下降到最低点 0.123，低于印度尼西亚、马来西亚、新加坡和泰国；尽管在 2022 年有所回升，上升到 0.151，但仅高于泰国和越南，无法回到之前的地位。泰国的前向参与度波动较大，2008 年前持续上升，2008 年达到峰值 0.189，2009—2018 年变化较为平缓，2019 年迅速下降到 0.127 后又有所回升，但也仅高于越南。越南的前向参与度在七国中始终处于最低水平，在频繁波动中于 2015 年达到峰值 0.113，2015 年以后急速下滑趋势明显，2022 年达到最低值 0.062。新加坡在 2000 年时的前向参与度仅高于越南，但总体呈上升趋势，虽在 2017 年后有所下滑，但 2022 年也高于菲律宾和泰国，低于中国、印度尼西亚和马来西亚，如图 11-14 所示。

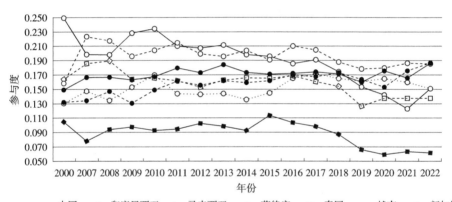

图 11-14　中国和东盟主要六国制造业总体前向参与度

数据来源：根据 ADB-MRIO（2023）数据库计算整理。

2. 后向参与度

2000—2022 年中国与东盟主要六国制造业总体后向参与度分布于 0.15～0.45 之间，高于前向参与度。2010 年以前中国的后向参与度仅高于印度尼西亚，且持续降低，2010 年之后在波动中上升，且始终低于东盟主要六国，如图 11-15 所示。

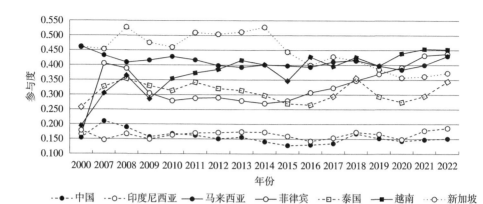

图 11-15　中国和东盟主要六国制造业总体后向参与度

数据来源：根据 ADB-MRIO（2023）数据库计算整理。

印度尼西亚的后向参与度在东盟主要六国中处于最低水平，虽然中间经历波动，但总体呈不断提高之势。2010 年之前，七个国家基本均呈下降之势，2010 年以后只有新加坡呈波动下降态势，虽然在 2015 年以前处于最高水平，但到 2022 年时已经低于越南、菲律宾和马来西亚。东盟其他五国大体呈上升趋势，特别是越南的后向参与度提升明显，除经历 2009 年、2015 年、2017 年和 2019 年的小幅度波动外，保持上扬态势，2018 年已经超过东盟其他五国，之后持续保持最高水平。其次是菲律宾，从 2010 年的 0.280，于 2015 年超过泰国、2020 年超过新加坡和马来西亚，上升到 2022 年的 0.437，与越南的后向参与度水平接近。印度尼西亚的后向参与度变化趋势与中国大体一致，并且数值相当，整体波动幅度不大。马来西亚的后向参与度高于泰国，2016 年以前呈波动下滑态势，2016 年以后在波动中上升，2022 年与 2007 年水平相当。泰国的后向参与度从 2008 年的较高水平逐渐下降到 2016 年的最低水平，之后在波动中不断提高，2022 年基本提高到 2008 年的水平，但在七国中也仅高于印度尼西亚和中国。

三、参与全球生产网络分工地位

（一）制造业总体

2000—2022 年中国与东盟主要六国制造业分工地位分布于-0.350~0.055 之间，各国总体差距较大。中国的分工地位不断上升，东盟主要六国大多呈下降趋势，且下降幅度较大。除了印度尼西亚的分工地位为正，东盟主要六国中的其余国家均为负值。中国制造业总体分工地位从 2000 年的-0.019 上升到 2022 年的 0.031，但在 2007 年、2018 年和 2020 年下降幅度较为明显，之后迅速提升，2021 年超过印度尼西亚，遥遥领先于东盟主要六国，2022 年达到 0.031。印度尼西亚的分工地位在东盟主要六国中最高，且在 2021 年之前高于中国，除 2016 年和 2020 年有所提升外，其余时间段均处于下降状态。马来西亚的分工地位在 2000—2013 年波动上升，2013—2019 年波动下降，2020 年达到高位后又开始下降。菲律宾的分工地位在 2010—2021 年快速下滑，2022 年稍有回调。泰国的分工地位经历了 2000—2011 的下降期、2011—2016 的上升期，之后在波动中不断下降，2022 年，其分工地位下降到 20 多年间的最低点。越南的分工地位总体在波动中快速下滑。新加坡的分工地位在 2010—2014 年呈降低态势，之后在波动中不断提升，分别于 2016 年超过越南、2019 年超过马来西亚、2020 年超过菲律宾、2022 年与泰国相当，但与印度尼西亚还存在较大差距，如图 11-16 所示。

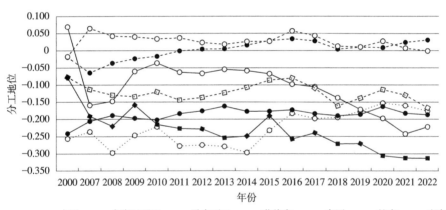

图 11-16　中国和东盟主要六国制造业总体参与全球生产网络分工地位

数据来源：根据 ADB-MRIO（2023）数据库计算整理。

（二）低技术制造业

2000—2022 年中国与东盟主要六国的低技术制造业分工地位分布于 -0.400~0.100 之间，除新加坡外，各国数值差距不大，大多国家呈稳中有升趋势，但上升幅度不大。中国从 2000 年的 -0.005 上升到 2022 年的 0.044，2018 年提升明显，达到历年最大值 0.076。印度尼西亚低技术制造业在东盟主要六国中分工地位最高，呈现小幅波动下降趋势，2000—2007 年呈上升趋势，2007 年后不断下降，2022 年被中国反超。马来西亚呈波动上升趋势，于

2020 年达到高位后开始下降。菲律宾的分工地位波动较大，整体呈大幅度下降趋势。泰国的分工地位于 2016 年达到最大值 0.002，首次突破负值，之后开始大幅度下降，到 2020 年才有所回升，但仍为负值。越南的分工地位呈波动下降趋势，2009 年和 2015 年均有小幅回升，2011 年前后被马来西亚反超，在七国中分工地位仅高于新加坡。新加坡的分工地位在东盟主要六国中最低，且在波动中不断下降，如图 11-17 所示。

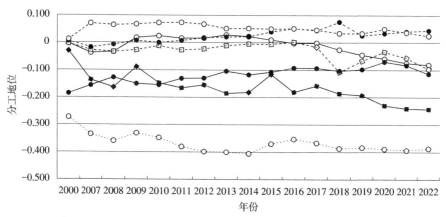

图 11-17　中国和东盟主要六国低技术制造业参与全球生产网络分工地位

数据来源：根据 ADB-MRIO（2023）数据库计算整理。

（三）中高技术制造业

2000—2022 年中国与东盟主要六国中高技术制造业分工地位分布于 -0.500~0.100 之间，低于低技术制造业的分工地位。虽然各国大多呈现稳中有升趋势，但是上升幅度不大。中国的分工地位不断上升，于 2010 年首次突破负值，2018 年分工地位明显下降。2021 年前印度尼西亚在七国中的分工地位保持领先地位，在 2007 年和 2016 年前后出现两次高位，但波动幅度较大，在 2021 年被中国反超。马来西亚呈小幅波动上升趋势，整体分工地位较低。菲律宾的分工地位波动较大，整体呈大幅下降趋势。泰国的分工地位总体呈波动下降趋势，虽然在 2011—2016 年大幅上升，但在 2016 年达到高位后呈持续下降趋势。越南的分工地位虽在 2015 年有小幅回升，但总体呈波动下降趋势，在东盟主要六国中处于最低水平。新加坡的分工地位呈下降趋势，总体波动较大，但在 2014 年后开始大幅提升，2022 年仅次于印度尼西亚，高于泰国、马来西亚和菲律宾，如图 11-18 所示。

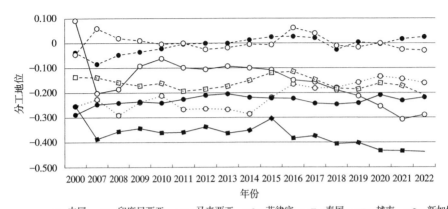

图 11-18　中国和东盟主要六国中高技术制造业参与全球生产网络分工地位
数据来源：根据 ADB-MRIO（2023）数据库计算整理。

第三节　承接产业转移比较

选用 ADB-MRIO（2023）数据库中 2000—2022 年东盟主要六国对全球各国出口贸易分解数据作为测算东盟承接全球产业转移的数据源，依照式（7-1）~式（7-7）对相应部分进行加总，然后逐年作差得到 2007—2021 年东盟承接全球产业转移数据，再按前五年平均增长率估算得到 2022 年东盟承接产业转移的数据。

一、东盟承接产业转移

（一）东盟承接全球制造业产业转移

东盟主要六国承接全球产业转移总体波动幅度较大。2011 年前，印度尼西亚承接全球产业转移规模最大，其次为马来西亚和新加坡，越南承接产业转移规模较小，泰国和菲律宾承接产业转移规模最小。2011—2014 年，东盟主要国家承接产业转移规模总体不断减小，说明欧美日等发达国家和地区调整产业布局，推行制造业回流政策对东盟承接全球产业转移造成了一定冲击，这一时期越南承接产业转移规模最大，可能是由于越南承接低技术制造业产业转移规模较大，而发达国家和地区制造业回流政策主要针对中高端制造业，因此并未受到太大冲击。2014 年后，东盟承接全球产业转移规模明显扩大，说明欧美日等发达国家和地区制造业回流政策的影响日渐式微，东盟承接全球产业转移规模随数字化水平的提升不断增大，如图 11-19 所示。

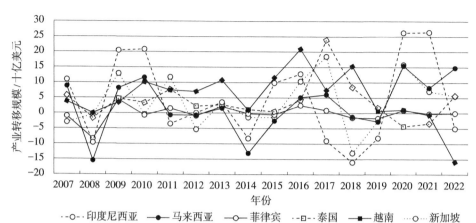

图 11-19 东盟主要六国承接全球产业转移规模

数据来源：根据 ADB-MRIO（2023）数据库计算整理。

（二）东盟承接不同区域产业转移

东盟承接亚洲区域产业转移规模最大，可能是地理区位邻近，区域内贸易联系较为紧密，产业转移成本相对较低所致，但波动幅度也较大。2011—2014 年，东盟承接北美、亚洲与欧洲区域产业转移规模均减小。2014 年后，东盟承接上述三个区域产业转移规模均不断增大，可能是其数字化水平提高，承接产业转移能力和优势逐渐显现所致。2018 年受全球贸易保护主义及单边主义抬头影响，东盟承接上述区域产业转移规模呈下降趋势。2020 年后受欧美日等主要经济体出于供应链安全考虑，通过政策干预导致全球供应链收缩的影响，东盟承接北美、亚洲、欧洲和其他区域产业转移规模均不断下降，如图 11-20 所示。

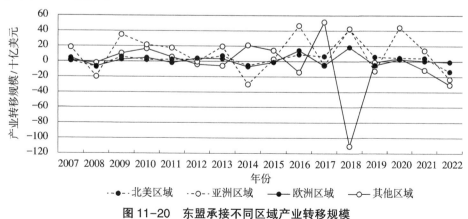

图 11-20 东盟承接不同区域产业转移规模

数据来源：根据 ADB-MRIO（2023）数据库计算整理。

(三) 东盟区域内部产业转移

东盟区域内部产业转移总体波动较大。2013 年后，东盟区域内部制造业总体及分行业产业转移规模均有所下降，说明随着东盟参与全球生产网络分工程度逐渐深化，区域内部产业转移受全球产业转移趋势及政策影响也较大。2014 年后，东盟区域内部产业转移规模明显增大，可能是由于随着东盟 "工业 4.0 战略" 稳步推行，数字技术快速发展，数字一体化水平不断提高，东盟区域内部制造业联系更为紧密，2020 年后，东盟区域内部产业转移规模有所下滑，如图 11-21 所示。

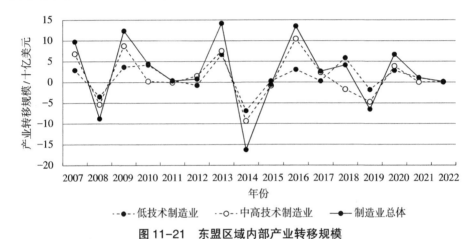

图 11-21　东盟区域内部产业转移规模

数据来源：根据 ADB-MRIO（2023）数据库计算整理。

二、中国和东盟承接产业转移比较

(一) 中国和东盟承接全球产业转移

中国和东盟承接全球产业转移因中间经历 2008 年全球金融危机、2013 年前后欧美日高端制造业回流、2018 年中美贸易摩擦以及 2020 年全球新冠疫情而反复波动，但最终仍呈不断提高之势，其中中国承接全球不同制造业产业转移规模均高于东盟，如图 11-22 所示。

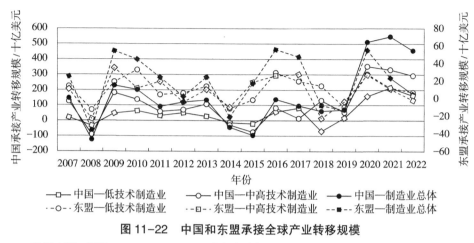

图 11-22　中国和东盟承接全球产业转移规模

数据来源：根据 ADB-MRIO（2023）数据库计算整理。

受 2008 年全球金融危机影响，2007—2008 年，中国和东盟承接全球各产业转移规模呈断崖式下跌趋势。2011—2015 年，中国和东盟承接全球产业转移规模处于低位，可能是因为欧美日等发达国家和地区自金融危机后纷纷调整产业布局，推行制造业回流政策，导致中国和东盟承接全球制造业产业转移量出现减少趋势。

2015—2017 年，中国和东盟承接全球产业转移规模增长态势明显，且主要为承接中高技术制造业转移，可能是因为中国和东盟数字化水平提升明显，工业基础设施逐渐完善，吸引了全球中高端制造业转移，同时说明欧美日等发达国家和地区推行的制造业回流政策对承接全球产业转移只是短期影响，长期来看，中国和东盟承接产业转移受数字化影响更大。2017 年后，中国和东盟承接全球产业转移规模下滑，可能是中美贸易摩擦下全球贸易保护主义抬头导致跨国公司全球价值链收缩，全球制造业转移意愿降低。2020 年后受全球供应链本土化影响，中国和东盟承接全球产业转移规模再次出现下滑趋势。

（二）中国和东盟承接全球制造业不同类型产业转移

中国和东盟承接全球制造业不同类型产业转移也经历了频繁波动期，但总体呈增长趋势。其中，中国承接全球不同类型产业转移规模均高于东盟。可以看出，中国在大多数年份承接最终需求驱动型产业转移最多，且在 2019年后呈快速增长态势，中间需求驱动型产业转移次之，出口需求驱动型产业转移最少，但在 2015 和 2017 年及 2021—2022 年承接出口需求驱动型产业转移规模高于中间需求驱动型产业转移规模，表明中国承接产业转移仍以低技术、低附加值的加工组装环节为主。东盟虽然在大多数年份承接全球最终需求驱动型产业转移规模明显高于中间需求驱动和出口需求驱动型产业转移规模，但2019年后承接中间需求驱动型和出口需求驱动型产业转移规模超过最终需求驱动型产业转移规模，说明东盟承接产业转移已经由承接加工组装环节向承接简单的半成品和复杂零部件环节逐步升级，如图11-23所示。

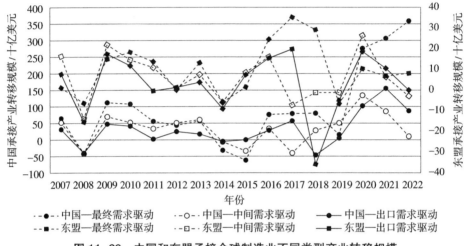

图 11-23　中国和东盟承接全球制造业不同类型产业转移规模

数据来源：根据 ADB-MRIO（2023）数据库计算整理。

2012—2015年中国和东盟承接全球制造业中间需求驱动型产业转移一直保持在低位，说明发达国家和地区制造业回流政策对中国和东盟承接中间需求驱动型产业转移产生了一定影响。2020年，中国和东盟承接全球中间需求驱动型产业转移规模出现峰值，可能是因为中国和东盟近年来经济发展水平不断提高，工业基础不断夯实，各项数字基础设施不断趋于完善，中间产品生产能力逐渐增强，承接中间产品生产环节不断增加，加之政府政策条件相对宽松，东盟出口核心零部件、半成品等中间产品不断增加，用于其他国家和地区加工成最终产品直接消费的简单价值链贸易量也不断增加。

2011—2014年，中国和东盟承接全球制造业出口需求驱动型产业转移规模呈下降趋势，可能是因为这一时期中国和东盟在核心零部件等中间产品生产环节的竞争力较弱，承接用于进口国加工后再出口的中间产品生产环节的能力较弱。2014年后，除在个别年份稍有波动外，中国和东盟承接全球制造业出口需求驱动型产业转移规模均呈上升趋势，可能是出口中间产品用于其他国家和地区再出口的能力有所增强所致。

（三）中国和东盟承接不同区域制造业产业转移

中国承接不同区域的产业转移规模均高于东盟，但二者变化趋势大致相同。2019年前，中国和东盟承接亚洲区域产业转移规模相对较高，可能是与亚洲区域地理位置较为邻近，贸易联系较为紧密，产业转移成本相对较低所致；2019年后，中国承接其他区域产业转移规模超过亚洲区域其他经济体，跃居第一位。中国和东盟承接北美和欧洲区域产业转移规模均处于较低水平，且没有明显提高趋势。2020年后，受全球供应链收缩影响，中国和东盟承接各区域产业转移规模均呈下降态势，如图11-24所示。

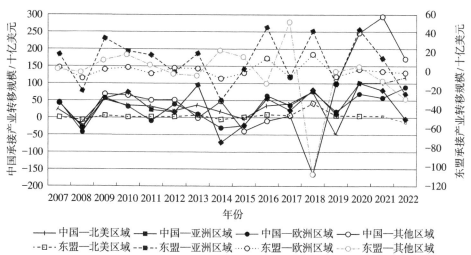

图11-24　中国和东盟承接不同区域制造业产业转移规模

数据来源：根据ADB-MRIO（2023）数据库计算整理。

第四节　中国与东盟双向产业转移

一、中国承接东盟不同技术密集型产业转移

中国承接东盟不同技术密集型产业转移规模变化趋势大致相同，但承接中高技术制造业产业转移规模高于低技术制造业，2017年和2021年分别达到598.39亿美元和817.68亿美元，可能是随着中国中高技术制造业发展水平不

断提升，吸引东盟中高技术制造业产业转移能力也在不断增强所致，如图11-25所示。

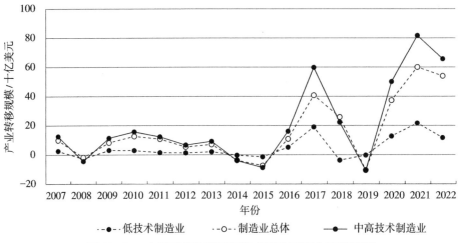

图 11-25　中国承接东盟不同技术密集型产业转移规模

数据来源：根据 ADB-MRIO（2023）数据库计算整理。

二、中国承接东盟制造业不同类型产业转移

中国承接东盟制造业三种不同需求驱动型产业转移走势基本一致，2008年受全球金融危机影响，承接三种类型产业转移规模下降趋势明显，之后短暂回升。2011—2014年，承接中间需求驱动型产业转移规模最大，之后大多数年份承接出口需求驱动型产业转移规模较大，部分年份承接最终需求驱动型产业转移规模更大。2011—2015年，中国承接东盟各类型产业转移规模持续减小；2015—2017年，承接各类型产业转移规模增大趋势明显，承接出口需求驱动型产业转移规模达到峰值168.90亿美元；2017—2019年，承接各类型产业转移规模均呈下降趋势；2019年后承接各类型产业转移规模呈增加态势，其中承接最终需求驱动型产业转移规模增大最为明显，于2022年达到410.31亿美元，如图11-26所示。

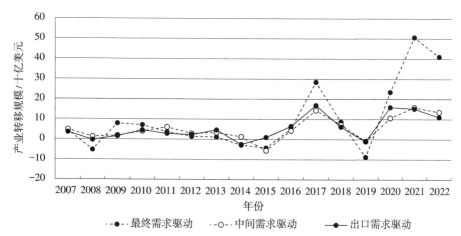

图 11-26　中国承接东盟制造业不同类型产业转移规模

数据来源：根据 ADB-MRIO（2023）数据库计算整理。

三、东盟承接中国不同技术密集型产业转移

整体上看，东盟承接中国中高技术制造业产业转移规模呈下降趋势，而承接低技术制造业转移规模呈上升趋势，于 2022 年达到 21.05 亿美元，说明东盟国家承接低端产业转移优势更明显。2020 年后，东盟承接中国低技术与中高技术制造业产业转移规模都呈下降趋势，如图 11-27 所示。

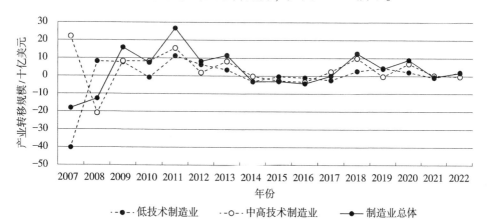

图 11-27　东盟承接中国不同技术密集型产业转移规模

数据来源：根据 ADB-MRIO（2023）数据库计算整理。

四、东盟承接中国制造业总体不同类型产业转移

整体来看，东盟承接中国中间需求驱动型产业转移规模较大，且在 2014 年后波动上升。东盟承接中国最终需求驱动型产业转移规模总体呈扩大趋势，说明东盟在加工组装环节仍具有优势，承接加工组装环节的转移规模不断提升。东盟承接中国出口需求驱动型产业转移规模在 2007—2015 年总体呈下降趋势，之后在波动中小幅度提升，可能是由于东盟在高端制造核心零部件等中间产品生产环节竞争力较弱，出口用于进口国家和地区加工后再出口的中间产品能力较弱，但承接出口需求驱动型产业转移的能力不断提升，如图 11-28 所示。

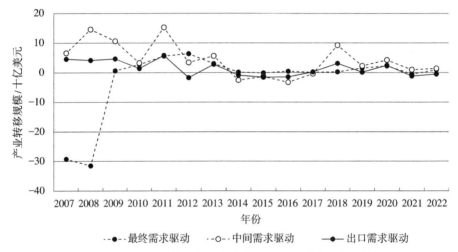

图 11-28　东盟承接中国制造业总体不同类型产业转移规模

数据来源：根据 ADB-MRIO（2023）数据库计算整理。

第十二章

研究结论与对中国的启示

本章在前文定性分析与定量分析的基础上，对全书的研究内容和结论进行概括总结，并结合东盟与中国在数字化发展进程、参与全球生产网络发展动态和承接产业转移等方面的比较分析，提出对策和建议。

第一节 研究结论

一、典型行业全球生产网络日趋稠密，东盟国家贸易关系较为稳定

中高技术制造业生产网络整体趋于稠密化，呈现明显的"核心—半边缘—边缘"特征；出口国内增加值网络逐渐演化为以东盟国家等亚太经济体和欧洲经济体为主的两大板块，各自内部贸易联系日益密切，且相互间贸易关系紧密。在出口国外增加值网络中，日韩等经济体与中美德英等经济体各自内部联系紧密，且相互间联系日益密切；德美日等经济体的各项中心性指标位居前列，中国的中心性排名有明显上升趋势。

数字产业贸易网络均呈现明显的"核心—半边缘—边缘"特征。其中，数字产品贸易网络的贸易联系增加，互惠特征明显，聚集效应减弱，传统贸易、简单价值链贸易网络的连通性提高，复杂价值链贸易网络的连通性降低，东盟国家贸易关系结构较为稳定，贸易参与度高，与欧美、东亚经济体的贸易往来密切。数字服务贸易网络规模不断扩张，互惠贸易联系增多，聚集效应加强，连通性总体提高，欧美之间贸易联系较为密切，中国、印度与欧美国家和地区的贸易联系日趋紧密。

二、东盟数字化水平逐步提高

东盟各国总体数字化水平稳步提升，2014 年后提升尤为明显，"工业 4.0

战略"以及智慧城市建设效果显著,但东盟内部各国数字化水平存在差距,新加坡的数字化水平远高于其他国家,马来西亚、菲律宾的数字化发展处于中等水平,泰国、印度尼西亚、越南的数字化水平较低。

东盟各国的互联网使用比例稳步提升,其中一半国家已超世界平均水平,互联互通程度逐步加深;加密服务器数量总体增长,但仍有较大发展空间。东盟总体数字服务贸易进出口量逐年增长,大部分国家数字服务贸易进口份额已接近 40%,出口份额较为平稳;电子政务发展指数总体呈增长态势,2014 年后发展速度加快,电信基础设施和在线政务服务水平明显提升。

三、东盟参与全球生产网络分工模式不断升级,分工地位不断提升

(一) 分工模式逐渐由后向参与转为前向参与

东盟制造业参与全球生产网络的分工程度在 0.45 左右,其中低技术制造业分工程度微弱提升,中高技术制造业参与度趋于平稳。在分国家层面,东盟主要六国中有五国参与度小幅降低,只有越南参与度呈上升趋势;此外,新加坡参与度最高,印度尼西亚参与度最低。

东盟制造业总体及不同技术密集型产业的前向参与度呈上升趋势,后向参与度呈下降趋势,但参与分工模式仍以后向参与为主。在分国家层面,除印度尼西亚参与分工模式以前向参与为主外,其余国家均以后向参与为主。新加坡、马来西亚、泰国三个国家总体后向参与度均呈下降趋势,而越南、菲律宾后向参与度均呈上升趋势,印度尼西亚后向参与度变化较平稳;马来西亚、新加坡、印度尼西亚和越南总体前向参与度均呈现上升趋势,泰国前向参与度变化不大,菲律宾前向参与度下降。

(二) 分工地位逐步提升

东盟制造业总体分工地位有所提升,这与前向参与度下降、后向参与度上升密切相关;低技术制造业分工地位总体呈下降趋势,中高技术制造业分工地位缓慢上升。分国家来看,东盟主要六国中新加坡、马来西亚、泰国位置指数上升趋势明显,菲律宾、越南呈波动下降趋势,印度尼西亚的位置指数最大,且变化趋于平稳。各国三种不同技术密集型产业位置指数与制造业总体变化基本一致。

四、东盟承接全球产业转移有所增加，但不同类型产业转移存在差异

（一）东盟承接全球产业转移规模波动上升，呈"U"形变化趋势

金融危机后，东盟承接全球产业转移规模出现减小趋势，2015 年后承接规模明显上升，承接低技术制造业转移规模波动下降，承接中高技术制造业转移规模则呈上升态势。在分国家层面，马来西亚、新加坡、泰国承接全球制造业转移规模均明显增大，越南、菲律宾承接产业转移量变化不大，印度尼西亚则呈微弱下降趋势。在区域层面，承接亚洲区域产业转移最多，而承接欧洲和北美区域产业转移较少且呈下降趋势，承接东盟区域内部、亚洲区域以及其他区域制造业转移规模波动较大，近几年呈现上升趋势。

（二）东盟承接三种不同需求驱动型产业转移规模有所差异

东盟承接中间需求驱动型产业转移规模保持低位增长，承接最终需求驱动型和出口需求驱动型产业转移规模均呈明显"U"形变化趋势。2014 年后，承接三种需求驱动型产业转移规模均呈波动上升趋势，且承接最终需求驱动型产业转移规模大于中间需求和出口需求驱动型产业转移规模。

五、数字化通过承接产业转移对东盟参与全球生产网络产生影响，且对不同行业的影响存在异质性

（一）总体影响及中介机制

数字化能够降低生产协调与控制成本，促进资源优化配置，可以提高研发设计等环节的效率，促进企业实现创新发展，不断提高市场竞争力，进而提升东盟国家承接产业转移的比较优势，促进东盟国家增加对中间需求和出口需求驱动型产业转移的承接，减少对最终需求驱动型产业转移的承接，提升中间产品生产与出口规模，降低最终产品生产与出口规模，进而提高其前向参与度，降低其后向参与度，带动其参与全球生产网络分工模式升级与分工地位提升。

（二）异质性影响

第一，前向参与度。数字化可能对东盟高技术制造业前向参与度提升作用最大，对低技术制造业前向参与度提升作用最小，对中技术制造业的影响不确定。第二，后向参与度。数字化可能对低技术制造业后向参与度的负向影响最大，对高技术制造业后向参与度的负向影响较大，对中技术制造业后

向参与度的影响不确定。第三，分工地位。数字化可能对低技术制造业分工地位的正向影响最大，对高技术制造业分工地位的正向影响较大，对中技术制造业分工地位的影响不确定。

六、产业转移中介机制与异质性影响得以验证

（一）总体影响

数字化对东盟制造业前向参与度、位置指数均呈显著正向影响，对后向参与度呈显著负向影响。

（二）异质性影响

数字化对低技术制造业前向参与度的正向影响最小，对中技术制造业前向参与度的影响次之，对高技术制造业前向参与度的正向影响最大；数字化对低技术制造业后向参与度的负向影响最大，对高技术制造业后向参与度的影响次之，对中技术制造业后向参与度的影响不显著；数字化对低技术制造业位置指数的正向影响最大，对高技术制造业位置指数的影响次之，对中技术制造业位置指数的正向影响不显著。

（三）不同类型产业转移中介效应存在差异

第一，低技术制造业中介效应并不显著。NX_f 对分工地位的负向影响小于 NX_e 对分工地位的正向影响，但 NX_f 的规模大于 NX_e，NX_m 的中介效应不显著，导致产业转移中介效应并不显著。第二，高技术制造业产业转移的中介效应显著。NX_f 对分工地位的负向传导作用更大，且 NX_f 规模较大，NX_m 的中介效应不显著，导致产业转移对分工地位的影响最终呈负向效应，遮掩了部分直接效应。

第二节　对中国的启示

1. 促进与东盟各国的数字战略协同，加强数字化合作

一个强大的数字生态系统对于成功地进行数字化转型至关重要，如果数字基础设施接入、使用及使用后的效果三种鸿沟难以弥合，则不利于数字经济红利共享。作为数字经济可持续发展核心驱动力的数字人才，在数字技术创新、数字产业化和产业数字化转型中发挥着不可或缺的作用。然而，随着

产业数字化转型不断推进，数字岗位需求总量飙升与数字人才的结构性矛盾日益突出，数字化发展缺乏后劲。此外，由于数字治理水平有限，各国政府都认识到了数字治理的重要性，但在电子商务、数据跨境流动、个人隐私数据保护和网络安全等领域面临着巨大的监管不一致性，无形中提高了数字贸易壁垒，影响了跨境经济数字化转型范围的扩大。上述问题在中国与东盟国家都不同程度地存在，基于此，建议采取以下措施：

第一，要立足新发展格局，提升数字战略合作系统性与前瞻性。在顶层设计中充分发挥引领作用，在中国—东盟博览会、"一带一路"国际合作高峰论坛等现有合作机制和对话平台的基础上，加强政策沟通，强化合作共识，提升双方数字合作战略的协调性与契合度；第二，要精准对接中国与东盟数字经济发展战略，将"中国制造 2025""互联网+"等数字战略与东盟各国"工业 4.0 战略"相对接，使中国—东盟"数字丝绸之路"与中国网络强国、数字中国战略形成良性互动，并加大数字领域政策沟通力度，打造开放包容的数字经济合作样板，提升各类合作项目的辐射效应，塑造区域合作良好形象，促进中国—东盟数字命运共同体高质量构建；第三，在加快数字基础设施合作步伐、强化数字互联互通、弥合"数字鸿沟"的基础上，探索共同搭建数字人才培训平台，加快应用型数字人才培养，为双方产业数字化转型提供智力支持；第四，强化数据安全和网络安全的核心技术研发，探索符合实际的数据安全合作治理路径，制定数据跨境流动管理规则，加强数据安全保护，防范数据出境安全风险，推动并深化中国—东盟数字治理合作，为中国—东盟数字经济合作提供安全保障，构建中国—东盟数字安全生态共同体；第五，应在提升互联网用户规模、提高本国市场开放度的基础上，综合考虑东盟各国数字化发展条件和诉求，不断发掘东盟各国数字化合作潜力，并依据合作潜力次序，明确各国的合作重点，有所侧重地推进差异化合作。

2. 精准施策，引导低端产业向东盟国家有序转移

近年来，发达经济体为了保证本国或地区产业链的完整性与稳定性，鼓励供应链区域化、近岸化与本土化，同时寻找成本更低的低端产业承接地。中国承接全球产业转移变化也较为剧烈，但基本与东盟承接产业转移趋势保持一致。随着中国劳动力减少、资源消耗及政策优势变化，生产成本不断上升，"世界工厂"优势逐渐丧失，土地、劳动力丰富且低廉的东盟国家承接发达国家和地区产业转移规模增大。虽然中国承接全球产业转移规模远高于东盟，但近几年中国部分产业也在向东盟区域流动，东盟产业承接与中国存在

一定竞争关系，因此，中国要认识到自身在国际产业转移格局中的位置和角色变化，对承接产业转移类型进行鉴别，针对国际产业转移趋势及时调整并出台相应政策，促进中西部和东部地区进行差异化产业承接，鼓励低端制造业适当转移至中西部地区、东南亚、南亚等地，实现"腾笼换鸟"，为承接更高层次产业转移提供发展空间，促进推动产业合理布局和区域均衡发展。

3. 推动数字赋能，促进中高端产业承接规模提升

研发投入的多寡代表一国对科技创新的重视程度，增加研发经费的投入，虽然意味着实现技术进步的可能性增加，但也要重视科研成果转化率。东盟国家由于经济发展水平不高，研发投入和科研成果转化率相对较低，生产高端零部件和半成品的能力相对较弱，与中国还存在一定差距，但中国也应加大对先进装备制造业、战略性新兴产业的研发投入力度，提供充足资金用于制造业研发，并重点向对中高端制造业发展影响较大的核心产业技术倾斜，提高相关研究成果转化率，进一步增强中国中高端制造业实力，吸引全球中高端产业流入。同时，要以全球数字前沿技术为引领，增强中国在核心数字技术上的研发供给能力，缩短核心技术生产转化周期，推动数字技术与制造业不同生产场景融合，提高数字产业与中高端制造业前后向产业关联度，为中高端制造业发展提供强有力的数字支撑，提高中高端零部件和半成品等中间产品生产能力，促进承接中高端制造业产业转移规模不断提升。

4. 提高引资质量，助推分工模式升级与分工地位提升

东盟国家经济发展水平不高，劳动力丰富且廉价，引资环境较为宽松，但外资流入大部分是因为其劳动力成本优势，对改善东盟分工模式与分工地位均呈负向影响。随着数字中国与中国式现代化等战略的不断推进与双循环新发展格局的构建，中国外商投资各项限制进一步放开，制造业参与分工模式也在不断升级，分工地位不断提升。虽然东盟与我国仍存在差距，但中国要在继续保持上述优势、为外资提供宽松环境的同时，把好外资质量关，积极引导外资向中国中高端制造业流动，力争将引资与引技、引智有机结合，不断学习外资带来的先进技术和管理模式，提高自身技术和管理水平，从而提高中间产品生产与出口能力，促进中间需求驱动型和出口需求驱动型产业转移承接，减少加工组装环节承接，实现分工模式演进及分工地位提升。要继续优化投资环境，进一步简政放权，推动服务型政府建设，切实考虑外资发展需求，简化外商投资办理手续，营造平等竞争、公平开放的市场环境，逐渐完善《中华人民共和国反垄断法》《中华人民共和国外商投资法》等相

关法律法规，加强监督，规范投资秩序，增强外国投资者的信心。此外，还应建立合理高效的外资引进机制，谨慎评估其对中国产业发展的影响，将引资质量作为推动制造业高质量发展的抓手，扩大中国承接全球中高端产业转移规模，促进参与全球生产网络模式升级与分工地位提升。

5. 积极利用 RCEP 实施契机应对区域内竞争风险，促进区域内价值链合作

目前，东盟凭借其庞大的数字市场体量，成为多方数字技术权力博弈的主战场。随着中美科技竞争的日趋激烈，美国大力介入东盟数字经济市场，不断提升其物质性、制度性与观念性数字技术权力的影响。此外，欧盟、日本等经济体也积极参与东盟数字经济合作，力图提升其在东盟市场的数字话语权。无论是日本主导的全面与进步跨太平洋伙伴关系协定（CPTPP）影响力日益扩大，还是美国主导的印太经济框架（IPEF）意图在亚太地区形成新的国际规则与经济秩序，甚至联合盟友针对中国筑起"小院高墙"，抵消中国的影响，中国与东盟的价值链合作均面临着多重竞争性制度框架压力，使中国的国际发展空间进一步受到挤压。同时，随着贸易保护主义和单边主义抬头、俄乌冲突等负面因素影响持续加剧，东盟国家进一步开放的热情不断削减，再加上东盟对中国贸易与投资依存度的逐年加深、中国和东盟在传统制造业上的竞争性远大于互补性等增加了东盟国家对过度依赖中国的担忧。

基于此，中国应继续坚定支持以东盟为中心的区域经济合作架构，抓住《区域全面经济伙伴关系协定》生效实施的重大利好，共建区域内数字经济与贸易规则体系，加速区域内生产要素的自由流动，促进中国与东盟扩大和深化成员国间产品内分工，积极利用区域累积的原产地规则，促进中国与东盟半成品和零部件等中间产品贸易规模持续扩大，使中国与东盟国家加速融入区域和全球价值链，并在深化区域内数字技术溢出、数字产业前后向关联的基础上，稳定、优化和拓展区域价值链、产业链和供应链，为中国与东盟经贸合作注入新动力。

6. 助力全球价值链数字化与绿色化双转型，为推动构建人类命运共同体塑造新样板

20 世纪 90 年代以来，作为全球经济发展的核心，全球价值链贸易占全球贸易比例高达 2/3，然而，中间产品生产、价值链贸易的增长对环境与可持续发展可能会造成消极影响。随着政府、企业和消费者对环境保护的重视程度与呼声不断高涨，通过数字化减少企业生态足迹，实现可持续发展成为社会变革的主要价值驱动力。然而，随着产业数字化转型的加速推进，大量线下

活动转移到线上虚拟领域，数据以指数级快速产生，特别是亚太地区数字化增长需要更多的数据中心存储数据，势必会造成大量的电力等能源消耗，也将伴随巨大的"碳足迹"。要想从全球价值链中充分获益，需要通过数字化的快速发展提升供应链的可持续性，向更高附加值、更复杂、更可持续的制造业价值链迈进。在2023年第55届东盟部长级会议上，包括东盟数字经济框架协议（DEFA）和东盟碳中和战略等系列重要经济成果的达成，充分证明了东盟国家希望在通过数字贸易、促进跨境数据流动等加速东盟数字化转型的同时，注重绿色价值链整合与循环经济供应链构建。

中国未来更要抓住全球价值链数字化、绿色化双转型带来的机遇，在能源、环境、工业和外商投资等领域协同制定政策，协调好可持续发展和数字化战略之间的关系，通过多种数字化方式支持全球价值链的绿色化；加大对大数据、云计算、人工智能和区块链等数据处理技术的应用，加强基于循环经济商业模式的推广，促进生产率提高和安全性改善，减少生产实践过程中对环境的不利影响；加大对机器人、3D打印、传感器和无线技术等智能制造与服务技术的使用，助力环境标准监测、优化物流、加强设计更环保的生产模式等提高运营效率，减少能源消耗与碳排放。中国要继续扩大与东盟的中间品贸易规模，深化绿色低碳与数字经济创新合作，促进双边数字产业价值链分工深化，促进全产业链供应链深度融合，提升价值链韧性，构建更加稳定与可持续的区域产业链供应链体系。要根据国际标准如国际电信联盟制定的"工业4.0"技术环境效率指导方针，起草国内法规，加强可持续发展目标相关标准的国际统一，帮助企业减少潜在政治担忧，促进价值链贸易网络稳健演进，提升全球价值链可持续性。此外，要加快推进中国—东盟自贸区3.0版谈判，继续深入推进规则、规制、标准等制度型开放，加大知识产权保护力度，不断提升贸易投资自由化、便利化水平，努力将中国—东盟关系铸造为亚太区域合作中最具活力且最为成功的典范，为推动构建人类命运共同体塑造新样板。

参考文献

［1］ TAPSCOTT D. The digital economy：Promise and peril in the age of networked intelligence ［M］. New York：McGraw Hill，1996.

［2］ TAPSCOTT D，TICOLL D，LOWY A. 数字经济蓝图：电子商务的勃兴 ［M］. 陈劲，何丹，译. 大连：东北财经大学出版社，1999.

［3］ KLING R，LAMB R. IT and organizational change in digital economies：A sociotechnical approach ［J］. ACM sigcas computers & society，1999，39（13）：17-35.

［4］ MICHAEL E P. Competitive advantage：Creating and sustaining superior performance ［M］. New York：The Free Press，1985.

［5］ KIM B，BARUA A，WHINSTON A B. Virtual field experiments for a digital economy：A new research methodology for exploring an information economy ［J］. Decision support systems，2002，32（3）：215-331.

［6］ KOGUT B. Designing global strategies：Comparative value-added chains ［J］. Sloan management review，1985，26（4）：15-38.

［7］ CARLSSON B. The Digital economy：What is new and what is not？［J］. Structural change and economic dynamics，2004，15（3）：245-264.

［8］ KOOPMAN R，WANG Z，WEI S J. Estimating domestic content in exports when processing trade is pervasive ［J］. Journal of development economics，2013，99（1）：178-189.

［9］ GEORGIADIS C K，STIAKAKIS E，RAVINDRAN A R. Editorial for the special issue：Digital economy and ecommerce technology ［J］. Operational research，2013，13（1）：1-4.

［10］ 王俊岭，刘勇，艾力肯，等. 浅谈数字经济的发展与挑战 ［J］. 伊犁师范学院学报（社会科学版），2001（3）：75-77.

［11］ 刘建平. 数字经济与政府规制 ［J］. 中国行政管理，2003（9）：9-12.

［12］ 何枭吟. 美国数字经济研究 ［D］. 长春：吉林大学，2005.

[13] 中国信息通信研究院. G20 国家数字经济发展与合作倡议（2018）[R]. 2018.

[14] 许宪春，张美慧. 中国数字经济规模测算研究：基于国际比较的视角 [J]. 中国工业经济，2020（5）：23-41.

[15] 中国信息通信研究院. 中国数字经济发展白皮书（2021 年）[R]. 2021.

[16] MACHLUP F. The production and distribuation of kowledge in the United States [M]. New Jesrey：Princeton University Press，1962.

[17] PORAT M U. The information economy：Definition and measurement [M]. Washington D. C.：U.S. Department of Commerce，1977.

[18] BEA. Measuring the digital economy：An update incorporating data from the 2018 comprehensive update of the industry economic accounts [EB/OL]. (2017-04-12) [2024-05-06]. https：//www. bea. gov/system/FIles/2019-04/digital-economy-report-update%20April-2019%201. pdf.

[19] STATS N Z. Valuing New Zeland's digital economy [EB/OL]. (2017-10-12) [2024-05-06]. https：//one. oecd. org/document/STD/CSSP/WPNA (2017) 3/En/pdf.

[20] 康铁祥. 中国数字经济规模测算研究 [J]. 当代财经，2008（3）：118-121.

[21] 向书坚，吴文君. 中国数字经济卫星账户框架设计研究 [J]. 统计研究，2019，36（10）：3-16.

[22] 张雪玲，焦月霞. 中国数字经济发展指数及其应用初探 [J]. 浙江社会科学，2017（4）：32-40，157.

[23] 张雪玲，陈芳. 中国数字经济发展质量及其影响因素研究 [J]. 生产力研究，2018（6）：67-71.

[24] 王军，朱杰，罗茜. 中国数字经济发展水平及演变测度 [J]. 数量经济技术经济研究，2021，38（7）：26-42.

[25] DU RAUSAS M P, MANYIKA J, HAZAN E, et al. Internet matters：The net's sweeping impact on growth, jobs and prosperity [EB/OL]. (2017-10-12) [2024-05-06]. https：//www. mckinsey. com/industries/technology-media-and-telecommunications/our-insights/internet-matters.

[26] 腾讯研究院. 中国"互联网+"数字经济指数（2017）[R]. 2017.

[27] 中国信息化百人会. 2016 中国信息经济发展报告 [J]. 信息化建设，2017（1）：39-44.

[28] ERNST D. New information technologies and developing countries：Implications forhuman resources development [J]. Economic and political weekly，1986，21（35）：103-108.

[29] FUJITA M, KRUGMAN P. When is the economy monocentric?：von Thünen and

Chamberlin unified [J]. Regional science and urban economics, 1995, 25 (4): 505-528.

[30] HUMMELS D, ISHII J, YI K M. The nature and growth of vertical specialization in the world trade [J]. Journal of international economics, 1999, 54 (1): 75-96.

[31] GEREFFI G. A commodity chains framework for analyzing global industries [R]. Unpublished working paper for IDS, 1999.

[32] KAPLINSKY R, MORRIS M. A handbook for value chain research [M]. Ottawa: IDRC, 2003.

[33] 熊琦. 东盟国家在全球生产网络中的分工与地位：基于 TiVA 数据与全球价值链指数的实证分析 [J]. 亚太经济, 2016 (5): 51-56.

[34] 梁经伟, 文淑惠, 李彦. 东亚制造业生产网络的变化特征研究：基于贸易网络的分析视角 [J]. 世界地理研究, 2019, 28 (4): 156-165.

[35] 汪洋, 袁旭菲. 价值链视角下中国企业对东盟投资的静态布局研究 [J]. 广西财经学院学报, 2016, 29 (6): 56-69.

[36] 文淑惠, 苏周, 张志远. 大湄公河次区域制造业嵌入全球生产网络的测度与影响因素研究 [J]. 学术探索, 2017 (10): 38-45.

[37] 王勤. 全球价值链下的中国与东盟经贸关系 [J]. 国际贸易, 2019 (3): 40-45.

[38] GROSSMAN G M, HELPMAN E. Integration versus outsourcing in industry equilibrium [J]. Social science electronic publishing, 2001, 117 (1): 85-130.

[39] UNEL B, ZEBREGS H. The dynamics of provincial growth in China: A nonparametric approach [J]. IMF staff papers, 2004, 56 (2): 239-262.

[40] HUMPHREY J. Upgrading in global value chains [R]. SSRN electronic journal, 2004.

[41] 何敏, 冯兴艳. 东盟国家在亚太区域生产网络中的地位：中间产品贸易视角下的分析 [J]. 国际经济合作, 2017 (4): 20-26.

[42] AKAMATSU K. A historical pattern of economic growth in developing countries [J]. The developing economies, 1962 (1): 13-25.

[43] VERNON R A. International investment and international trade in the product cycle [J]. The international executive, 1966, 8 (4): 16.

[44] 石东平, 夏华龙. 国际产业转移与发展中国家产业升级 [J]. 亚太经济, 1998 (10): 5-9.

[45] 潘悦. 国际产业转移的四次浪潮及其影响 [J]. 现代国际关系, 2006 (4): 23-27.

[46] 岳圣淞. 第五次国际产业转移中的中国与东南亚：比较优势与政策选择 [J]. 东南亚研究, 2021 (4): 124-149, 154-155.

[47] 陶媛媛，蔡茂森. 中国与东盟出口商品比较优势变化的实证分析 [J]. 北京航空航天大学学报（社会科学版），2006（1）：5-8.

[48] 姜凌，江蕴玉. 建设 21 世纪海上丝绸之路与中国的发展机遇：基于东盟国家基础设施视角 [J]. 产业与科技论坛，2015，14（24）：17-18.

[49] 谢泽宇，郭健全. 基于直接投资中国与东盟产业双向转移现状研究 [J]. 商业经济，2013（2）：54-56.

[50] 黄莎莎. 中国与东盟之间的产业合作与发展 [J]. 现代经济信息，2014（6）：174.

[51] 张理娟，张晓青，姜涵，等. 中国与"一带一路"沿线国家的产业转移研究 [J]. 世界经济研究，2016（6）：82-92，135.

[52] 王海全，吴德进，陈燕和. 中国产业向东盟转移的动因、影响及趋势研究 [J]. 福建论坛（人文社会科学版），2021（12）：100-110.

[53] 张帅. 产业升级、区域生产网络与中国制造业向东南亚的转移 [J]. 东南亚研究，2021（3）：114-135，157.

[54] 邵婧婷. 数字化、智能化技术对企业价值链的重塑研究 [J]. 经济纵横，2019（9）：96-103.

[55] 沈玉良，金晓梅. 数字产品、全球价值链与国际贸易规则 [J]. 上海师范大学学报（哲学社会科学版），2017，46（1）：90-99.

[56] 余南平. 新冠疫情下全球价值链结构调整特征与未来挑战 [J]. 国际关系研究：2021（1）：3-21，154.

[57] 郭周明，裘莹. 数字经济时代全球价值链的重构：典型事实、理论机制与中国策略 [J]. 改革，2020（10）：73-85.

[58] 韩剑，冯帆，姜晓运. 互联网发展与全球价值链嵌入：基于 GVC 指数的跨国经验研究 [J]. 南开经济研究，2018（4）：31-35，53.

[59] 裘莹，郭周明. 数字经济推进中国中小企业价值链攀升的机制与政策研究 [J]. 国际贸易，2019（11）：12-20，66.

[60] 孙志燕，郑江淮. 全球价值链数字化转型与"功能分工陷阱"的跨越 [J]. 改革，2020（10）：63-72.

[61] 徐金海，夏杰长. 全球价值链视角的数字贸易发展：战略定位与中国路径 [J]. 改革，2020（5）：58-67.

[62] 崔日明，李丹. 后疫情时代中国：东盟区域价值链的构建研究 [J]. 广西大学学报（哲学社会科学版），2020，42（5）：118-124.

[63] 黄鹏，陈靓. 数字经济全球化下的世界经济运行机制与规则构建：基于要素流动理论的视角 [J]. 世界经济研究，2021（3）：3-13，134.

[64] 阳镇，陈劲，李纪珍. 数字经济时代下的全球价值链：趋势、风险与应对 [J].

经济学家，2022（2）：64-73.

［65］ 张会清. 新国际分工、全球生产网络与中国制造业发展 ［D］. 上海：华东师范大学，2009.

［66］ 彭徽. 国际贸易理论的演进逻辑：贸易动因、贸易结构和贸易结果 ［J］. 国际贸易问题，2012（2）：169-176.

［67］ DIXIT A K, STIGLITZ J E. Monopolistic competition and optimum product diversity ［J］. The American economic review, 1977, 67（3）：297-308.

［68］ YANG X K, SHI H L. Specialization and product diversity ［J］. American economic review, 1992, 82（2）：392-398.

［69］ MELITZ M J. The impact of trade on intraindustry reallocations and aggregate industry productivity ［J］. Econometrica, 2003, 71（6）：1695-1725.

［70］ ANTRÀS P. Firms, contracts, and trade structure ［J］. The quarterly journal of economics, 2003, 118（4）：1375-1418.

［71］ 盛斌，高疆. 数字贸易：一个分析框架 ［J］. 国际贸易问题，2021（8）：1-18.

［72］ 马述忠，房超，梁银锋. 数字贸易及其时代价值与研究展望 ［J］. 国际贸易问题，2018（10）：16-30.

［73］ 何奕，童牧. 从要素禀赋到企业异质性和内部化问题：对跨国公司 FDI 理论发展的文献综述 ［J］. 经济问题探索，2012（8）：119-125.

［74］ 唐礼智. 跨国公司 FDI 理论的演进特征及发展趋势 ［J］. 亚太经济，2011（2）：86-91.

［75］ VERNON R. International investment and international trade in the product cycle ［J］. The quarterly journal of economics, 1966, 80（2）：190-207.

［76］ KOJIMA K. Japan and a new world economic order ［M］. London：Croom Helm, 1977.

［77］ MUNDELL R A. International trade and factor mobility ［J］. The American economic review, 1957, 47（3）：321-335.

［78］ NAVARETTI G B, VENABLES A, BARRY F. Multinational firms in the world economy ［M］. Princeton：Princeton University Press, 2004.

［79］ HYMER S. The international operations of national firms：A study of direct foreign investment ［M］. Cambridge：MIT Press, 1976：139-155.

［80］ DUNNING J H, BUCKLEY P J. International production and alternative models of trade ［J］. The manchester school, 1977, 45（4）：392-403.

［81］ DUNNING J H. Explaining changing patterns of international production：In defence of the eclectic theory ［J］. Oxford bulletin of economics and statistics, 1979, 41（4）：269-295.

［82］ DUNNING J H. Explaining the international direct investment position of countries：Towards a dynamic or developmental approach [J]. Weltwirtschaftliches Archiv, 1981, 117 (1): 30-64.

[83] KRUGMAN P. A model of innovation, technology transfer and the world distribution of income [J]. Journal of political economy, 1979, 87 (2): 253-266.

[84] KRUGMAN P. Scale economies, product differentiation, and the pattern of trade [J]. The American economic review, 1980, 70 (5): 950-959.

[85] HELPMAN E. International trade in the presence of product differentiation, economies of scale and monopolistic competition: A Chamberlin-Heckscher-Ohlin approach [J]. Journal of international economics, 1981, 11 (3): 305-340.

[86] HELPMAN E. A simple theory of international trade with multinational Corporations [J]. Journal of political economy, 1984, 92 (3): 451-471.

[87] HELPMAN E, KRUGMAN P. Market structure and international trade [M]. Cambridge: The MIT Press, 1985.

[88] HUMMELS D, RAPOPORT D, YI K M. Vertical specialization and the changing nature of world trade [J]. Federal reserve bank of New York economic policy review, 1998, 4 (2): 79-99.

[89] BRACONIER H, NORBÄCK P J, URBAN D. Multinational enterprises and wage costs: Vertical FDI revisited [J]. Journal of international economics, 2005, 67 (2): 446-470.

[90] DAVIES R B. Hunting high and low for vertical FDI [J]. Review of international economics, 2008, 16 (2): 250-267.

[91] HAYAKAWA K, MATSUURA T. Complex vertical FDI and firm heterogeneity: Evidence from east Asia [J]. Journal of the Japanese and international economies, 2011, 25 (3): 273-289.

[92] GOSWAMI A G. Vertical FDI versus outsourcing: The role of technology transfer costs [J]. The north American journal of economics and finance, 2013 (25): 1-21.

[93] HIRSCH M W. Differential topology [M]. New York: Springer Science and Business Media, 2012.

[94] MARKUSEN J R. Multinationals, multi-plant economies, and the gains from trade [J]. Journal of international economics, 1984, 16 (3): 205-226.

[95] BRAINARD S L. An empirical assessment of the proximity-concentration tradeoff between multinational sales and trade [R]. National bureau of economic research, 1993.

[96] BRAINARD S L, RIKER D A. US multinationals and competition from low wage countries [R]. National bureau of economic research, 1997.

[97] MARKUSEN J R, VENABLES A J. Multinational firms and the new trade theory [J].

Journal of international economics, 1998, 46 (2): 183-203.

［98］ MARKUSEN J R, VENABLES A J. The theory of endowment, intra-industry and multi-national trade [J]. Journal of international economics, 2000, 52 (2): 209-234.

［99］ SHATZ H J, VENABLES A J. The geography of international investment [M]. Washington D. C. World Bank Publications, 2000: 125-145.

［100］ HELPMAN E, MELITZ M J, YEAPLE S R. Export versus FDI with heteroge-neous firms [J]. American economic review, 2004, 94 (1): 300-316.

［101］ ROORDING N, DE VAAL A. Does horizontal FDI lead to more knowledge spillovers than verticalFDI [R]. Nijmegen center for economics (NiCE) institute for manage-ment research radboud university Nijmegen, NiCE working paper, 2010.

［102］ REDDING S J. Theories of heterogeneous firms and trade [R]. National bureau of economic research, 2010.

［103］ YEAPLE S R. The complex integration strategies of multinationals and cross country dependencies in the structure of foreign direct investment [J]. Journal of international economics, 2003, 60 (2): 293-314.

［104］ EKHOLM K, FORSLID R, MARKUSEN J R. Export-platform foreign direct invest-ment [J]. Journal of the European economic association, 2007, 5 (4): 776-795.

［105］ BALTAGI B H, EGGER P, PFAFFERMAYR M. Estimating models of complex FDI: Are there third-country effects? [J]. Journal of econometrics, 2007, 140 (1): 260-281.

［106］ BLONIGEN B A, DAVIES R B, WADDELL G R, et al. FDI in space: Spatial au-toregressive relationships in foreign direct investment [J]. European economic re-view, 2007, 51 (5): 1303-1325.

［107］ RAMONDO N, RAPPOPORT V, RUHL K J. Horizontal vs. vertical FDI: Revisiting evi-dence from US multinationals [R]. New York university stern school of business, 2011.

［108］ BALDWIN R, OKUBO T. Networked FDI: Sales and sourcing patterns of Japanese for-eign affiliates [R]. Research institute of economy, trade and industry (RIETI), 2012.

［109］ BERNARD A B, JENSEN J B, SCHOTT P K. Falling trade costs, heterogeneous firms, and industry dynamics [R]. National bureau of economic research, 2003.

［110］ GROSSMAN G M, HELPMAN E, SZEIDL A. Optimal integration strategies for the mul-tinational firm [J]. Journal of international economics, 2006, 70 (1): 216-238.

［111］ YEAPLE S R. Firm heterogeneity and the structure of US multinational activity [J]. Journal of international economics, 2009, 78 (2): 206-215.

［112］ MELITZ M J, REDDING S J. Heterogeneous firms and trade [R]. National bureau of economic research, 2012.

［113］ ARITA S, TANAKA K. Heterogeneous multinational firms and productivity gains from falling FDI barriers [J]. Review of world economics, 2014, 50 (1): 83-113.

[114] CHOUDHRI E U, MARASCO A. Heterogeneous productivity and the gains from trade and FDI [J]. Open economies review, 2013, 24 (2): 339-360.

[115] ETHIER W J. The multinational firm [J]. The quarterly journal of economics, 1986, 101 (4): 805-833.

[116] BUCKLEY P J. The limits of explanation: Testing the internalization theory of the multinationial enterprise [J]. Journal of international business studies, 1988, 19 (2): 181-193.

[117] DUNNING J H. Some antecedents of internalization theory [J]. Journal of international business studies, 2003, 34 (2): 108-115.

[118] VERBEKE A. The evolutionary view of the MNE and the future of internalization theory [J]. Journal of international business studies, 2003, 34 (6): 498-504.

[119] PAK Y S, PARK Y R. Global ownership strategy of Japanese multinational enterprises: A test of internalization theory [J]. Management international review, 2004, 44 (1): 3-21.

[120] ANTRÀS P, HELPMAN E. The organization of firms in a global economy: Contractual frictions and global sourcing [M]. Cambridge: Harvard University Press, 2008.

[121] BUCKLEY P J, STRANGE R. The governance of the multinational enterprise: Insights from internalization theory [J]. Journal of management studies, 2011, 48 (2): 460-470.

[122] 宋捷. 产品内国际分工与中国的选择 [D]. 上海: 复旦大学, 2011.

[123] KOGUT B. Designing global strategies: Comparative and competitive value-added chains [J]. Sloan management review, 1985, 26 (4): 15-28.

[124] KRUGMAN P, COOPER R N, SRINIVASAN T N. Growing world trade: Causes and consequences [J]. Brookings papers on economic activity, 1995, 1995 (1): 327-377.

[125] GEREFFI G, KAPLINSKY R. Introdction: Globalisation, value chains and development [J]. IDS bulletin, 2001, 32 (3): 1-8.

[126] GEREFFI G. The global economy: Organization, governance, and development [M] //SMELSER N J, SWEDBERG R. Princeton: Princeton University Press. The handbook of economic sociology, 2005: 160-82.

[127] 王健伟, 张乃侠. 网络经济学 [M]. 北京: 高等教育出版社: 2004.

[128] 刘培刚, 魏小娟. 信息技术视角下旅游目的地营销系统的功能提升研究: 以上海世博网为例 [J]. 旅游研究, 2011, 3 (4): 56-58.

[129] 傅明华. 知识经济时代 传统经济学面临挑战 [J]. 财贸研究, 2002 (1): 1-3.

[130] KING D W, RODERER N K, OLSEN H A. Key papers in the economics of informa-

tion［M］. New York：Knowledge industry publication，1983.

［131］RUBIN M R，HUBER M T，TAYLOR E L. The knowledge industry in the United States，1960—1980［M］. Princeton：Princeton University Press，1986.

［132］LAMBERTON D M. The economics of communication and information［M］. Cheltenham and Northampton：Edward Elgar Publishing，1996.

［133］SHY O Z. The economics of network industries［M］. Cambridge：Cambridge University Press，2001.

［134］江小涓. 高度联通社会中的资源重组与服务业增长［J］. 经济研究，2017（3）：4-17.

［135］韩耀，唐红涛，王亮. 网络经济学［M］. 北京：高等教育出版社，2016.

［136］张铭洪，杜云. 网络经济学教程［M］. 北京：科学出版社，2010.

［137］张丽芳. 网络经济学［M］. 北京：中国人民大学出版社，2013.

［138］李建平，李闽榕，赵新力，等. 二十国集团（G20）国家创新竞争力发展报告（2016~2017）［M］. 北京：社会科学文献出版社，2017.

［139］WANG Z，WEI S，ZHU K. Quantifying international production sharing at the bilateral and sector levels［R］. NBER working paper，2018.

［140］孙天阳，肖皓，孟渤，等. 制造业全球价值链网络的拓扑特征及影响因素：基于 WWZ 方法和社会网络的研究［J］. 管理评论，2018，30（9）：49-60.

［141］辛娜，袁红林. 全球价值链嵌入与全球高端制造业网络地位：基于增加值贸易视角［J］. 改革，2019（3）：61-71.

［142］BORGATTI S P，EVERETT M G. Models of core/periphery structures［J］. Social networks，2000，21（4）：375-395.

［143］李伟，刘军，董瑞华. 关系网络在技术创新知识流动过程中的作用：基于信息空间理论的视角［J］. 科学管理研究，2009，27（2）：68-71.

［144］陈银飞. 2000—2009 年世界贸易格局的社会网络分析［J］. 国际贸易问题，2011（11）：31-42.

［145］WHITE H C，BOORMAN S A，BREIGER R L. Social structure from multiple networks：I. Blockmodels of roles and positions［J］. American journal of sociology，1976，81（4）：730-780.

［146］李晖，刘卫东，唐志鹏. 全球贸易隐含碳净转移的空间关联网络特征［J］. 资源科学，2021，43（4）：682-692.

［147］李敬，陈澍，万广华，等. 中国区域经济增长的空间关联及其解释：基于网络分析方法［J］. 经济研究，2014，49（11）：4-16.

［148］中国信息通信研究院. 数字贸易发展与合作报告（2021）［R］. 2021.

［149］联合国贸发会议. ICT 服务贸易和 ICT 赋能服务贸易［R］. 2015.

[150] 联合国经济和社会事务部. 2020 联合国电子政务调查报告 [R]. 2020.

[151] 黄玉霞, 谢建国. 垂直专业化分工与服务业全要素生产率：基于中国服务业分行业的实证研究 [J]. 财经论丛, 2019 (5)：3-12.

[152] 刘红光, 刘卫东, 刘志高. 区域间产业转移定量测度研究：基于区域间投入产出表分析 [J]. 中国工业经济, 2011 (6)：79-88.

[153] 王恕立, 吴永亮. 全球价值链模式下的国际产业转移：基于贸易增加值的实证分析 [J]. 国际贸易问题, 2017 (5)：14-24

[154] 齐俊妍, 任奕达. 数字经济发展、制度质量与全球价值链上游度 [J]. 国际经贸探索, 2022, 38 (1)：51-67.

[155] GEREFFI G, FERNANDEZ-STARK K. Global value chain analysis：A primer [R]. Center on Globalization, Governance and Competitiveness, Duke University, 2011.

[156] 李春发, 李冬冬, 周驰. 数字经济驱动制造业转型升级的作用机理：基于产业链视角的分析 [J]. 商业研究, 2020 (2)：73-82.

[157] 肖旭, 戚聿东. 产业数字化转型的价值维度与理论逻辑 [J]. 改革, 2019 (8)：61-70.

[158] 田毕飞, 陈紫若. 创业对中国制造业全球价值链分工地位的影响 [J]. 中南财经政法大学学报, 2018 (4)：146-156.

[159] 刘怡, 李智慧, 耿志祥. 婚姻匹配、代际流动与家庭模式的个税改革 [J]. 管理世界, 2017 (9)：60-72.

[160] 王雄元, 卜落凡. 国际出口贸易与企业创新：基于"中欧班列"开通的准自然实验研究 [J]. 中国工业经济, 2019 (10)：80-98.

[161] 李卫兵, 张凯霞. 空气污染对企业生产率的影响：来自中国工业企业的证据 [J]. 管理世界, 2019, 35 (10)：95-112, 119.

[162] 梁斌, 冀慧. 失业保险如何影响求职努力?：来自"中国时间利用调查"的证据 [J]. 经济研究, 2020, 55 (3)：179-197.

[163] 施炳展, 李建桐. 互联网是否促进了分工：来自中国制造业企业的证据 [J]. 管理世界, 2020, 36 (4)：130-149.

[164] 温忠麟, 叶宝娟. 中介效应分析：方法和模型发展 [J]. 心理科学进展, 2014, 22 (5)：731-745.

[165] BARON R M, KENNY D A. The moderator-mediator variable distinction insocial psychological research：Conceptual, strategic, and statistical considerations [J]. Journal of personality and social psychology, 1986 (51)：1173-1182.